Prisioneiros da geografia

Tim Marshall

Prisioneiros da geografia

10 mapas que explicam tudo o que
você precisa saber sobre política global

Prefácio de Sir John Scarlett

Tradução:
Maria Luiza X. de A. Borges

Consultoria:
Marcio Scalercio

12ª reimpressão

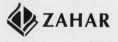

Copyright © 2015, 2016, 2017 by Tim Marshall

Tradução autorizada da edição inglesa publicada em 2016 por Elliott and Thompson Limited, de Londres, Inglaterra, atualizada e revista pelo autor em 2017 para a edição brasileira.

Grafia atualizada segundo o Acordo Ortográfico da Língua Portuguesa de 1990, que entrou em vigor no Brasil em 2009.

Título original
Prisoners of Geography: Ten Maps that Tell You Everything You Need to Know About Global Politics

Capa
Tereza Bettinardi

Mapas
JP Map Graphics Ltd.

Preparação
Angela Ramalho Vianna

Indexação
Nelly Praça

Revisão
Eduardo Monteiro
Carolina Menegassi Leocadio

CIP-Brasil. Catalogação na publicação
Sindicato Nacional dos Editores de Livros, RJ

M363p   Marshall, Tim, 1959-
       Prisioneiros da geografia: 10 mapas que explicam tudo o que você precisa saber sobre política global / Tim Marshall; Prefácio de Sir John Scarlett; tradução Maria Luiza X. de A. Borges; consultoria Márcio Scalércio. – 1ª ed. – Rio de Janeiro: Zahar, 2018.
il.

Tradução de: Prisoners of Geography: Ten Maps that Tell You Everything You Need to Know About Global Politics.
Inclui bibliografia e índice
ISBN 978-85-378-1757-5

1. Política internacional. I. Borges, Maria Luiza X. de A. II. Título.

CDD: 327
18-47877
CDU: 327

Todos os direitos desta edição reservados à
EDITORA SCHWARCZ S.A.
Praça Floriano, 19, sala 3001 – Cinelândia
20031-050 – Rio de Janeiro – RJ
Telefone: (21) 3993-7510
www.companhiadasletras.com.br
www.blogdacompanhia.com.br
facebook.com/editorazahar
instagram.com/editorazahar
twitter.com/editorazahar

Sumário

Prefácio, *por Sir John Scarlett KCMG OBE* 7

Introdução 9

1. Rússia 17

2. China 45

3. Estados Unidos 73

4. Europa ocidental 97

5. África 119

6. Oriente Médio 143

7. Índia e Paquistão 179

8. Coreia e Japão 203

9. América Latina 225

10. O Ártico 249

Conclusão 267

Referências bibliográficas 271
Agradecimentos 275
Índice remissivo 276

Prefácio

Tornou-se um truísmo pensar, e dizer, que vivemos tempos excepcionalmente instáveis. O mundo, segundo nos falam, nunca foi tão imprevisível. Declarações desse tipo pedem uma resposta cautelosa, até cética. Está correto ser cauteloso. O mundo sempre foi instável, e o futuro, por definição, imprevisível. Sem dúvida nossas preocupações atuais poderiam ser muito piores. Quanto mais não seja, o centenário de 1914 deveria ter nos lembrado disso.

Entretanto, decerto estão em curso mudanças fundamentais, e estas têm um sentido real para o nosso próprio futuro e o de nossos filhos, onde quer que vivamos. Mudanças econômicas, sociais e demográficas, todas ligadas à rápida transformação tecnológica, têm implicações globais que podem distinguir o tempo em que vivemos agora daqueles que passaram. Talvez seja por isso que falamos tanto sobre "incerteza excepcional" e que os comentários "geopolíticos" tenham se tornado um ramo em rápido crescimento.

Tim Marshall é extraordinariamente bem qualificado do ponto de vista pessoal e profissional para dar sua contribuição nesse debate. Ele participou diretamente de muitos dos acontecimentos mais dramáticos dos últimos 25 anos. Como sua Introdução nos lembra, esteve na linha de frente nos Bálcãs, no Afeganistão e na Síria. Viu como decisões, eventos, conflitos internacionais e guerras civis só podem ser compreendidos levando-se plenamente em conta esperanças, medos e ideias preconcebidas formados pela história, e a maneira como esses, por sua vez, são determinados pelo ambiente físico – a geografia – em que indivíduos, sociedades e países se desenvolveram.

Em consequência, este livro está cheio de reflexões acertadas, de relevância imediata para nossa segurança e nosso bem-estar. O que influenciou a ação russa na Ucrânia? Acaso nós (o Ocidente) deixamos de prever isso? Nesse caso, por quê? Até que ponto Moscou avançará agora? Será que a China afinal se sente segura dentro daquilo que vê como fronteiras terrestres naturais? E como isso afetará a abordagem de Pequim ao poder marítimo e dos Estados Unidos? O que isso significa para os outros países da região, inclusive Índia e Japão? Por mais de duzentos anos os Estados Unidos se beneficiaram de circunstâncias geográficas extremamente favoráveis e da abundância de recursos naturais. Agora eles têm petróleo não convencional e gás. Isso afetará sua política global? Os Estados Unidos têm extraordinário poder e resiliência, então por que se fala tanto de declínio americano? As divisões e emoções profundamente impregnadas na África do Norte, no Oriente Médio e na Ásia meridional são insolúveis, ou podemos detectar alguma esperança para o futuro? Por fim, e talvez de maneira mais importante para nosso país, o Reino Unido, que é uma das economias maiores e mais globais: como a Europa está reagindo às incertezas e aos conflitos próximos e não tão próximos? Como Tim mostra, durante os últimos setenta anos (e especialmente desde 1991), a Europa acostumou-se à paz e à prosperidade. Corremos o risco de dar isso por garantido? Ainda compreendemos o que está se passando à nossa volta?

Se você quer pensar sobre essas questões, então leia este livro.

Sir John Scarlett KCMG OBE[*]
Chefe do Serviço Secreto de Inteligência (MI6), 2004-09

---

[*] Cavaleiro Comandante da Ordem de São Miguel e São Jorge; Oficial da Excelentíssima Ordem do Império Britânico. (N.T.)

Introdução

VLADIMIR PUTIN SE DIZ um homem religioso, um grande defensor da Igreja Ortodoxa Russa. Nesse caso, é bem possível que ele vá para a cama toda noite, faça suas orações e pergunte a Deus: "Por que não pusestes algumas montanhas na Ucrânia?"

Se Deus tivesse posto montanhas na Ucrânia, a grande extensão de terras planas que formam a planície do norte da Europa não seria um território que tanto encoraja os repetidos ataques à Rússia. Sendo as coisas como são, Putin não tem escolha: deve pelo menos tentar controlar as regiões planas a oeste. Assim é com todas as nações, grandes ou pequenas: a paisagem aprisiona seus líderes, dando-lhes menos escolhas e menos margem de manobra do que se pode pensar. Isso valeu para o Império Ateniense, os persas, os babilônios e mesmo antes; e vale também para todo líder em busca de um terreno elevado a partir do qual proteger sua tribo.

O terreno em que vivemos sempre nos moldou. Ele moldou as guerras, o poder, a política e o desenvolvimento social dos povos que habitam hoje todas as partes da Terra. A tecnologia talvez pareça superar as distâncias entre nós no espaço mental e físico, mas é fácil esquecer que o terreno em que vivemos, trabalhamos e criamos nossos filhos é importantíssimo; e que as escolhas dos que dirigem os 7 bilhões de habitantes deste planeta serão sempre moldadas, em alguma medida, por rios, montanhas, desertos, lagos e mares que nos restringem – e sempre o fizeram.

Em geral não há um fator geográfico mais importante que outro. Montanhas não são mais fundamentais que desertos, nem rios mais relevantes que selvas. Em diferentes partes do planeta, diferentes características geográficas estão entre os fatores dominantes na determinação do que as pessoas podem e não podem fazer.

Em termos gerais, a geopolítica examina as maneiras pelas quais os assuntos internacionais podem ser compreendidos através de fatores geográficos; não somente a paisagem física – as barreiras naturais ou conexões de redes fluviais, por exemplo –, mas também clima, dados demográficos, regiões culturais e acesso a recursos naturais. Fatores como esses podem ter um importante impacto sobre aspectos diferenciados de nossa civilização, de estratégia política e militar a desenvolvimento social humano, incluindo língua, comércio e religião.

As realidades físicas que sustentam a política nacional e internacional são desconsideradas, com demasiada frequência, tanto quando se escreve sobre história quanto na cobertura contemporânea da mídia acerca dos assuntos mundiais. A geografia é claramente uma parte do "por quê", bem como de "o quê". Ela pode não ser *o* fator determinante, mas com certeza é o mais subestimado. Tome, por exemplo, a China e a Índia: dois países imensos, com enormes populações que compartilham uma fronteira muito longa, mas não são política ou culturalmente alinhados. Não seria de surpreender se esses dois gigantes tivessem se enfrentado em várias guerras, mas, de fato, afora uma batalha de um mês de duração em 1962, eles nunca o fizeram. Por quê? Porque entre eles encontra-se a mais alta cadeia de montanhas do mundo, e é praticamente impossível fazer avançar grandes colunas militares através ou por cima do Himalaia. É claro que, à medida que a tecnologia se torna mais sofisticada, estão emergindo formas de superar esse obstáculo, mas a barreira física continua sendo um freio, e assim ambos os países concentram sua política externa em outras regiões, enquanto se mantêm de olho um no outro.

Líderes individuais, ideias, tecnologia e outros fatores desempenham seu papel na configuração dos fatos, mas são temporários. Cada nova geração ainda se defrontará com as obstruções físicas criadas pelo Indocuche e o Himalaia; os desafios gerados pela estação das chuvas; e as desvantagens do acesso limitado a minerais naturais ou fontes de alimento.

Comecei a me interessar por esse assunto ao cobrir as guerras nos Bálcãs nos anos 1990. Observei de perto quando os líderes de vários povos, fossem eles sérvios, croatas ou bósnios, lembravam deliberadamente a suas "tribos" acerca das antigas divisões e, sim, das antigas desconfianças numa região repleta de diversidade. Depois que tinham separado os povos, não foi preciso muito para empurrá-los uns contra os outros.

O rio Ibar, no Kosovo, é um excelente exemplo. O controle otomano sobre a Sérvia foi cimentado pela batalha de Kosovo Polje em 1389, travada perto de onde o Ibar corre pela cidade de Mitrovica. Durante os séculos seguintes a população sérvia começou a se retirar para trás do Ibar, enquanto os albaneses muçulmanos desceram pouco a pouco da região montanhosa de Malesija para o Kosovo, onde se tornaram a maioria em meados do século XVIII.

Salte para o século XX, e ainda havia uma clara divisão étnico-religiosa delimitada mais ou menos pelo rio. Então, em 1999, atacadas pela Organização do Tratado do Atlântico Norte (Otan) pelo ar e pelo Exército de Libertação do Kosovo por terra, as Forças Armadas iugoslavas (sérvias) bateram em retirada através do Ibar, rapidamente seguidas pela maior parte da população sérvia remanescente. O rio tornou-se a fronteira *de facto* do que alguns países hoje reconhecem como o Estado independente do Kosovo.

Mitrovica foi também o lugar onde as forças terrestres da Otan se detiveram. Durante a guerra de três meses houvera ameaças veladas de que a Otan pretendia invadir toda a Sérvia. Na verdade, as limitações da geografia e da política significavam que os líderes da Otan jamais tiveram realmente essa opção. A Hungria deixara claro que não permitiria uma invasão a partir de seu território, pois temia represálias contra os 350 mil húngaros étnicos que moram no norte da Sérvia. A alternativa era uma invasão a partir do sul, que os levaria ao Ibar muito rapidamente, mas as forças da Otan teriam então se defrontado com as montanhas.

Eu estava trabalhando com uma equipe de sérvios em Belgrado na época e perguntei o que aconteceria se a Otan chegasse: "Vamos pôr nossas câmeras de lado, Tim, e empunhar armas", foi a resposta. Eles eram sérvios liberais, bons amigos meus e contrários a seu governo, mas ainda assim sacaram os mapas e me mostraram onde os sérvios defenderiam seu território nas montanhas e onde a Otan avançaria cada vez mais devagar até finalmente parar. Foi um certo alívio receber uma aula de geografia sobre a razão por que as escolhas da Otan eram mais limitadas do que a máquina de relações públicas de Bruxelas divulgava.

Uma compreensão de quanto a paisagem física era crucial na cobertura noticiosa nos Bálcãs me foi extremamente útil e benéfica nos anos seguintes. Por exemplo, em 2001, algumas semanas depois do 11 de Setembro, vi uma demonstração de como, mesmo com a tecnologia moderna de hoje, o clima ainda dita as possibilidades militares até dos exércitos mais poderosos do mundo. Eu estava no norte do Afeganistão, tendo cruzado o rio na fronteira com o Tadjiquistão numa balsa para me unir às tropas da Aliança do Norte que lutavam contra o Talibã.

Os aviões de caça e bombardeiros americanos já estavam no céu, atacando continuamente posições do Talibã e da Al-Qaeda nos frios e poeirentos morros e planícies a leste de Mazar-e Sharif a fim de abrir caminho para o avanço sobre Cabul. Após algumas semanas ficou óbvio que a Aliança do Norte se preparava para se deslocar em direção ao sul. E então o mundo mudou de cor.

Sobreveio a mais intensa tempestade de areia que jamais vi, conferindo uma cor amarelo-mostarda a todas as coisas. Até o ar à nossa volta parecia ter essa tonalidade, carregado como estava de partículas de areia. Durante 36 horas nada se moveu exceto a areia. No auge da tempestade não se conseguia enxergar nada situado além de alguns metros à frente, e a única coisa clara era que o avanço teria de esperar por boas condições climáticas.

A tecnologia por satélite dos americanos, na vanguarda da ciência, foi inútil, cega diante do clima dessa terra inóspita. Todos, desde o presidente George W. Bush até o Estado-Maior Conjunto das tropas da Aliança do Norte no local, tiveram simplesmente de esperar. Então choveu, e a areia que havia se depositado sobre tudo e todos se transformou em lama. A chuva caiu tão pesadamente que as cabanas de barro cozido em que estávamos morando davam a impressão de derreter. Mais uma vez ficou evidente que o movimento para o sul estava suspenso até que a geografia terminasse de se fazer ouvir. As regras da geografia que Aníbal, Sun Tzu e Alexandre o Grande conheceram ainda se aplicam aos líderes atuais.

Mais recentemente, em 2012, recebi outra lição de geoestratégia: quando a Síria mergulhou na guerra civil em estado avançado, eu estava de pé no topo de um morro sírio, com vista para um vale ao sul da cidade de Hama, e vi um pequeno povoado queimando à distância. Amigos sírios apontaram uma aldeia muito maior a pouco mais de 1,5 quilômetro de distância, de onde disseram que o ataque tinha partido. Explicaram então que, se um dos lados conseguisse expulsar do vale um número suficiente de pessoas da outra facção, o vale poderia se unir a outra área, que levava à única autoestrada do país, e, como tal, seria útil para forjar um pedaço de território contínuo viável, que um dia poderia ser usado para criar um miniestado, se a Síria não pudesse ser reunificada novamente. Onde antes eu via somente o pequeno povoado em chamas, pude então perceber sua importância estratégica e compreender como as realidades políticas são moldadas pelas mais básicas realidades físicas.

A geopolítica afeta todos os países, seja na guerra, como nos exemplos citados, seja na paz. Haverá casos em qualquer região que se possa mencionar. Não posso explorar cada um deles nestas páginas: Canadá, Austrália e Indonésia, entre outros, não recebem mais que uma breve menção, embora fosse possível dedicar um livro inteiro apenas à Austrália e às formas como a geografia moldou suas conexões com outras partes do mundo, tanto física quanto culturalmente. Em vez disso, concentrei-me nas potências e regiões que melhor ilustram os pontos essenciais do livro, cobrindo o legado da geopolítica do passado (formação de nações), as situações mais prementes que enfrentamos hoje (os distúrbios na Ucrânia, a influência cada vez maior da China) e olhando para o futuro (a crescente competição no Ártico).

Na Rússia observamos a influência do Ártico e como seu clima gélido limita a capacidade russa de se tornar uma potência verdadeiramente global. Na China vigoram limitações de poder porque não há uma Marinha global, e a rapidez com que o país está procurando mudar isso ficou agora patente. O capítulo sobre os Estados Unidos ilustra como sagazes decisões de expandir seu território em regiões-chave permitiu-lhes alcançar seu destino moderno como superpotência com dois oceanos. A Europa nos mostra o valor do terreno plano e de rios navegáveis para conectar regiões umas às outras e produzir uma cultura capaz de impulsionar o mundo moderno, enquanto a África é um excelente exemplo dos efeitos do isolamento.

O capítulo sobre o Oriente Médio demonstra por que traçar linhas em mapas desconsiderando ao mesmo tempo a topografia e, de maneira também importante, as culturas geográficas de uma dada área é receita certa de problema. Continuaremos a testemunhar essa dificuldade no século XXI. O mesmo tema vem à tona nos capítulos sobre a África e a Índia/Paquistão. As potências coloniais traçaram fronteiras artificiais no papel, ignorando completamente as realidades físicas da região. Hoje se fazem tentativas violentas de retraçá-las, e elas ainda irão continuar por vários anos, após o que o mapa dos Estados-nação não terá mais o aspecto atual.

Exemplos muito diferentes do Kosovo ou da Síria são o Japão e a Coreia, na medida em que são países quase homogêneos etnicamente. Mas eles têm outros problemas: o Japão é uma nação insular desprovida de recursos naturais, ao passo que a divisão da Coreia é um problema que ainda aguarda solução. Enquanto isso, a América Latina é uma anomalia. Situada no extremo sul, está tão afastada do mundo exterior que o comércio global é difícil, e sua geografia interna é uma barreira à criação de um bloco comercial tão bem-sucedido quanto a União Europeia.

Finalmente, chegamos a um dos lugares mais inabitáveis da Terra: o Ártico. Durante a maior parte da história os seres humanos o ignoraram, mas no século XX descobrimos energia ali, e a diplomacia do século XXI determinará quem possui – e vende – esse recurso.

A ideia de que a geografia é um fator decisivo no curso da história humana pode ser interpretada como uma concepção desalentadora do mundo, razão por que é reprovada em alguns círculos intelectuais. Ela sugere que a natureza é mais poderosa que o homem, e que só podemos ir até certo ponto na determinação de nosso destino. Entretanto, outros fatores claramente têm influência sobre os acontecimentos. Qualquer pessoa sensata pode ver que a tecnologia moderna agora está dobrando as regras de ferro da geografia. Ela encontrou caminhos sobre ou sob algumas das barreiras, ou através delas. Os americanos já podem percorrer de avião toda a distância do Missouri a Mossul em missão de bombardeio sem precisar de algo concreto ao longo do percurso onde se reabastecer. Isso – e os seus Grupos de Batalha de Porta-Aviões parcialmente autossustentáveis – significa que eles não precisam mais ter um aliado ou uma colônia para estender seu alcance ao redor do mundo. Evidentemente, *caso* eles tenham uma base aérea na ilha de Diego Garcia, ou acesso permanente ao porto em Bahrein, isso abre outras opções; mas é menos fundamental.

Assim, o poder aéreo mudou as regras do jogo, tal qual a internet o fez, de um modo diferente. Mas a geografia – e a história de como as nações se estabeleceram dentro dessa geografia – continua decisiva para a nossa compreensão do mundo atual e de nosso futuro.

O conflito no Iraque e na Síria está enraizado no desprezo das regras da geografia pelas potências coloniais, ao passo que a ocupação chinesa do Tibete está enraizada na obediência a elas; a política externa global dos Estados Unidos é ditada por elas, e até o gênio tecnológico e a projeção de poder da última superpotência existente podem apenas mitigar as regras que a natureza, ou Deus, legou.

Que regras são essas? O lugar para começar é numa terra onde é difícil defender a supremacia, e por isso durante séculos seus líderes compensaram isso procurando se expandir. Trata-se da terra sem montanhas a oeste: a Rússia.

CAPÍTULO 1

Rússia

"Vasto (adjetivo): de área ou extensão muito grande; imenso."

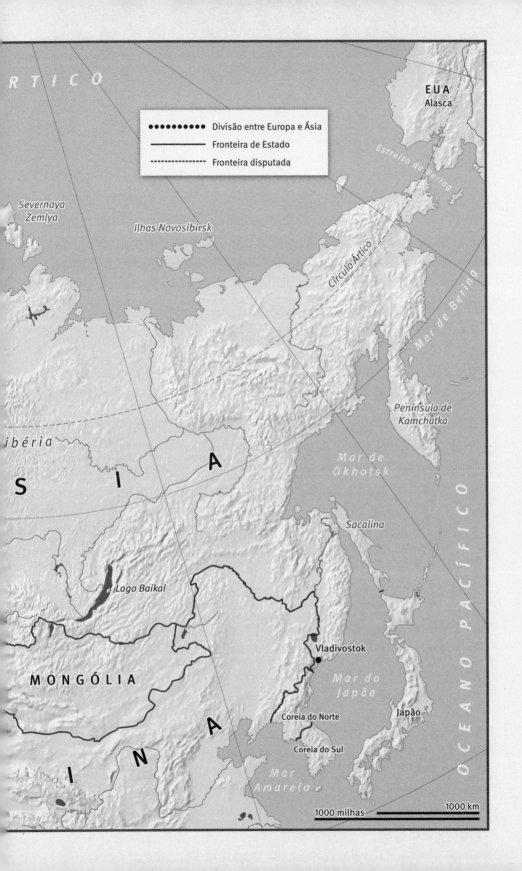

A Rússia é vasta. É vastíssima. Imensa. Tem 15.539.928 quilômetros quadrados de extensão e onze fusos horários; é o maior país do mundo.

Suas florestas, lagos, rios, a tundra congelada, a estepe, a taiga e as montanhas são todos vastos. Esse tamanho há muito se infiltrou em nossa consciência coletiva. Onde quer que estejamos, há Rússia: talvez a leste ou oeste, ao norte ou ao sul – lá está o Urso Russo.

Não por coincidência o urso é o símbolo dessa imensa nação. Ali está ela, às vezes hibernando, às vezes rosnando, majestosa mas feroz. Embora haja uma palavra russa para urso, os russos temem usá-la, para não evocar seu lado mais sombrio. Chamam-no então de *medved*, "aquele que gosta de mel".

Pelo menos 120 mil desses *medveds* vivem num país que domina a Europa e a Ásia. A oeste dos montes Urais está a Rússia europeia. A leste deles está a Sibéria, estendendo-se até o mar de Bering e o oceano Pacífico. Mesmo no século XXI, leva-se ao menos seis dias para atravessá-la. Os líderes da Rússia têm de olhar através dessas distâncias, e dessas diferenças, para formular diretrizes em conformidade com elas. Já há vários séculos eles olham em todas as direções, mas se concentram sobretudo na direção oeste.

Quando os escritores buscam chegar ao coração do urso, frequentemente usam o famoso comentário de Winston Churchill sobre a Rússia, feito em 1939: "Ela é um enigma envolto num mistério dentro de um enigma." Poucos vão adiante, porém, para completar a frase, que termina com: "Mas talvez haja uma chave. Essa chave é o interesse nacional russo." Sete anos mais tarde Churchill usou a chave para desvendar sua versão da resposta ao enigma, afirmando: "Estou convencido de que não há nada que eles admirem tanto quanto a força, e não há nada por que tenham menos respeito do que a fraqueza, especialmente a fraqueza militar."

Churchill poderia estar falando sobre a liderança russa atual, que, apesar de agora envolta no manto da democracia, continua autoritária em sua natureza e tendo como núcleo ainda o interesse nacional.

Quando não está pensando em Deus, e montanhas, Vladimir Putin está pensando em pizza. Em particular, no formato de uma fatia de pizza – uma cunha. A ponta fina dessa cunha é a Polônia. Aqui, a vasta planície do norte da Europa que se estende da França aos Urais (os quais se prolongam por 1.600 quilômetros de sul a norte, formando uma fronteira natural entre Europa e Ásia) tem pouco mais de 480 quilômetros. Ela corre do mar Báltico, no norte, aos Cárpatos, no sul. A planície do norte da Europa abrange todo o oeste e o norte da França, a Bélgica, a Holanda, o norte da Alemanha e quase toda a Polônia.

De uma perspectiva russa, essa é uma faca de dois gumes. A Polônia representa um corredor relativamente estreito para o qual a Rússia pode conduzir suas Forças Armadas se necessário, e assim impedir que o inimigo avance em direção a Moscou. Mas a partir dessa ponta a cunha começa a se alargar; quando se chega às fronteiras da Rússia, ela tem quase 3.220 quilômetros de largura e é plana em toda a sua extensão, até Moscou e para além. Mesmo com um grande exército seria muito difícil organizar uma forte defesa ao longo dessa linha. Entretanto, a Rússia nunca foi conquistada desse ponto, em parte em razão de sua profundidade estratégica. Quando um exército se aproxima de Moscou, já tem linhas de suprimentos insustentavelmente longas, erro que Napoleão cometeu em 1812 e que Hitler repetiu em 1941.

Da mesma maneira, no Extremo Oriente Russo é a geografia que protege o país. É difícil deslocar o exército da Ásia para a Rússia asiática; não há muito o que atacar, exceto neve, e só seria possível chegar até os Urais. Você acabaria ocupando um enorme pedaço de território em condições difíceis, com longas linhas de suprimentos e o risco sempre presente de um contra-ataque.

Você pode pensar que ninguém pretende invadir a Rússia, mas não é isso que os russos acham, e com razão. Nos últimos quinhentos anos eles foram invadidos várias vezes a partir do oeste. Os poloneses chegaram através da planície do norte da Europa em 1605, seguidos pelos suecos sob Carlos XII em 1708, os franceses sob Napoleão em 1812 e os alemães duas vezes, nas duas guerras mundiais, em 1914 e 1941. Vendo de outra maneira, se você contar a partir da invasão de Napoleão de 1812, mas agora incluir a Guerra da Crimeia, de 1853-56, e as duas guerras mundiais até 1945, os russos lutaram na planície do norte da Europa ou em torno dela uma vez a cada 33 anos em média.

No fim da Segunda Guerra Mundial, em 1945, os russos ocuparam o território conquistado da Alemanha nas Europas Central e do Leste, uma parcela do qual passou a integrar a União das Repúblicas Socialistas Soviéticas (URSS), à medida que ela começou a se assemelhar cada vez mais com o velho Império Russo. Em 1949 formou-se a Organização do Tratado do Atlântico Norte (Otan), uma associação de Estados europeus e norte-americanos para a defesa da Europa e do Atlântico Norte contra o perigo de agressão soviética. Em resposta, a maior parte dos Estados comunistas da Europa – sob liderança russa – formou em 1955 o Pacto de Varsóvia, um tratado de defesa militar e ajuda mútua. Esperava-se que o Pacto fosse férreo, mas, vendo-o em retrospecto, no início dos anos 1980 ele estava enferrujando, e depois da queda do Muro de Berlim, em 1989, esboroou-se em pó.

O presidente Putin não é fã do último presidente soviético, Mikhail Gorbachev. Ele o culpa por solapar a segurança russa e referiu-se à desintegração da antiga União Soviética nos anos 1990 como "o grande desastre geopolítico do século".

Desde então os russos passaram a observar ansiosamente, à medida que a Otan se aproximava cada vez mais, incorporando países que, segundo a Rússia, haviam lhes prometido que não se associariam à entidade: República Tcheca, Hungria e Polônia em 1999; Bulgária, Estônia, Letônia, Lituânia, Romênia e Eslováquia em 2004; e Albânia em 2009. A Otan diz que nenhuma garantia desse tipo foi dada.

A Rússia, como todas as grandes potências, está pensando em termos dos próximos cem anos e compreende que dentro desse intervalo qualquer coisa pode acontecer. Um século atrás, quem teria adivinhado que as Forças Armadas americanas estariam estacionadas a poucas centenas de quilômetros de Moscou, na Polônia e nos países bálticos? Em 2004, apenas quinze anos depois de 1989, absolutamente todos os países do antigo Pacto de Varsóvia, com exceção da Rússia, estavam na Otan ou na União Europeia.

O pensamento do governo de Moscou esteve concentrado nisso e na história russa.

A Rússia como conceito remonta ao século IX e a uma federação frouxa de tribos eslavas orientais conhecida como Rus Kievana, baseada em Kiev e outras cidades ao longo do rio Dniepre, no que hoje é a Ucrânia. Os mongóis, expandindo seu império, atacavam continuamente a região a partir do sul e do leste, terminando por invadi-la no século XIII. A Rússia nascente realocou-se então a nordeste, na cidade de Moscou e em torno dela. Essa Rússia primitiva, conhecida como Grande Principado de Moscou, era indefensável. Não havia montanhas nem desertos, e poucos rios. Em todas as direções estendia-se o terreno plano, e em toda a estepe ao sul e a leste estavam os mongóis. O invasor podia avançar no lugar de sua escolha, e havia poucas posições defensivas naturais para ocupar.

Entra em cena Ivan o Terrível, o primeiro czar. Ele pôs em prática o conceito de ataque como defesa – isto é, começar a se espalhar consolidando-se em casa e em seguida avançar para fora. Isso levou à expansão. Ali estava um homem para corroborar a teoria de que os indivíduos podem mudar a história. Sem sua personalidade, que misturava completa crueldade e antevisão, a história russa teria sido muito diferente.

A nova Rússia havia iniciado uma expansão moderada sob o comando de Ivan o Grande, avô de Ivan o Terrível, mas essa expansão se acelerou depois que o jovem Ivan chegou ao poder em 1533. Ela avançou a leste para os Urais, ao sul para o mar Cáspio e ao norte em direção ao Círculo Ártico. Ganhou acesso ao mar Cáspio e mais tarde ao mar Negro, tirando proveito das montanhas do Cáucaso como barreira parcial entre os russos e os mongóis. Uma base militar foi construída na Chechênia para deter quaisquer atacantes potenciais, fossem eles a Horda Dourada mongol, o Império Otomano ou os persas.

Houve reveses, mas durante o século seguinte a Rússia abriria caminho através dos Urais e se introduziria na Sibéria, terminando por incorporar toda a terra até a costa do Pacífico, no extremo leste. Agora os russos tinham uma zona de proteção parcial e um interior – profundidade estratégica –, um lugar para o qual se retirar em caso de invasão. Ninguém iria atacá-los em grande número a partir do mar Ártico, nem avançar a muito custo pelos Urais para chegar até eles. Sua terra estava se tornando o que conhecemos hoje como Rússia. E para chegar a ela a partir do sul ou do sudeste era preciso ter um exército enorme, uma linha de suprimentos muito longa e avançar lutando para transpor posições defensivas.

No século XVIII, a Rússia – sob Pedro o Grande, que fundou o Império Russo em 1721, e depois sob a imperatriz Catarina a Grande – voltou-se para o oeste, expandindo o império a fim de se tornar uma das grandes potências da Europa, impulsionada sobretudo pelo comércio e o nacionalismo. Uma Rússia mais segura e poderosa foi capaz então de ocupar a Ucrânia e chegar aos Cárpatos. Ela se apoderou da maior parte do que conhecemos hoje como países bálticos – Lituânia, Letônia e Estônia. Assim, estava protegida de qualquer incursão por terra nesse caminho ou a partir do mar Báltico.

Agora havia um enorme anel em torno de Moscou, que era o coração do país. Começando no Ártico, ele descia pela região báltica, passava através da Ucrânia, depois pelos Cárpatos, o mar Negro, o Cáucaso e o mar Cáspio, oscilando de volta em torno dos Urais, que se estendiam até o Círculo Ártico. No século XX a Rússia comunista criou a União Soviética. Por trás da retórica de "Trabalhadores do mundo todo, uni-vos", a URSS era simplesmente o Império Russo em ponto maior. Após a Segunda Guerra Mundial ela se estendia do Pacífico a Berlim, do Ártico às fronteiras do Afeganistão – uma superpotência em termos econômicos, políticos e militares que só tinha rival nos Estados Unidos.

A Rússia é o maior país do mundo, duas vezes maior que os Estados Unidos ou a China, cinco vezes maior que a Índia, 25 vezes maior que o

Reino Unido. Entretanto, possui uma população relativamente pequena, de cerca de 144 milhões de habitantes, menor que a da Nigéria ou do Paquistão. Seu período de cultivo agrícola é curto, e o país se esforça para distribuir adequadamente o que é cultivado pelos onze fusos horários que Moscou governa.

Até os Urais, a Rússia é uma potência europeia, na medida em que faz fronteira com a massa de terra da Europa, mas não é uma potência asiática, embora faça fronteira com Cazaquistão, Mongólia, China e Coreia do Norte, e tenha fronteiras marítimas com vários países, inclusive Japão e Estados Unidos.

A ex-candidata a vice-presidente dos Estados Unidos Sarah Palin foi alvo de zombaria quando se noticiou que teria dito: "Podemos de fato avistar a Rússia a partir da terra aqui no Alasca." Na cobertura da mídia, a frase foi transformada em: "Posso avistar a Rússia da minha casa." O que ela realmente disse foi: "Podemos ver a Rússia a partir da terra aqui no Alasca, de uma ilha no Alasca." Ela estava certa. Uma ilha russa no estreito de Bering está a quatro quilômetros de uma ilha americana no estreito, a Diomedes Menor, e pode ser avistada a olho nu. É realmente possível enxergar a Rússia a partir dos Estados Unidos.

Bem no alto dos Urais há uma cruz assinalando o lugar onde a Europa termina e a Ásia começa. Quando o céu está claro, é um local bonito, e é possível avistar, através dos abetos, quilômetros em direção ao leste. No inverno ela fica coberta pela neve, tal como a planície siberiana que vemos abaixo de nós, estendendo-se em direção à cidade de Ecaterimburgo. Os turistas gostam de pôr um pé na Europa e outro na Ásia. Isso é um lembrete de quanto a Rússia é grande, quando nos damos conta de que a cruz está situada apenas no fim da quarta parte do caminho através do país. Você pode ter viajado 2.400 quilômetros desde São Petersburgo, através da Rússia ocidental, para chegar aos Urais, porém ainda lhe restam outros 7.200 quilômetros antes de chegar ao estreito de Bering e a uma possível visão da sra. Palin ali em frente, no Alasca, nos Estados Unidos.

Logo após a queda da União Soviética estive nos Urais, no ponto em que a Europa se torna Ásia, acompanhado por uma equipe de filmagem russa. O operador de câmera, um taciturno, estoico e encanecido veterano da filmagem, era filho do operador de câmera do Exército Vermelho que tinha feito muitos filmes durante o cerco alemão de Stalingrado. Eu lhe perguntei: "E então, você é europeu ou asiático?" Depois de refletir sobre isso por alguns segundos, ele respondeu: "Nem uma coisa nem outra... Sou russo."

Sejam quais forem suas credenciais, a Rússia não é uma potência asiática por muitas razões. Embora 75% de seu território esteja na Ásia, somente 22% de sua população vive ali. A Sibéria pode ser a "arca do tesouro" da Rússia, contendo a maior parte da riqueza mineral, do petróleo e do gás, mas é uma terra inóspita, congelada por meses a fio, com vastas florestas (taiga), solo pobre para a agricultura e vastas extensões de pântanos. Somente duas redes ferroviárias correm do oeste para o leste – a Transiberiana e a linha ferroviária Baikal-Amur. Há poucas rotas de transporte levando do norte para o sul, portanto nenhum caminho fácil para que a Rússia projete seu poder rumo ao sul, para a Mongólia moderna ou a China: faltam-lhe mão de obra e linhas de suprimentos para tanto.

É possível que a China acabe por controlar partes da Sibéria num futuro distante, mas isso se daria em decorrência das taxas de natalidade declinantes da Rússia e da migração chinesa para o norte. Já hoje, tanto a oeste quanto na pantanosa planície Siberiana ocidental, entre os Urais, no oeste, e o rio Ienissei, 1.600 quilômetros a leste, é possível ver restaurantes chineses na maioria das vilas e cidades. Muitos outros negócios estão chegando. Os espaços vazios e cada vez mais despovoados do Extremo Oriente da Rússia têm ainda maior probabilidade de se submeter ao controle cultural e, finalmente, político da China.

Quando você sai da zona central da Rússia, grande parte da população da Federação Russa não é etnicamente russa e tem pouca lealdade a Moscou, o que resulta num sistema de segurança agressivo, semelhante ao que vigorava nos tempos soviéticos. Durante aquela era a Rússia foi efetivamente uma potência colonial, dominando nações e povos que julgavam nada ter em comum com seus senhores; partes da Federação Russa – por exemplo Chechênia e Daguestão, no Cáucaso – ainda se sentem assim.

No final do século passado, a expansão excessiva, o gasto de mais dinheiro que o disponível, a economia desordenada numa terra não destinada às pessoas e a derrota nas montanhas do Afeganistão levaram à queda da URSS. O Império Russo encolheu de volta para aproximadamente a forma que tinha na era pré-comunista, com suas fronteiras europeias terminando na Estônia, Letônia, Bielorrússia, Ucrânia, Geórgia e no Azerbaijão. A invasão soviética do Afeganistão em 1979, em apoio ao governo afegão comunista contra guerrilheiros anticomunistas, nunca chegara a ponto de levar as alegrias do marxismo-leninismo a povo afegão. Sempre foi mais uma questão de assegurar que Moscou controlasse o espaço para impedir que mais alguém o fizesse.

De maneira decisiva, a invasão do Afeganistão também deu alento ao grande sonho russo de que seu Exército fosse capaz de "molhar as botas nas águas mornas do oceano Índico", nas palavras do político russo ultranacionalista Vladimir Jirinóvski, e assim alcançar o que nunca tivera: um porto de águas mornas, que não congelasse no inverno, com livre acesso às principais rotas de comércio do mundo. Os portos no Ártico, como Murmansk, congelam por vários meses todo ano; Vladivostok, o maior porto russo no oceano Pacífico, fica bloqueado pelo gelo durante cerca de quatro meses e está cercado pelo mar do Japão, dominado pelos japoneses. Isso não apenas detém o fluxo de comércio, mas impede a frota russa de operar como potência global. Além disso, o transporte por água é muito mais barato que por rotas terrestres ou aéreas.

Entretanto, com as imponentes planícies de Kandahar e as montanhas do Indocuche, nenhuma potência invasora jamais tivera sucesso no Afeganistão, o que lhe valeu o título de "Cemitério dos Impérios". A experiência afegã é por vezes chamada de "Vietnã da Rússia"; o sonho de Moscou com a abertura de rotas marítimas em águas mornas tem escapado desde então, e talvez esteja mais distante agora que nos últimos duzentos anos.

Essa falta de um porto de águas mornas com acesso direto aos oceanos sempre foi o calcanhar de aquiles da Rússia, tão estrategicamente importante para ela quanto a planície do norte da Europa. A Rússia está em desvantagem geográfica, salva de ser uma potência muito mais fraca apenas graças a seu petróleo e ao gás. Não admira que, em seu testamento de 1725, Pedro o Grande aconselhasse seus descendentes a "se aproximar o máximo possível de Constantinopla e da Índia. Quem quer que governe ali será o verdadeiro soberano no mundo. Consequentemente, estimulem guerras contínuas, não somente na Turquia, mas também na Pérsia. ... Penetrem até o Golfo Pérsico, avancem até a Índia".

Quando a União Soviética se desintegrou, dividiu-se em quinze países. A geografia cobrou sua vingança da ideologia soviética, e apareceu no mapa uma imagem mais lógica, em que montanhas, rios, lagos e mares delineiam os lugares onde as pessoas vivem, são separadas umas das outras e desenvolvem diferentes línguas e costumes. As exceções a essa regra são os "istões", como o Tadjiquistão, cujas fronteiras foram deliberadamente traçadas por Stálin de modo a enfraquecer cada Estado, assegurando que em cada qual houvesse minorias de povos provenientes de outros Estados.

Se você adota uma visão histórica de longo prazo – e a maioria dos diplomatas e planejadores militares o fazem –, tudo ainda está por ser decidido em cada um dos Estados que compunham anteriormente a URSS, além de alguns daqueles que participavam previamente da aliança militar do Pacto de Varsóvia. Eles podem ser divididos em três blocos: os neutros, o grupo pró-ocidental e o campo pró-russo.

Os países neutros – Uzbequistão, Azerbaijão e Turcomenistão – são aqueles com menos razões para se aliar à Rússia ou ao Ocidente. Isso porque os três produzem sua própria energia e não dependem de nenhum dos dois lados para sua segurança ou o comércio.

No campo pró-russo estão Cazaquistão, Quirguistão, Tadjiquistão, Bielorrússia e Armênia. Suas economias estão presas à Rússia da mesma maneira que a de grande parte da Ucrânia oriental (mais uma razão para a rebelião ali). O maior deles, o Cazaquistão, pende para a Rússia diplomaticamente, e sua grande população de minoria russa está bem integrada. Dos cinco, todos, exceto o Tadjiquistão, se uniram à Rússia na nova União Econômica Eurasiana (uma espécie de União Europeia dos pobres), que celebrou seu primeiro aniversário em janeiro de 2016. E todos os cinco estão numa aliança militar com a Rússia chamada Organização do Tratado de Segurança Coletiva (OTSC). A OTSC se ressente de não ter um nome que possa ser reduzido a algo pronunciável e de ser um Pacto de Varsóvia diluído. A Rússia mantém sua presença militar no Quirguistão, no Tadjiquistão e na Armênia.

Depois há os países pró-ocidentais que pertenciam anteriormente ao Pacto de Varsóvia mas agora estão todos na Otan e/ou na União Europeia: Polônia, Letônia, Lituânia, Estônia, República Tcheca, Bulgária, Hungria, Eslováquia, Albânia e Romênia. Não por coincidência, muitos estão entre os Estados que mais sofreram sob a tirania soviética. Acrescentem-se a eles Geórgia, Ucrânia e Moldávia, que gostariam de se associar a ambas as organizações, mas são mantidas à distância em razão de sua proximidade geográfica com a Rússia e porque todos têm tropas russas ou milícias pró-russas em seu solo. A inclusão de qualquer um desses três na Otan poderia desencadear uma guerra.

Tudo o que foi dito explica por que, em 2013, quando a batalha política pela direção da Ucrânia se inflamou, Moscou ficou extremamente atento.

Enquanto um governo pró-russo dominasse em Kiev, os russos podiam ficar seguros de que sua zona de proteção permaneceria intacta e protegeria a planície do norte da Europa. Mesmo uma Ucrânia estudadamente neutra, que prometesse não ingressar na União Europeia ou na Otan e apoiar o arrendamento pela Rússia do porto de águas mornas em Sebastopol, na Crimeia, seria aceitável. O fato de a Ucrânia ser dependente da Rússia para obter energia também tornava sua posição cada vez mais neutra aceitável, ainda que irritante. Mas uma Ucrânia pró-Ocidente, com ambições de ingressar nas duas grandes alianças ocidentais e que pusesse em dúvida o acesso da Rússia a seu porto no mar Negro? Uma Ucrânia que um dia pudesse até hospedar uma base naval da Otan? Isso era insustentável.

O presidente Viktor Yanukóvych, da Ucrânia, tentou jogar de ambos os lados. Flertava com o Ocidente, mas reverenciava Moscou – por isso Putin o tolerava. Quando ele chegou perto de assinar um enorme acordo de comércio com a União Europeia, que poderia dar lugar a uma filiação, Putin começou a pressionar.

Para a elite da política externa russa, o ingresso na União Europeia era simplesmente um disfarce para o ingresso na Otan, e, aos olhos da Rússia, a filiação da Ucrânia à Otan representa uma linha que não pode ser transposta. Putin intensificou a pressão sobre Yanukóvych, fez-lhe uma oferta que ele optou por não recusar. O presidente ucraniano saiu às pressas do acordo com a União Europeia e fez um pacto com Moscou, provocando assim os protestos que acabariam por derrubá-lo.

Os alemães e americanos haviam apoiado os partidos de oposição. Berlim, em particular, viu o ex-campeão mundial de boxe Vitali Klitschko se transformar em político e se tornar seu homem forte. O Ocidente estava puxando a Ucrânia intelectual e economicamente em sua direção, ao mesmo tempo que ajudava os ucranianos pró-ocidentais a empurrá-la rumo ao Ocidente, treinando e financiando alguns dos grupos democráticos de oposição.

Conflitos irromperam nas ruas de Kiev e protestos se espalharam por todo o país. No leste, multidões saíram em apoio ao presidente, enquanto no oeste do país, em cidades como Lviv (antes polonesa), elas estavam empenhadas na tentativa de se livrar de qualquer influência pró-russa.

Em meados de fevereiro de 2014, Lviv e outras áreas urbanas não estavam mais sob o controle do governo. Então, em 22 de fevereiro, após dezenas de mortes em Kiev, o presidente, temendo por sua vida, fugiu. Facções antirrussas, algumas das quais pró-ocidentais e outras pró-fascistas, assumiram o governo. A partir desse momento a sorte estava lançada. O presidente Putin não teve muita escolha – precisou anexar a Crimeia, que não somente abrigava muitos ucranianos de expressão russa, como, o que é mais importante, possuía o porto de Sebastopol.

Esse imperativo geográfico, e todo o movimento da Otan em direção ao leste, era exatamente o que Putin tinha em mente quando, num discurso sobre a anexação, disse: "A Rússia se viu numa posição da qual não podia recuar. Se você comprime uma mola até o limite máximo, ela voltará com força na direção contrária. É preciso sempre se lembrar disso."

Sebastopol é o único verdadeiro grande porto de águas mornas da Rússia. No entanto, a passagem do mar Negro para o Mediterrâneo é restringida pela Convenção de Montreux, de 1936, que deu à Turquia – hoje membro da Otan – o controle sobre o Bósforo. Navios militares russos transitam pelo estreito, mas em números limitados, e isso não seria permitido no caso de um conflito. Mesmo depois de cruzar o Bósforo, os russos precisam navegar pelo mar Egeu antes de ter acesso ao Mediterrâneo, e ainda teriam de cruzar o estreito de Gibraltar para chegar ao oceano Atlântico, ou ter permissão para descer o canal de Suez a fim de atingir o oceano Índico.

Os russos têm de fato uma pequena presença naval em Tartus, na costa mediterrânea da Síria (isso explica em parte seu apoio ao governo sírio quando o conflito foi deflagrado em 2011), mas é uma base de abastecimento e reabastecimento limitada, não uma grande força.

Outro problema estratégico é que, na eventualidade de guerra, a Marinha russa não pode sair do mar Báltico também, por causa do estreito de Escagerraque, que o conecta ao mar do Norte. O estreito é controlado pela Dinamarca e a Noruega, membros da Otan; mesmo que os navios o transpusessem, a rota para o Atlântico passa através do que é conhecido como brecha Giuk (sigla em inglês de Groenlândia-Islândia-Reino Unido), no mar do Norte – sobre a qual falaremos quando examinarmos a Europa ocidental.

Tendo anexado a Crimeia, os russos não perderam tempo. Sob os termos atualizados em 2011 de seu acordo de arrendamento do porto de Sebastopol, Kiev tinha o poder de impedir a modernização da Frota do Mar Negro da Rússia. Não mais: centenas de milhões de rublos estão sendo derramados na atualização da frota, modernização e ampliação do porto naval na cidade russa de Novorossisk, a qual, embora não tenha uma enseada natural profunda, lhes dará capacidade extra. Espera-se que em 2020 dezoito novos navios de guerra estejam operando a partir dos dois portos, com outros oitenta navios em projeto. A frota ainda não será forte o suficiente para escapar do mar Negro durante tempos de guerra, mas sua capacidade está claramente aumentando.

Para se opor a isso, na próxima década podemos esperar ver os Estados Unidos estimulando a Romênia, sua parceira na Otan, a aumentar sua frota no mar Negro, ao mesmo tempo que conta com a Turquia para manter a posição americana no Bósforo.

A Crimeia foi parte da Rússia durante dois séculos antes de ser transferida para a República Soviética da Ucrânia, em 1954, pelo então presidente Nikita Kruschev, numa época em que se pensava que o homem soviético nunca deixaria de existir, e assim a área seria controlada por Moscou eternamente. Agora que a Ucrânia não é mais soviética, nem mesmo pró-Rússia, Putin sabia que a situação tinha de mudar. Os diplomatas ocidentais sabiam? Se não sabiam, estavam desconhecendo a regra A, a lição número um de "Diplomacia para iniciantes": quando defrontada com o que se considera uma ameaça existencial, uma grande potência usará da força. Se eles estavam cientes, devem ter considerado a anexação da Crimeia por Putin um preço que valia a pena pagar a fim de atrair a Ucrânia para a Europa moderna e a esfera de influência ocidental.

Uma visão generosa é que os Estados Unidos e os europeus estavam ansiosos por dar boas-vindas à Ucrânia no mundo democrático como membro pleno de suas instituições liberais e do estado de direito, e que não havia muito que Moscou pudesse fazer a esse respeito. Essa é uma visão que não leva em conta o fato de que a geopolítica ainda vigora no século XXI, ou que a Rússia não joga segundo as regras do estado de direito.

Empolgado com a vitória, o novo governo provisório ucraniano dera imediatamente algumas declarações tolas, entre as quais se destacava a intenção de abolir o russo como segunda língua oficial em várias regiões. Dado que essas regiões eram aquelas com maior número de habitantes russófonos e de sentimento pró-russo, e de fato incluíam a Crimeia, muito provavelmente isso iria provocar uma reação negativa. E também forneceu ao presidente Putin a peça de propaganda de que precisava para alegar que os russos étnicos dentro da Ucrânia precisavam ser protegidos.

O Kremlin tem uma lei que obriga o governo a proteger "os russos étnicos". É propositalmente difícil chegar a uma definição dessa expressão, porque ela será definida como a Rússia decidir em cada uma das crises potenciais que podem irromper na ex-União Soviética. Quando convier ao Kremlin, russos étnicos serão definidos simplesmente como pessoas que falam russo como primeira língua. Outras vezes será usada a nova lei da cidadania, que declara que, se seus avós viveram na Rússia e sua língua nativa é o russo, você pode receber cidadania russa. Uma vez que, à medida que as crises surgirem, as pessoas tenderão a aceitar passaportes russos para minimizar seus riscos, isso será um trampolim para a entrada da Rússia num conflito.

Como aproximadamente 60% da população da Crimeia é "etnicamente russa", o Kremlin estava empurrando uma porta já aberta. Putin ajudou os protestos anti-Kiev e instigou tantos distúrbios que finalmente "teve" de enviar suas tropas dos confins da base naval para as ruas, a fim de proteger o povo. As Forças Armadas ucranianas na área, sem condições de enfrentar o povo e o Exército russo, retiraram-se rapidamente. A Crimeia era mais uma vez uma parte *de facto* da Rússia.

É possível argumentar que o presidente Putin tinha uma escolha: podia ter respeitado a integridade territorial da Ucrânia. Mas, como ele estava lidando com o quinhão geográfico que Deus reservara para a Rússia, essa nunca foi uma opção. Ele não seria o homem que "perdeu a Crimeia", e com ela o único porto de águas mornas adequado a que seu país tinha acesso.

Ninguém acorreu em socorro da Ucrânia quando ela perdeu um território de tamanho equivalente ao da Bélgica ou ao do estado americano de Maryland. A Ucrânia e seus vizinhos conheciam uma verdade geográfica: se você não está na Otan, Moscou está próximo e Washington D.C. está distante. Para a Rússia essa era uma questão existencial: ela não podia suportar a perda da Crimeia, o Ocidente podia.

A União Europeia impôs sanções limitadas – limitadas porque vários países europeus, entre eles a Alemanha, dependem da energia russa para aquecer suas casas no inverno. Os dutos correm de leste para oeste, e o Kremlin pode abrir e fechar as torneiras.

A energia como poder político será repetidamente utilizada nos anos seguintes, e o conceito de "russos étnicos" será empregado para justificar quaisquer movimentos que a Rússia faça.

Num discurso em 2014 o presidente Putin referiu-se brevemente a Novorossiya ou "Nova Rússia". Os observadores do Kremlin respiraram fundo. Ele tinha revivido o título geográfico dado ao que é hoje o sul e o leste da Ucrânia, que a Rússia havia conquistado do Império Otomano durante o reinado de Catarina a Grande, no final do século XVIII. Em seguida Catarina assentou russos nessas regiões e exigiu que se adotasse o russo como primeira língua. A Novorossiya foi apenas cedida à recém-formada República Socialista Soviética da Ucrânia em 1922. "Por quê?", perguntou Putin retoricamente. "Que Deus os julgue." Em seu discurso, ele arrolou as regiões ucranianas de Carcóvia, Lugansk, Donetsk, Kherson, Mykolaiv e Odessa antes de dizer: "A Rússia perdeu esses territórios por várias razões, mas o povo permaneceu."

Vários milhões de russos étnicos ainda continuam dentro do que era a URSS, mas fora da Rússia.

Não é de surpreender que, após se apoderar da Crimeia, a Rússia tenha passado a estimular as insurreições de pró-russos nas zonas industriais centrais da Ucrânia oriental, em Lugansk e Donetsk. A Rússia poderia com facilidade avançar militarmente até a margem oriental do rio Dniepre em Kiev. Mas ela não precisa da dor de cabeça que isso ocasionaria. É muito menos penoso, e mais barato, estimular a inquietação nas fronteiras orientais da Ucrânia e lembrar a Kiev quem controla o abastecimento de energia, para assegurar que o namoro de Kiev com o galanteador Ocidente não se transforme num casamento consumado nas câmaras da União Europeia ou da Otan.

O apoio dissimulado aos levantes na Ucrânia oriental era também logisticamente simples e tinha o benefício adicional de poder ser negado no palco internacional. Mentir descaradamente na grande câmara do Conselho de Segurança das Nações Unidas é simples se seu opositor não tiver prova concreta de suas ações, e, principalmente, não quiser prova concreta caso ele ou ela tenha de fazer alguma coisa a respeito. Muitos políticos no Ocidente deram um suspiro de alívio e murmuraram baixinho: "Graças a Deus a Ucrânia não está na Otan, ou teríamos de agir."

A anexação da Crimeia mostrou como a Rússia está preparada para a ação militar com o objetivo de defender o que vê como seus interesses no que chama de "exterior próximo". Foi necessária uma aposta racional de que as potências externas não interviriam e de que a Crimeia era "factível". É próxima da Rússia e podia ser suprida através do mar Negro e do mar de Azov, e podia contar com o apoio interno de grandes seções da população da península.

A Rússia ainda não terminou seu trabalho na Ucrânia nem em outros lugares. A região de Donbass continua explosiva, e as lutas esporádicas prosseguem. Um surto de violência no local, no verão de 2017, deixou vários soldados ucranianos mortos, levando os Estados Unidos a ponderar sobre o aumento da sua ajuda militar à Ucrânia e os russos a realizar exercícios militares significativos na fronteira ucraniana.

A menos que se sinta ameaçada, a Rússia provavelmente não enviará suas tropas até os Países Bálticos, ou para qualquer lugar além do ponto em que já está na Geórgia; mas expandirá seu poder na Geórgia, e nesse período instável não se podem excluir ações militares adicionais.

No entanto, assim como as ações da Rússia em sua guerra com a Geórgia em 2008 foram uma advertência para que a Otan não chegasse mais perto, a mensagem da Otan para a Rússia no verão de 2014 foi: "Até aqui em direção ao Ocidente, nada além." Um punhado de aviões de guerra da Otan foi enviado aos países bálticos, foram anunciados exercícios militares na Polônia e os americanos começaram a planejar o pré-posicionamento de equipamento militar o mais perto possível da Rússia. Ao mesmo tempo houve uma enxurrada de visitas diplomáticas feitas por ministros da Defesa e das Relações Exteriores aos Países Bálticos, Geórgia e Moldávia para lhes garantir apoio.

Alguns comentaristas escarneceram da reação, afirmando que seis jatos Eurofighter Typhoon da Royal Air Force (RAF) voando sobre o espaço aéreo do Báltico dificilmente iriam dissuadir as hordas russas. Mas a reação teve a ver com uma sinalização diplomática, e o aceno foi claro: a Otan estava pronta para lutar. De fato, teria de fazê-lo, porque, se deixasse de reagir a um ataque a um Estado-membro, ficaria instantaneamente ultrapassada. Os americanos – que já se movimentam gradualmente para uma nova política externa, em que se sintam menos constrangidos por estruturas existentes, e estão dispostos a forjar novas estruturas à medida que percebam a necessidade surgir – continuam profundamente indiferentes ao compromisso dos países europeus com custos de defesa. Como candidato presidencial, Donald Trump sugeriu que a Otan estava "obsoleta"; como presidente, ele mudou ligeiramente de opinião a esse respeito na primavera de 2017, mas está claro que pretendia deixar os outros países da Otan irritados, e houve um pequeno aumento nos gastos com defesa por parte de um punhado de países-membros.

O presidente Trump também deixou de elucidar se os Estados Unidos iriam prestar ajuda automaticamente a um companheiro aliado da Otan, mas, novamente, à medida que as realidades e complexidades de defesa, guerra, propaganda e geopolítica se tornaram claras, ele finalmente abonou o artigo 5 da Otan na primavera de 2017. No caso dos três países bálticos, a posição da Organização é clara: como todos eles são membros da aliança, a agressão armada contra qualquer deles pela Rússia acionaria o artigo 5 da carta de fundação da Otan, que declara: "Um ataque armado contra um ou mais [Estados-membros] na Europa ou na América do Norte será considerado um ataque contra todos eles"; e prossegue dizendo que a Organização irá em auxílio, se necessário. O artigo 5 foi invocado após os ataques terroristas nos Estados Unidos em 11 de setembro de 2001, abrindo caminho para o envolvimento da Otan no Afeganistão.

O presidente Putin é um estudioso de história. Ele parece ter aprendido as lições dos anos soviéticos, em que a Rússia se expandiu excessivamente e foi forçada a se retrair. Um ataque aberto aos países bálticos seria igualmente uma superexpansão, e é muito improvável, em especial se a Otan e seus senhores políticos assegurarem que Putin compreenda seus sinais. Mas em 2016 o presidente russo enviou seu próprio sinal. Ele mudou a redação do documento de estratégia militar global da Rússia e foi mais longe que o documento de estratégia naval de 2015: pela primeira vez, os Estados Unidos foram chamados de "ameaça externa" para os russos.

A Rússia não precisa enviar uma divisão blindada para Letônia, Lituânia ou Estônia a fim de influenciar os acontecimentos locais, mas, se algum dia o fizer, justificaria a ação afirmando que as grandes comunidades russas ali estão sofrendo discriminação. Tanto na Estônia quanto na Letônia, aproximadamente uma entre quatro pessoas é etnicamente russa, e na Lituânia os russos constituem 5,8% da população. Na Estônia as pessoas de expressão russa dizem estar sub-representadas no governo, e milhares não têm nenhuma forma de cidadania. Isso não significa que elas querem fazer parte da Rússia, mas são uma das alavancas que o país pode acionar para influenciar os acontecimentos.

As populações de expressão russa no Báltico podem ser incitadas a criar dificuldades. Há partidos políticos, plenamente formados, representando muitas delas. A Rússia controla também o aquecimento central nos lares do povo báltico. Ela pode fixar o preço das contas de aquecimento que as pessoas pagam a cada mês e, se quiser, simplesmente desligar a calefação.

A Rússia continuará a promover seus interesses nos países bálticos. Eles são um dos elos fracos em sua defesa desde o colapso da URSS, outra brecha no muro que os russos prefeririam ver formando um arco a partir do mar Báltico, seguindo para o sul e depois para sudeste, conectando-se com os Urais.

Isso nos leva a outra lacuna no muro e a outra região que Moscou vê como um Estado de proteção potencial: firme nas aspirações do Kremlin está a Moldávia.

A Moldávia representa um problema diferente para todos os lados. A fim de levar a cabo um ataque ao país, a Rússia teria de passar pela Ucrânia, cruzar o rio Dniepre e depois atravessa outra fronteira soberana para entrar no país. Isso poderia ser feito – à custa de significativas perdas de vidas e usando Odessa como escala –, não haveria como negá-lo. Embora pudesse não desencadear uma guerra com a Otan (a Moldávia não é membro), isso provocaria sanções contra Moscou num nível nunca visto, e confirmaria o que eu acredito já estar acontecendo: o crescente esfriamento da relação entre a Rússia e o Ocidente já é a Nova Guerra Fria. A chegada ao poder de Donald Trump levou alguns analistas a sugerir que a Rússia acredita haver um "sinal verde" para adotar novas medidas na Ucrânia. No entanto, semanas depois de tomar posse, o secretário de Defesa e o secretário de Estado do novo presidente dispararam várias salvas de tiros de advertência verbal dirigidas a Moscou, sugerindo que, embora a Casa Branca pudesse estar empenhada em melhorar as relações com a Rússia, as realidades da geopolítica significam que há limites além dos quais Moscou deveria ter a prudência de não se aventurar.

Por que os russos iam querer a Moldávia? Porque, quando as montanhas dos Cárpatos se curvam para o sudoeste para se tornar os Alpes da Transilvânia, a sudeste há uma planície que leva ao mar Negro. Essa planície também pode ser vista como um corredor plano para a Rússia; assim como os russos prefeririam controlar a planície do norte da Europa em seu ponto estreito na Polônia, eles gostariam também de controlar a planície junto ao mar Negro – também conhecida como Moldávia – na região que outrora formava a Bessarábia.

Após a Guerra da Crimeia (disputada entre a Rússia e aliados europeus ocidentais para proteger a Turquia otomana dos russos), o Tratado de Paris de 1856 devolveu partes da Bessarábia à Moldávia, isolando a Rússia do rio Danúbio. Esta levou quase um século para recuperar o acesso ao rio; contudo, com o colapso da URSS, ela teve mais uma vez de recuar para leste.

Entretanto, os russos já controlam efetivamente parte da Moldávia – uma região chamada Transnístria, parte da Moldávia a leste do rio Dniestre que faz fronteira com a Ucrânia. Stálin, em sua sabedoria, assentou grande número de russos no local, assim como fizera na Crimeia depois de deportar grande parte da população tártara. A Transnístria moderna é agora 50% de expressão russa ou ucraniana, e essa parcela da população é pró-russa. Quando a Moldávia se tornou independente, em 1991, a população de expressão russa se rebelou e, após um breve período de luta, declarou uma República separatista da Transnístria. Ajudou muito que a Rússia tivesse soldados ali estacionados, e até hoje ela conserva no local uma força de 2 mil homens.

Um avanço militar russo na Moldávia é improvável, mas o Kremlin pode usar, e usa, sua força econômica e a situação instável na Transnístria para tentar influenciar o governo moldávio no sentido de não ingressar na União Europeia ou na Otan.

A Moldávia é dependente da Rússia para suas necessidades de energia. Seus produtos agrícolas vão para o leste, e as importações russas do excelente vinho moldávio tendem a aumentar ou cair segundo o estado da relação entre os dois países.

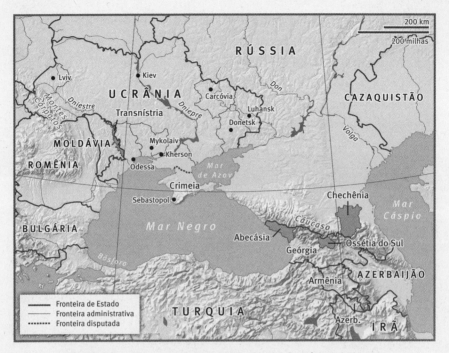

Vários países que antes integravam a União Soviética aspiram a estabelecer laços mais estreitos com a Europa. No entanto, certas regiões, como a Transnístria, na Moldávia, permanecem fortemente pró-russas, por isso há potencial para um futuro conflito.

Do outro lado do mar Negro, de frente para a Moldávia, situa-se outra nação produtora de vinho: a Geórgia. Ela não ocupa um lugar elevado na lista russa de áreas a controlar por duas razões. Em primeiro lugar, a guerra de 2008 entre a Geórgia e a Rússia deixou grandes partes do país ocupadas por tropas russas que agora controlam inteiramente as regiões da Abecásia e da Ossétia do Sul. Em segundo lugar, ela se situa ao sul da cordilheira do Cáucaso, e a Rússia também tem tropas estacionadas na vizinha Armênia. Moscou preferiria adicionar uma camada extra à sua zona de proteção, mas pode viver sem tomar o resto da Geórgia. Essa situação poderia potencialmente mudar se a Geórgia parecesse prestes a ingressar na Otan. É justo por isso que ela foi rechaçada até agora pelos governos da Organização, ansiosos por evitar o fatal conflito com a Rússia.

A maioria da população da Geórgia gostaria de ter laços mais estreitos com os países da União Europeia, mas o choque da guerra de 2008, quando o então presidente Mikhail Saakashvili julgou ingenuamente que os americanos iriam acorrer em seu auxílio depois que ele provocara os russos, levou muitos a considerar que minimizar os riscos pode ser mais seguro. Em 2013 eles elegeram um governo e um presidente, Giorgi Margvelashvili, muito mais conciliador em relação a Moscou. Como na Ucrânia, as pessoas conhecem instintivamente o truísmo que todos na vizinhança admitem: Washington está distante, Moscou está perto.

As armas mais poderosas da Rússia agora, excetuando os mísseis nucleares, não são o Exército e a Força Aérea, mas o gás e o petróleo. O país só fica atrás dos Estados Unidos como maior fornecedor de gás natural do mundo, e evidentemente usa esse poder em seu proveito. Quanto melhores forem suas relações com a Rússia, menos você paga pela energia; por exemplo, a Finlândia consegue um preço melhor que os países bálticos. Essa política foi usada de maneira tão agressiva, e a Rússia tem um controle tão grande sobre as necessidades energéticas da Europa, que estão em curso movimentos para mitigar seu impacto. Muitos países da Europa tentam se desvencilhar de sua dependência da energia russa não por meio de dutos alternativos vindos de países menos agressivos, mas construindo portos.

Em média, mais de 25% do gás e do petróleo da Europa vêm da Rússia; contudo, com frequência, quanto mais perto um país está de Moscou, maior é sua dependência. Isso, por sua vez, reduz as opções de política externa desse país. Letônia, Eslováquia, Finlândia e Estônia dependem 100% do gás russo; República Tcheca, Bulgária e Lituânia, 80%; e Grécia, Áustria e Hungria, 60%. Cerca de metade do gás consumido na Alemanha vem da Rússia. Isso, juntamente com amplos acordos comerciais, é parte da razão pela qual os políticos alemães tendem a ser mais lentos para criticar o Kremlin por comportamento agressivo do que um país como a Grã-Bretanha, que não apenas tem só 13% de dependência, como possui sua própria indústria produtora de gás, inclusive reservas para até nove meses de abastecimento.

Há várias grandes rotas de dutos correndo de leste para oeste a partir da Rússia, algumas de petróleo e algumas de gás. As mais importantes são as linhas de gás.

No norte, através do mar Báltico, está a rota Nord Stream, que se conecta diretamente com a Alemanha. Abaixo dela, cortando a Bielorrússia, está o gasoduto Yamal, que alimenta a Polônia e a Alemanha. No sul está o Blue Stream, levando gás para a Turquia através do mar Negro. Até o início de 2015 havia um projeto chamado South Stream, que deveria usar a mesma rota mas se ramificar para Hungria, Áustria, Sérvia, Bulgária e Itália. O South Stream era a tentativa da Rússia de assegurar que mesmo durante disputas com a Ucrânia ainda houvesse uma importante rota para os grandes mercados na Europa ocidental e nos Bálcãs. Vários países da União Europeia pressionaram seus vizinhos a rejeitar o plano, e a Bulgária efetivamente liquidou o projeto ao dizer que os dutos não passariam por seu território. O presidente Putin reagiu fazendo uma nova proposta à Turquia, por vezes conhecida como Turk Stream.

Os projetos South Stream e Turk Stream, projetos russos para contornar a Ucrânia, seguiram-se às disputas de preço entre os dois Estados em 2005-10, que em vários momentos interromperam o fornecimento de gás para dezoito países. As nações europeias que provavelmente se beneficiariam do South Stream foram acentuadamente mais contidas em suas críticas à Rússia durante a guerra da Crimeia em 2014.

Aí entram em cena os americanos, com uma estratégia proveitosa tanto para os Estados Unidos quanto para a Europa. Notando que os europeus querem gás e não desejando ser vistos como fracos diante da política externa russa, os americanos acreditam ter uma resposta. O enorme aumento da produção de gás de xisto nos Estados Unidos lhes permite não só ser autossuficientes em energia, mas também vender seus excedentes para um dos grandes consumidores: a Europa.

Para tanto, o gás precisa ser liquefeito e enviado através do Atlântico. Isso por sua vez exige que terminais e portos para gás natural liquefeito (GNL) sejam construídos ao longo do litoral europeu para receber a carga e transformá-la de volta em gás. Washington já está aprovando licenças para instalações de exportação e a Europa dá início a um projeto de longo prazo para construir outros terminais de GNL. Polônia e Lituânia estão construindo terminais desse gás; outros países, como a República Tcheca, querem construir gasodutos que se conectem com esses terminais, sabendo que podem depois se beneficiar não apenas do gás liquefeito americano, mas também de fornecimentos vindos da África do Norte e do Oriente Médio. O Kremlin não teria mais condições de fechar as torneiras.

Os russos, vendo o perigo a longo prazo, mostram que o gás canalizado é mais barato que o GNL, e o presidente Putin, com uma expressão de "Será que cometi algum erro?" no rosto, diz que a Europa já tem uma fonte de gás confiável e barata vinda de seu país. É improvável que o GNL substitua por completo o gás russo, mas ele fortalecerá o que é uma participação europeia fraca tanto em negociação quanto em política externa. A fim de se preparar para uma redução eventual de receita, a Rússia está planejando dutos dirigidos para o sudeste e espera aumentar as vendas para a China.

Essa é uma batalha econômica baseada na geografia e um dos exemplos modernos de utilização da tecnologia na tentativa de vencer as restrições geográficas de eras anteriores.

Muita importância foi dada à dificuldade econômica que a Rússia viveu em 2014, quando o preço do petróleo caiu para menos de US$50 o barril, e para menos ainda em 2015. O orçamento de Moscou para 2016 e os gastos previstos para 2017 estavam baseados em preços de US$50, e ainda que a Rússia tenha começado a extrair níveis recordes de petróleo, ela sabe que não pode equilibrar as contas. A Rússia perde cerca de US$2 bilhões em receita a cada queda de US$1 no preço do petróleo, e a economia russa não demorou a sentir o golpe, o que resultou em grande privação para muitas pessoas comuns. Mas as previsões de colapso do Estado estavam longe da verdade. A Rússia lutará para financiar seu enorme aumento em gastos militares, porém, apesar das dificuldades que enfrenta, o Banco Mundial prevê que na segunda metade desta década a economia russa crescerá ligeiramente. Se as grandes quantidades de petróleo descobertas no mar de Kara, no Ártico, puderem ser levadas à costa, esse crescimento será mais saudável.

Longe de sua área central, a Rússia tem um alcance político global e usa sua influência, em especial na América Latina, onde se associa com qualquer país sul-americano que tenha relações pouco amistosas com os Estados Unidos – por exemplo, a Venezuela. Ela tenta refrear os movimentos americanos no Oriente Médio, ou pelo menos assegurar que tenha voz nos debates, está gastando barbaridades com suas forças militares no Ártico e mantém constante interesse na Groenlândia, para preservar suas reivindicações territoriais. Desde a queda do comunismo, o país concentrou-se menos na África, mas conserva a influência que possa ter ali, embora numa batalha perdida com a China.

Apesar de serem concorrentes, os dois gigantes também cooperam um com o outro em vários níveis. Moscou, sabendo que os europeus têm a ambição de se ver livres da dependência da energia russa a longo prazo, está olhando para a China como cliente alternativo. A China leva vantagem no que é um mercado comprador, mas as linhas de comunicação são cordiais e bem empregadas. A partir de 2019, a Rússia fornecerá à China 38 bilhões de metros cúbicos de gás por ano, via Sibéria, num negócio de US$400 bilhões em trinta anos.

Os dias em que a Rússia era considerada uma ameaça militar para a China já passaram, e a ideia de tropas russas ocupando a Manchúria, como fizeram em 1945, é inconcebível, embora os dois países mantenham o olhar cauteloso um sobre o outro em lugares onde cada um gostaria de ser a potência dominante, como o Cazaquistão. Entretanto, eles não estão em competição pela liderança ideológica do comunismo global, e isso liberou os dois lados para cooperar no nível militar, onde os seus interesses coincidem. O que parece um exemplo estranho ocorreu em maio de 2015, quando eles realizaram exercícios militares conjuntos com fogo real no Mediterrâneo. O avanço de Pequim até um mar a 14,5 mil quilômetros de casa foi parte de sua tentativa de estender seu alcance naval em torno do globo, ao passo que Moscou tem interesse nos campos de gás encontrados no Mediterrâneo, está cortejando a Grécia e quer proteger seu pequeno porto naval na costa síria. Além disso, ambos os lados adoram irritar as potências da Otan na região, inclusive a 6ª Frota americana baseada em Nápoles.

Em casa, a Rússia enfrenta muitos desafios, inclusive o demográfico. O acentuado declínio populacional talvez tenha se estancado, mas continua a ser um problema. A expectativa de vida do homem russo está abaixo dos 65 anos, classificando o país na metade inferior dos 193 Estados-membros da ONU no mundo, e hoje há somente 144 milhões de russos (excluindo a Crimeia).

Desde o Grande Principado de Moscou, passando por Pedro o Grande, Stálin e agora Putin, todos os líderes russos se viram confrontados pelos mesmos problemas. Não importa se a ideologia dos que estão no controle é czarista, comunista ou capitalista de compadrio – os portos vão congelar e a planície do norte da Europa continua plana.

Elimine as linhas dos Estados-nação, e o mapa com que Ivan o Terrível se defrontava é o mesmo que Vladimir Putin encara até hoje.

CAPÍTULO 2

CHINA

"A China é uma civilização que finge ser uma nação."
LUCIAN PYE, cientista político

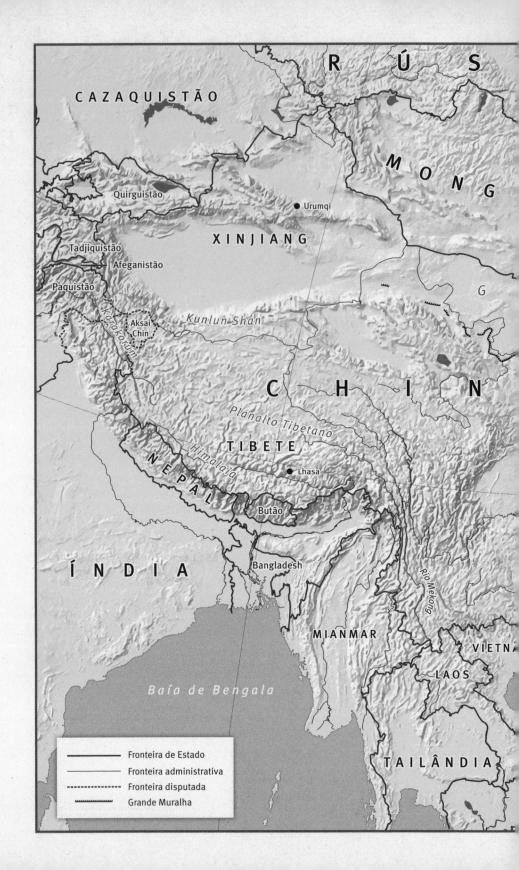

Em outubro de 2006, uma frota americana de porta-aviões liderada pelo USS *Kitty Hawk*, de mil pés, navegava com confiança pelo mar da China oriental entre o sul do Japão e Taiwan, controlando os negócios de todos, quando, sem aviso prévio, um submarino chinês emergiu em meio aos navios. Um porta-aviões americano desse porte é acompanhado por cerca de doze outros navios de guerra, além de cobertura áerea e cobertura submarina. A embarcação chinesa, um submarino de ataque da classe Song, decerto pode ser muito silenciosa quando movida a energia elétrica, mas ainda assim isso equivalia a uma aparição da diretoria da Pepsi numa reunião do conselho diretor da Coca-Cola após escutar debaixo da mesa por meia hora.

Os americanos ficaram assombrados e furiosos em igual medida. Assombrados porque não tinham ideia de que um submarino chinês pudesse fazer aquilo sem ser notado; furiosos porque não tinham notado e consideravam o movimento provocador, em especial porque o submarino estava dentro do alcance dos torpedos do próprio *Kitty Hawk*. Eles protestaram, talvez demais, e os chineses disseram: "Ah! Que coincidência, emergimos no meio do seu grupo de batalha que está ao largo da nossa costa, não tínhamos a menor ideia."

Isso era a *gunboat diplomacy* às avessas do século XXI: enquanto os britânicos costumavam fazer um navio de guerra surgir ao largo da costa de alguma potência menor para indicar uma intenção, os chineses assomavam ao largo de sua própria costa com uma mensagem clara: "Somos agora uma potência marítima, este é nosso tempo e este é nosso mar." Levou 4 mil anos, mas os chineses estão chegando a um porto – e a uma rota marítima – perto de você.

Até hoje a China nunca foi uma potência naval – com sua grande massa de terra, múltiplas fronteiras e rotas marítimas curtas até seus parceiros comerciais, ela não tinha necessidade de ser e raras vezes foi ideologicamente expansionista. Seus negociantes há muito singram os oceanos para comerciar mercadorias, mas sua Marinha não buscava territórios além de sua região, e a dificuldade de patrulhar as grandes rotas marítimas dos oceanos Pacífico, Atlântico e Índico não justificava grande esforço. Ela sempre foi uma potência territorial com muita terra e muitos habitantes – hoje, quase 1,4 bilhão.

O conceito de China como entidade habitada começou quase 4 mil anos atrás. O local de nascimento da civilização chinesa foi a região conhecida como planície do norte da China, que os chineses chamam de planície Central. Com uma grande extensão de terra no nível do mar de quase 415 mil quilômetros quadrados, ela está situada abaixo da Mongólia Interior, ao sul da Manchúria, na bacia do rio Amarelo e ao redor dela e, para baixo, além do rio Yangtzé, rios que correm de leste para oeste. Essa é hoje uma das áreas mais densamente povoadas do mundo.

A bacia do rio Amarelo está sujeita a frequentes e devastadoras inundações, que valeram ao rio a alcunha pouco invejável de "Flagelo dos Filhos de Han". A industrialização da região começou para valer nos anos 1950 e vem se acelerando depressa nas últimas três décadas. O rio, terrivelmente poluído, está agora tão obstruído de lixo tóxico que às vezes tem dificuldade até para chegar ao mar. Apesar disso, o Amarelo é para a China o que o Nilo é para o Egito – o berço de sua civilização, o lugar onde seu povo aprendeu a cultivar a terra, a fabricar papel e pólvora.

Ao norte dessa proto-China situavam-se as terras inóspitas do deserto de Gobi, no que é hoje a Mongólia. A oeste a terra se eleva gradualmente até se tornar o planalto do Tibete, que se estende até o Himalaia. A sudeste e ao sul encontra-se o mar.

A área central, como também é conhecida a planície do norte da China, foi e é uma grande e fértil planície com dois rios principais e um clima que permite que arroz e soja sejam colhidos duas vezes na mesma estação (dupla safra), o que estimulou o rápido crescimento populacional. Em 1500 a.C., nessa área central, a partir de centenas de pequenas cidades-Estado, muitas guerreando entre si, emergiu a primeira versão de um Estado chinês – a dinastia Shang. Foi aí que surgiu o que se tornou conhecido como povo han, defendendo a área central e criando uma zona de proteção à sua volta.

Os han constituem hoje mais de 90% da população da China e dominam a política e os negócios nacionais. Eles são diferenciados pelo mandarim, cantonês e muitas outras línguas regionais, mas se unem pela identidade étnica e, no nível político, pelo impulso geopolítico de proteger a área central. O mandarim, que se originou na parte norte da região, é de longe a língua dominante e o idioma do governo, da televisão estatal nacional e da educação. Ele é semelhante ao cantonês e a muitas outras línguas, quando escrito, mas muito diferente quando falado.

A área central é o núcleo de gravidade político, cultural, demográfico e – sobretudo – agrário da China. Cerca de 1 bilhão de pessoas vive nessa parte da China, embora ela tenha exatamente a metade do tamanho dos Estados Unidos, que possui uma população de 322 milhões de habitantes. Como o solo da área central se prestava ao povoamento e a um estilo de vida agrário, as primeiras dinastias se sentiram ameaçadas pelas regiões não han que as cercavam, especialmente a Mongólia, com seus bandos nômades de guerreiros violentos.

A China escolheu a mesma estratégia que a Rússia: o ataque como defesa, promovendo seu poderio. Como veremos, havia barreiras naturais que, se os han pudessem alcançá-las e estabelecer seu controle, iriam protegê-los. Foi uma luta ao longo de milênios, só plenamente concluída com a anexação do Tibete em 1951.

No tempo do famoso filósofo chinês Confúcio (551-479 a.C.), havia um forte sentimento de identidade chinesa e de diferença entre a China civilizada e as regiões bárbaras que a cercavam. Esse era um sentimento de identidade compartilhado por cerca de 60 milhões de pessoas.

Por volta de 200 a.C. a China havia se expandido em direção ao Tibete, a sudoeste, mas sem alcançá-lo; para o norte, em direção às savanas da Ásia Central; e para o sul, por toda a distância até o mar da China meridional. A Grande Muralha (conhecida também como a Longa Muralha) tinha começado a ser construída pela dinastia Qin (221-207 a.C.), e no mapa a China começava a assumir o que hoje reconhecemos como sua forma moderna. Mais de 2 mil anos se passariam, contudo, antes que as fronteiras atuais fossem fixadas.

Entre 605 e 609 o Grande Canal, que passou séculos em construção e hoje é a mais longa via navegável construída pelo homem, foi prolongado e finalmente ligou o rio Amarelo ao Yangtzé. A dinastia Sui (581-618) havia empregado vasto número de trabalhadores sob seu controle, usando-os para conectar tributários naturais numa via navegável entre os dois grandes rios. Isso uniu os han do norte e do sul mais estreitamente que nunca. Foram necessários vários milhões de escravos durante cinco anos para fazer o trabalho e resolver o antigo impasse de como deslocar provisões do sul para o norte – mas não o problema da inundação, que existe até hoje.

Os han ainda guerreavam uns com os outros, mas cada vez menos, e no início do século XI eles foram obrigados a concentrar sua atenção nas ondas de mongóis que fluíam a partir do norte. Os mongóis derrotaram qualquer dinastia do norte ou do sul que enfrentaram, e em 1279 seu líder, Kublai Khan, tornou-se o primeiro estrangeiro a governar todo o país como imperador da dinastia mongol (Yuan). Quase noventa anos se passariam antes que os han assumissem o controle de seus próprios assuntos, com o estabelecimento da dinastia Ming.

Nessa altura havia crescente contato com comerciantes e emissários dos Estados-nação emergentes da Europa, como Espanha e Portugal. Os líderes chineses eram contra qualquer tipo de presença europeia permanente, mas abriram paulatinamente as regiões litorâneas para o comércio. Ainda é uma característica chinesa o fato de que, quando o país se abre, as regiões costeiras prosperam enquanto as áreas do interior continuam negligenciadas. A prosperidade engendrada pelo comércio tornou ricas as cidades litorâneas, como Xangai, mas essa riqueza não tem chegado à zona rural. Isso aumentou o enorme influxo de pessoas para as áreas urbanas e acentuou as diferenças regionais.

No século XVIII a China se estendeu até partes de Mianmar e da Indochina, ao sul, e Xinjiang, no noroeste, foi conquistada, tornando-se a maior província do país. Área de montanhas acidentadas e vastas bacias desertas, Xinjiang tem 1.664.896 quilômetros quadrados, duas vezes o tamanho do Texas – ou, em outras palavras, poderíamos inserir nessa área o Reino Unido, a França, a Alemanha, a Áustria, a Suíça, a Holanda e a Bélgica, e ainda sobra lugar para Luxemburgo. E Liechtenstein.

Mas, ao ampliar seu tamanho, a China também ampliou seus problemas. Xinjiang, região povoada por muçulmanos, era uma perene fonte de instabilidade, na verdade de insurreição, assim como outras regiões; contudo, para os han, valia a pena manter a proteção, ainda mais depois do destino que coube ao país nos séculos XIX e XX com a vinda dos europeus. As potências imperiais chegaram, entre elas os britânicos, e repartiram o país em esferas de influência. Essa foi e ainda é a maior humilhação que os chineses sofreram desde as invasões mongóis. Com frequência o Partido Comunista usa essa narrativa; em parte ela é verdadeira, mas também é útil para encobrir os fracassos e as políticas repressivas do próprio Partido.

Mais tarde os japoneses – expandindo seu território como potência mundial emergente – invadiram a China, atacando primeiro em 1932 e depois novamente em 1937, após o que ocuparam a maior parte da área central, bem como a Manchúria e a Mongólia Interior. A rendição incondicional do Japão aos americanos após a Segunda Guerra Mundial, em 1945, levou à retirada das tropas japonesas, embora na Manchúria eles tenham sido substituídos pelo Exército soviético que avançava, o qual se retirou depois, em 1946.

Alguns observadores externos julgaram que os anos pós-guerra levariam a democracia liberal para a China. Essa era uma ilusão semelhante às sandices ingênuas que os ocidentais escreveram durante os primeiros dias da recente Primavera Árabe, as quais, como no caso da China, se baseavam na falta de compreensão da dinâmica interna do povo, da política e da geografia da região.

Em vez disso, forças nacionalistas sob o comando de Chiang Kai-shek e exércitos comunistas sob a liderança de Mao Tse-tung lutaram pela supremacia até 1949, quando os comunistas emergiram vitoriosos e os nacionalistas se retiraram para Taiwan. No mesmo ano a Rádio Pequim anunciou: "O Exército de Libertação Popular deve libertar todos os territórios chineses, inclusive Tibete, Xinjiang, Hainan e Taiwan."

Mao Tse-tung centralizou o poder numa extensão nunca vista em dinastias anteriores. Ele bloqueou a influência russa na Mongólia Interior e estendeu a influência de Pequim à Mongólia. Em 1951 a China completou sua anexação do Tibete (mais um vasto território não han), e nessa altura os mapas nos manuais escolares chineses começaram a representar a China se estendendo até as repúblicas da Ásia Central. O país foi reconstruído; Mao passaria o resto de sua vida garantindo que as coisas continuassem assim e consolidando o controle do Partido Comunista sobre cada faceta da vida, mas afastando-se de grande parte do mundo exterior. A China continuou desesperadamente pobre, em especial nos locais longe das áreas litorâneas, mas unificada.

Os sucessores de Mao tentaram transformar sua Longa Marcha para a vitória numa marcha econômica rumo à prosperidade. No início dos anos 1980, o líder chinês Deng Xiaoping cunhou a expressão "Socialismo com características chinesas", que parece se traduzir como "Controle total do Partido Comunista numa economia capitalista". A China estava se tornando uma grande potência comercial e um gigante militar em ascensão. No fim dos anos 1990 ela tinha se recuperado do choque do massacre da Praça Celestial, de 1989, retomado Hong Kong e Macau dos britânicos e portugueses, respectivamente, e podia olhar ao redor de suas fronteiras, avaliar sua segurança e se planejar com antecedência para sua grande abertura para o mundo.

Se olharmos as fronteiras modernas da China, veremos uma grande potência confiante, agora que está garantida por suas características geográficas, que se prestam à defesa e ao comércio eficazes. Na China, as direções da bússola são sempre listadas na ordem leste-sul-oeste-norte, mas vamos começar no norte e nos mover no sentido horário.

No norte vemos a fronteira de 4.676 quilômetros de extensão com a Mongólia. De ambos os lados dessa fronteira está o deserto de Gobi. Guerreiros nômades de tempos antigos podiam ser capazes de atacar em direção ao sul através do deserto, mas um exército moderno seria avistado concentrando-se ali por semanas antes de estar pronto para avançar, e precisaria de linhas de suprimentos incrivelmente longas correndo através de terreno inóspito antes de chegar à Mongólia Interior (parte da China) e perto da área central. Há poucas estradas apropriadas para o deslocamento de blindados pesados e poucas áreas habitáveis. O deserto de Gobi é uma enorme combinação de sistema de alerta precoce com linha defensiva. Qualquer expansão chinesa para o norte não virá por meios militares, mas através de acordos comerciais, à medida que a China tenta sugar os recursos naturais da Mongólia, principalmente os minerais. Isso acarretará maior migração dos han para terras mongóis.

Ao lado, em direção ao leste, fica a fronteira da China com a Rússia, que se estende por toda a extensão até o oceano Pacífico – ou pelo menos a subdivisão do Pacífico conhecida como mar do Japão. Acima fica o montanhoso Extremo Oriente da Rússia, território inóspito e com população diminuta. Abaixo está a Manchúria, pela qual os russos teriam de avançar se quisessem alcançar a área central chinesa. A população da Manchúria é de 100 milhões de habitantes e está crescendo; em contraste, o Extremo Oriente russo tem menos de 7 milhões de habitantes, e não há indícios de crescimento populacional. Pode-se esperar migração em grande escala do sul para o norte, o que por sua vez dará à China maior vantagem em suas relações com a Rússia. De uma perspectiva militar, o melhor lugar para cruzar seria perto do porto russo de Vladivostok, no Pacífico, mas há poucas razões para fazer isso e nenhum plano atual de fazê-lo. De fato, as recentes sanções ocidentais contra a Rússia em razão da crise na Ucrânia levaram-na a estabelecer grandes acordos econômicos com a China em termos que ajudarão a manter a Rússia solvente, mas são favoráveis aos chineses. A Rússia é o sócio minoritário nessa relação.

Abaixo do Extremo Oriente russo, ao longo da costa, estão os mares Amarelo, da China oriental e da China meridional, que levam aos oceanos Pacífico e Índico, têm muitos bons portos e sempre foram usados para o comércio. Mas do outro lado das ondas encontram-se vários problemas representados por ilhas – um deles na forma do Japão, de que trataremos em breve.

Continuando no sentido horário, chegamos às fronteiras terrestres seguintes: Vietnã, Laos e Mianmar. O Vietnã é uma fonte de irritação para a China. Durante séculos os dois países brigaram por território, e, infelizmente para ambos, essa é a única área no sul com uma fronteira que um exército pode transpor sem muita dificuldade – o que explica em parte a dominação e ocupação de 1.100 anos do Vietnã pela China, de 111 a.C. a 938, e sua breve guerra através da fronteira em 1979. No entanto, à medida que as façanhas militares chinesas aumentam, o Vietnã está menos inclinado a se deixar atrair para o confronto, e irá se aproximar ainda mais dos americanos em busca de proteção, ou começar silenciosamente a se transformar do ponto de vista diplomático para ficar amigo de Pequim. O fato de ambos os países adotarem declaradamente a ideologia comunista tem pouco a ver com o estado de sua relação: foi sua geografia compartilhada que definiu as relações. Visto de Pequim, o Vietnã é apenas uma ameaça menor e um problema que pode ser administrado.

A fronteira com o Laos é um terreno montanhoso de selva, difícil para os comerciantes cruzarem – e ainda mais complicado para as Forças Armadas. À medida que se avança no sentido horário para Mianmar, os morros cobertos de floresta tornam-se montanhas, até que, no extremo oeste, aproximam-se dos 6 mil metros e começam a se fundir com o Himalaia.

Isso nos leva ao Tibete e à sua importância para a China. O Himalaia corre por toda a extensão da fronteira sino-indiana antes de descer para se tornar o Karakorum, cordilheira que faz fronteira com Paquistão, Afeganistão e Tadjiquistão. Essa é a versão natural da Grande Muralha da China, ou – olhando-a a partir de Nova Délhi – a Grande Muralha da Índia. Ela separa tanto militar quanto economicamente os dois países mais populosos do planeta.

Os dois têm suas disputas: a China reivindica a província indiana de Arunachal Pradesh, a Índia diz que a China está ocupando Aksai Chin; mas, apesar de apontarem sua artilharia um para o outro no alto dessa muralha natural, ambos os lados têm coisas melhores a fazer que recomeçar o confronto aberto deflagrado em 1962, quando uma série de disputas violentas de fronteira culminou em violenta luta de grande escala nas montanhas. Apesar disso a tensão está sempre presente, e cada lado precisa lidar com a situação cuidadosamente.

Muito pouco comércio se estabeleceu entre a China e a Índia ao longo dos séculos, e é improvável que isso mude em breve. Claro que a fronteira na realidade é a que separa o Tibete da Índia – e é precisamente por isso que a China sempre quis controlá-la.

Essa é a geopolítica do medo. Se a China não controlasse o Tibete, sempre seria possível que a Índia tentasse fazê-lo. Isso lhe daria as alturas dominantes do planalto do Tibete e uma base a partir da qual avançar para a área central da China, bem como o controle das fontes tibetanas de três dos grandes rios da China, o Amarelo, o Yangtzé e o Mekong, razão por que o Tibete é conhecido como "Torre de Água da China". A China, país com aproximadamente o mesmo volume de consumo de água que os Estados Unidos, mas com uma população cinco vezes maior, claramente não permitirá isso.

Não importa que a Índia queira ou não interromper o abastecimento fluvial da China, o fato é que ela teria poder para fazê-lo. Durante séculos os chineses tentaram assegurar que isso nunca acontecesse. O ator Richard Gere e o movimento Tibete Livre continuarão a falar contra as injustiças da ocupação e agora colonização do Tibete pelos chineses han; porém, numa batalha entre o Dalai Lama, o movimento pela independência tibetana, astros de Hollywood e o Partido Comunista Chinês – que governa a segunda maior economia do mundo –, só haverá um vencedor.

Quando os ocidentais – sejam eles o sr. Gere ou o sr. Obama – falam sobre o Tibete, os chineses acham isso profundamente irritante. Não perigoso, não subversivo – apenas irritante. Eles não veem essa declaração pelo prisma dos direitos humanos, mas pelo prisma da segurança geopolítica, e só podem acreditar que os ocidentais estão tentando solapar sua segurança. Entretanto, a segurança chinesa não foi solapada e não será, mesmo que haja mais revoltas contra os han. As características demográficas e a geopolítica se opõem à independência tibetana.

Os chineses estão promovendo uma "ocupação de fato" no "teto do mundo". Nos anos 1950 o Exército Popular Comunista da China começou a construir estradas para o Tibete, e desde então ajudou a levar o mundo moderno ao antigo reino; mas as estradas, e agora as ferrovias, também transportam os han.

Durante muito tempo se considerou impossível construir uma ferrovia através do pergelissolo, as montanhas e os vales do Tibete. Os melhores engenheiros da Europa, que tinham aberto caminho pelos Alpes, diziam que isso não era factível. Ainda em 1988 Paul Theroux, autor de relatos de viagens, registrou em seu livro *Viajando de trem através da China*: "A cordilheira Kunlun é uma garantia de que a estrada de ferro nunca chegará a Lhasa." A Kunlun separava a província de Xinjiang do Tibete, pelo que Theroux agradecia: "Provavelmente é uma boa coisa. Eu achava que gostava de estradas de ferro até que vi o Tibete, e então me dei conta de que gostava muito mais das vastidões inexploradas." Mas os chineses construíram a via férrea. Talvez somente eles pudessem ter feito isso. A linha até a capital tibetana, Lhasa, foi inaugurada em 2006 pelo então presidente chinês Hu Jintao. Agora trens de passageiros e de carga chegam de tão longe quanto Xangai e Pequim quatro vezes por dia, todos os dias.

Eles levam consigo muitas coisas, como bens de consumo, através da China: computadores, televisões em cores e telefones celulares. Levam turistas que sustentam a economia local, levam modernidade a uma terra antiga e empobrecida, uma enorme melhora nos padrões de vida, assistência médica, e levam o potencial de transportar os bens tibetanos para o mundo mais amplo. No entanto, levam também vários milhões de colonos chineses han.

É difícil chegar aos números verdadeiros: o movimento Tibete Livre afirma que na região tibetana cultural mais ampla os tibetanos são hoje minoria, mas o governo chinês diz que, na Região Autônoma do Tibete oficial, mais de 90% das pessoas são tibetanas. Ambos os lados exageram, mas as evidências sugerem que o maior exagero cabe ao governo. Seus números não incluem migrantes han não registrados como residentes, mas o observador ocasional pode ver que os bairros han dominam hoje as áreas urbanas tibetanas.

Anteriormente, a maior parte da população da Manchúria, da Mongólia Interior e de Xinjiang era etnicamente manchu, mongol e uigur; agora, nas três regiões, os chineses han são maioria ou estão se aproximando da maioria. O mesmo acontecerá no Tibete.

Isso significa que o rancor contra os han continuará aparecendo em distúrbios como o de 2008, quando manifestantes tibetanos antichineses em Lhasa queimaram e saquearam propriedades han, 21 pessoas morreram e centenas ficaram feridas. As medidas enérgicas das autoridades vão continuar, o movimento Tibete Livre vai continuar, monges continuarão a atear fogo em suas vestes a fim de chamar a atenção do mundo para a difícil situação dos tibetanos – e os han continuarão a chegar.

A imensa população da China, em sua maior parte aglomerada na área central, está procurando formas de se expandir. Assim como fizeram os americanos, os chineses também se voltam para o oeste, e assim como os colonos europeus foram levados para as terras dos comanches e dos navajos, os han estão sendo levados até os tibetanos.

Por fim, os ponteiros se movem em torno das fronteiras com o Paquistão, o Tadjiquistão e o Quirguistão (todas montanhosas) antes de chegar à fronteira com o Cazaquistão, que leva de volta à Mongólia, no norte. Essa é a antiga Rota da Seda, a ponte terrestre de comércio entre o Império do Meio e o mundo. Teoricamente, é um ponto fraco na defesa da China, uma brecha entre as montanhas e o deserto; mas está distante da área central, os cazaques não têm condições de ameaçar a China e a Rússia está a várias centenas de quilômetros de distância.

A sudeste dessa fronteira cazaque está a intranquila província chinesa "semiautônoma" de Xinjiang e sua população nativa muçulmana de uigures, que fala uma língua relacionada com o turco. Xinjiang faz fronteira com oito países: Rússia, Mongólia, Cazaquistão, Quirguistão, Tadjiquistão, Afeganistão, Paquistão e Índia.

Houve, há e haverá sempre distúrbios em Xinjiang. Por duas vezes os uigures se declararam o Estado independente do Turquestão Oriental, nos anos 1930 e 1940. Eles observaram o colapso do Império Russo resultar na transformação de seus ex-vizinhos soviéticos dos "istões" em Estados soberanos, foram inspirados pelo movimento tibetano de independência, e muitos agora novamente conclamam a separação da China.

Distúrbios interétnicos irromperam em 2009, levando a mais de duzentas mortes. Pequim respondeu de três maneiras: reprimiu impiedosamente a dissensão, derramou dinheiro na região e continuou a escoar para lá trabalhadores chineses han. Para a China, Xinjiang é importante demais do ponto de vista estratégico para se permitir que um movimento pela independência decole: a província não só faz fronteira com oito países, servindo de para-choque para a área central, como também tem petróleo e abriga os locais de teste de armas nucleares da China. O território é também decisivo para a estratégia econômica chinesa de "Um cinturão, uma estrada". A estrada, bem estranhamente, é uma rota marítima – a criação de um caminho transatlântico para mercadorias; o cinturão é o Cinturão Econômico da Rota da Seda, uma rota baseada em terra e formada a partir da velha Rota da Seda, passando direto por Xinjiang, e se conectará ao sul com o enorme porto de águas profundas que a China está construindo em Gwadar, no Paquistão. No final de 2015 a China assinou o arrendamento do porto por quarenta anos. Essa é a parte do caminho em que "o cinturão e a rota" irão se conectar.

A maioria das novas vilas e cidades que brotam por toda parte em Xinjiang é esmagadoramente povoada por chineses han atraídos por trabalho nas novas fábricas em que o governo central investe. Um exemplo clássico é a cidade de Shihezi, 134 quilômetros a noroeste da capital, Urumqi. Julga-se que, de sua população de 650 mil habitantes, ao menos 620 mil são han. No total, supõe-se que Xinjiang seja 40% han, numa estimativa conservadora – e até a própria Urumqi talvez tenha agora maioria han, embora números oficiais sejam de difícil obtenção e nem sempre confiáveis, em razão de sua sensibilidade política.

Há um Congresso Uigur Mundial baseado na Alemanha, e o Movimento pela Libertação do Turquestão Oriental foi fundado na Turquia; mas falta aos separatistas uigures uma figura semelhante ao Dalai Lama, em quem a mídia estrangeira possa se fixar, e o movimento é quase desconhecido em todo o mundo. A China tenta manter a situação assim, assegurando-se de que permanece em bons termos com o maior número possível de países fronteiriços, para evitar que qualquer manifestação organizada em prol da independência tenha linhas de suprimentos ou algum local para onde recuar. Pequim também pinta os separatistas como terroristas islâmicos. A Al-Qaeda e outros grupos, que têm um ponto de apoio em lugares como o Tadjiquistão, de fato tentam forjar vínculos com os separatistas uigures, mas o movimento é em primeiro lugar nacionalista, e só depois islâmico. Entretanto, há indícios de que os ataques com armas de fogo, bombas e facas contra o Estado e/ou alvos han na região, nos últimos anos, irão continuar e podem evoluir para uma insurreição em sua forma mais completa.

Em 2016, autoridades do governo local disseram que o esforço de "desradicalização" havia "enfraquecido notavelmente" o movimento islâmico nascente. Entretanto, como o Exército turco declarou ter prendido 324 suspeitos de jihadismo de Xinjiang a caminho da Síria, em 2015, isso parece improvável. O desbaratamento do Estado Islâmico no Iraque e em partes da Síria, em 2017, aumentou também o perigo de que combatentes estrangeiros voltem para seus países mas não se aposentem.

A China não cederá esse território, e, como no Tibete, a janela para a independência está se fechando. Ambos são zonas de proteção: um é uma importante rota comercial terrestre e ambos – de maneira crucial – representam mercados (embora com renda limitada) para uma economia que deve continuar produzindo e vendendo bens se quiser crescer e evitar o desemprego em massa. O fracasso em fazer isso conduziria provavelmente à desordem civil generalizada, ameaçando o controle do Partido Comunista e a unidade da China.

Há razões semelhantes para a resistência do Partido à democracia e aos direitos individuais. Se fosse dado à população o direito de votar livremente, a unidade dos han poderia começar a rachar, ou, mais provavelmente, a zona rural e as áreas urbanas entrariam em conflito. Isso, por sua vez, incentivaria o povo das zonas de proteção, enfraquecendo mais a China. Transcorreu apenas um século desde a mais recente humilhação da China, arrasada por potências estrangeiras; para Pequim, unidade e progresso econômico são prioridades que estão muito à frente dos princípios democráticos.

Os chineses veem a sociedade de modo muito diverso de como o Ocidente a encara. O pensamento ocidental está impregnado pelos direitos do indivíduo; o pensamento chinês valoriza o coletivo acima do individual. O que o Ocidente concebe como direitos do homem a liderança chinesa vê como teorias perigosas que ameaçam a maioria, e grande parte da população aceita que, no mínimo, a família vem antes do indivíduo.

Uma vez levei um embaixador chinês em Londres a um sofisticado restaurante francês, com a esperança de que se repetisse a muito citada situação em que, à pergunta de Richard Nixon "Qual é o impacto da Revolução Francesa?", o primeiro-ministro Chu En-lai teria replicado "É cedo demais para saber". Infelizmente não era isso que estava por vir, e fui agraciado com um severo sermão sobre como a plena imposição "do que vocês chamam de direitos humanos" à China levaria a violência e morte generalizadas, e ouvi então a pergunta: "Por que vocês pensam que seus valores funcionariam numa cultura que não compreendem?"

O acordo entre os líderes do Partido e o povo tem sido, há gerações, "Nós os tornaremos mais ricos, vocês cumprirão as nossas ordens". Enquanto a economia continuar a crescer, o grande pacto pode perdurar. Se ela parar, ou entrar em reversão, o pacto se rompe. O atual grau das manifestações e revolta contra corrupção e ineficiência atesta o que aconteceria se o pacto se romper.

Outro crescente problema para o Partido é sua capacidade de alimentar a população. Mais de 40% da terra arável está agora poluída ou tem uma camada superficial cada vez mais fina, segundo o Ministério da Agricultura chinês.

A China está numa sinuca. Precisa manter a industrialização à medida que se moderniza e eleva os padrões de vida, mas o mesmo processo ameaça a produção de alimentos. Se ela não puder resolver esse problema, haverá descontentamento.

Hoje ocorrem cerca de quinhentos protestos – na maioria pacíficos – por dia em toda a China, e por uma variedade de questões. Se introduzirmos desemprego em massa, ou fome em massa, essa conta explodirá tanto em número quanto no grau de força usado por ambos os lados.

Assim, no aspecto econômico, a China tem também agora um grande pacto com o mundo: "Faremos coisas a baixo preço, vocês as comprarão barato."

Deixe de lado o fato de que os custos de mão de obra local estão se elevando, e o país está sofrendo a competição da Tailândia e da Indonésia em termos de preço, quando não em volume. O que aconteceria se os recursos necessários para fazer as coisas se esgotassem, se alguém os obtivesse primeiro, ou se houvesse um bloqueio naval de suas mercadorias – dentro e fora? Bem, nesse caso você precisaria de uma Marinha.

Os chineses foram grandes viajantes marítimos, especialmente no século XV, quando percorriam o oceano Índico; a expedição do almirante Zheng He se aventurou até o Quênia. Mas aqueles eram exercícios para ganhar dinheiro, não projeções de poder, e não estavam destinados a criar bases avançadas para apoiar operações militares.

Tendo passado 4 mil turbulentos anos consolidando sua massa territorial, a China agora está desenvolvendo uma Marinha de Águas Azuis. A Marinha de Águas Verdes patrulha as costas marítimas, a Marinha de Águas Azuis patrulha os oceanos. A China levará mais trinta anos (mantendo-se constante a evolução econômica) para construir uma potência naval capaz de desafiar seriamente a força marítima mais poderosa que o mundo já viu: a Marinha americana. Mas a médio e curto prazos, à medida que constrói, treina e aprende, a Marinha chinesa entrará em choque com seus rivais nos mares; e a forma como esses choques forem administrados – especialmente os sino-americanos – definirá a política das grandes potências neste século.

Os jovens marinheiros que hoje se preparam no porta-aviões de segunda mão (o *Liaoning*) que a China recuperou de um ferro-velho ucraniano serão aqueles que, se chegarem ao posto de almirante, talvez tenham aprendido o suficiente para saber como conduzir um grupo de porta-aviões de doze navios para o outro lado do mundo e voltar – e se necessário travando uma guerra pelo caminho. Como algumas das mais ricas nações árabes compreenderam, não se encontram Forças Armadas eficientes disponíveis para venda.

No verão de 2017 os chineses conduziram o *Liaoning* para o porto de Hong Kong acompanhado por dois contratorpedeiros de mísseis guiados, uma fragata de mísseis guiados e duas corvetas. Sua chegada foi calculada para honrar a visita do presidente Xi Jinping – mas pretendia ser também um lembrete para Hong Kong, e para o resto do mundo, sobre quem controla Hong Kong e quem pretende um dia controlar o mar da China meridional.

Alguns meses antes, a China havia lançado seu segundo porta-aviões. Ele estava pronto para a navegação, mas não para combate. Um terceiro porta-aviões deve ser lançado em 2021. É improvável que seja movido a energia nuclear e não terá a capacidade dos porta-aviões americanos; apesar disso, dará à China maior alcance e mais opções.

Pouco a pouco os chineses colocarão cada vez mais navios nos mares ao largo de sua costa e avançarão pelo Pacífico. A cada um que for lançado, menos espaço haverá para os americanos nos mares chineses. Os Estados Unidos sabem disso, e também sabem que os chineses estão trabalhando arduamente para construir um sistema de mísseis antinavios baseado em terra para duplicar as razões pelas quais a Marinha americana, ou a de qualquer de seus aliados, um dia possa querer pensar seriamente em navegar pelo mar da China meridional. Ou, de fato, por qualquer outro mar "da China". O crescente poder de fogo da artilharia chinesa na costa, capaz de atingir navios a uma distância cada vez maior, permitirá à sua próspera Marinha aventurar-se cada vez mais longe do litoral, porque a frota se tornará menos vital para a defesa. Houve um indício disso em setembro de 2015, quando os chineses manobraram (legalmente) cinco navios pelas águas territoriais americanas ao largo da costa do Alasca. Não foi por coincidência que isso ocorreu pouco antes da visita do presidente Xi Jinping aos Estados Unidos. O estreito de Bering é a maneira mais rápida para os navios chineses chegarem ao oceano Ártico, e os veremos em maior número ao largo da costa do Alasca nos próximos anos. Ao mesmo tempo, o projeto espacial chinês estará observando cada movimento que os americanos fizerem, e também seus aliados.

Assim, tendo passado no sentido horário ao redor das fronteiras terrestres, agora olhamos para o leste, o sul e o sudoeste, em direção ao mar.

Entre a China e o Pacífico encontra-se o arquipélago que Pequim chama de "Primeira Cadeia de Ilhas". Há também a "Linha das Nove Raias", mais recentemente transformada em dez raias, em 2013, para incluir Taiwan, que, segundo diz a China, marca seu território. Essa disputa a propósito da propriedade de mais de duzentas pequeninas ilhas e recifes está minando a relação da China com seus vizinhos. O orgulho nacional diz que os chineses querem controlar as passagens através dessa cadeia; a geopolítica determina que deve fazê-lo. A cadeia fornece acesso às mais importantes vias de navegação do mundo no mar da China meridional. Em tempo de paz a rota está aberta em vários lugares, mas em tempo de guerra essas vias seriam facilmente bloqueadas, e com elas a China. Todas as grandes nações passam o tempo de paz se preparando para o dia em que a guerra for deflagrada.

O livre acesso ao Pacífico é estorvado em primeiro lugar pelo Japão. Navios chineses que emergem do mar Amarelo e rodeiam a península

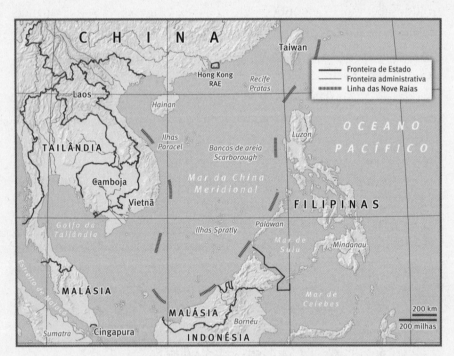

O mar da China meridional é uma área intensamente disputada entre a China e seus vizinhos, o que leva a conflitos em torno da propriedade das ilhas, de recursos naturais e do controle dos mares e vias marítimas.

da Coreia teriam de passar pelo mar do Japão e subir pelo estreito de La Pérouse, acima de Hokkaido, para entrar no Pacífico. Grande parte disso são águas territoriais japonesas ou russas, e, num tempo de grande tensão, ou até de hostilidades, seria inacessível à China. Mesmo que conseguissem chegar lá, ainda teriam de navegar através das ilhas Curilas, a nordeste de Hokkaido, controladas pela Rússia mas reivindicadas pelo Japão.

O Japão está também em disputa com a China por causa da cadeia de ilhas desabitadas que ele chama de Senkaku e os chineses conhecem como Diaoyu, a nordeste de Taiwan. Essa é a mais contenciosa de todas as reivindicações territoriais entre os dois países. Se, em vez disso, os navios chineses passarem através – ou de fato partirem – do mar da China oriental, ao largo de Xangai, e seguirem em linha reta em direção ao Pacífico, terão de transpor as ilhas Ryukyu, que incluem Okinawa – onde há não somente uma enorme base militar americana, como também o maior número de mísseis antinavios que os japoneses conseguem reunir na extremidade da ilha. A mensagem de Tóquio é: "Sabemos que vocês estão indo lá para fora, mas não nos provoquem na saída."

Outro conflito potencial com o Japão centra-se nos depósitos de gás no mar da China oriental. Pequim declarou que a maior parte do mar é Zona de Identificação de Defesa Aérea, exigindo notificação prévia antes que alguém mais voe através dela. Americanos e japoneses tentam ignorá-la, mas a área se tornará uma questão candente no momento em que eles quiserem ou em decorrência de algum acidente mal administrado.

Abaixo de Okinawa está Taiwan, que se situa ao largo da costa chinesa e separa o mar da China oriental do mar da China meridional. A China afirma tratar-se de sua 23ª província, mas atualmente Taiwan é um Estado aliado aos Estados Unidos, com uma Marinha e uma Força Aérea armadas até os dentes por Washington. A ilha foi submetida ao controle chinês no século XVII, mas só foi governada pela China durante cinco anos no século passado (de 1945 a 1949).

O nome oficial de Taiwan é República da China (RC), para diferenciá-la da República Popular da China, embora os dois lados acreditem que deveriam ter jurisdição sobre ambos os territórios. Esse é um nome com que Pequim pode conviver, pois ele não declara que Taiwan é um Estado separado. Os americanos estão comprometidos pelo Ato para Relações com Taiwan, de 1979, a defender Taiwan no caso de invasão chinesa. No entanto, se Taiwan declarar completa independência da China, o que a China consideraria um ato de guerra, os Estados Unidos não estão obrigados a ir em sua ajuda, pois a declaração seria considerada uma provocação.

Os dois governos competem a fim de obter reconhecimento para si mesmos e não reconhecimento para o outro em cada país do mundo, e na maioria dos casos Pequim vence. Quando você oferece um mercado potencial de 1,4 bilhão de pessoas em contraposição a 23 milhões, a maioria dos países não precisa de muito tempo para refletir. No entanto, há 22 países (sobretudo Estados em desenvolvimento, como a Suazilândia, Burkina Faso e as ilhas de São Tomé e Príncipe) que de fato optam por Taiwan, e que, em geral, são generosamente recompensados.

Os chineses estão determinados a ter Taiwan, mas estão longe de ser capazes de reivindicá-la militarmente. Em vez disso, usam seu *soft power*,* aumentando o comércio e o turismo entre os dois Estados. A China quer seduzir Taiwan a voltar para seus braços. Durante os protestos estudantis de 2014 em Hong Kong, uma das razões pelas quais as autoridades não tiraram os estudantes rapidamente das ruas a pancadas – como teriam feito, por exemplo, em Urumqi – foi que as câmeras do mundo estavam presentes e teriam flagrado a violência. Na China, grande parte dessas filmagens seria proibida, mas em Taiwan as pessoas veriam o que o resto do mundo via e se perguntariam até que ponto gostariam de ter relações estreitas com semelhante potência. Pequim hesitou: o jogo é de longo prazo.

A abordagem do *soft power* consiste em persuadir o povo de Taiwan de que ele nada tem a temer ao se reincorporar à "Pátria". A Zona de Identificação de Defesa Aérea, a aparição em meio aos navios americanos e a construção de uma Marinha são parte de um plano de longo prazo para

---

* A expressão *soft power* ("poder brando" ou "suave") designa a habilidade de um corpo político para influenciar indiretamente o comportamento ou interesse de outros corpos políticos por meios culturais ou ideológicos. (N.T.)

enfraquecer a decisão americana de defender uma ilha a 225 quilômetros da costa da China continental, mas a 10.300 quilômetros da costa oeste dos Estados Unidos.

A partir do mar da China meridional os navios ainda teriam problemas, quer rumassem em direção ao Pacífico ou ao Índico – que é o canal do mundo para o gás e o petróleo sem os quais a China desmoronaria.

Para seguir rumo a oeste, na direção dos Estados produtores de energia do Golfo, os chineses têm de passar pelo Vietnã, que, como observamos, recentemente fez propostas aos americanos. Têm de passar perto das Filipinas, um aliado dos Estados Unidos, antes de tentar atravessar o estreito de Malaca, entre a Malásia, Cingapura e a Indonésia, todos diplomática e militarmente vinculados aos Estados Unidos. O estreito tem aproximadamente oitocentos quilômetros de comprimento, e no ponto mais estreito mede cerca de três quilômetros de largura. Ele sempre foi um ponto de estrangulamento – e os chineses continuam vulneráveis ao estrangulamento. Todos os Estados ao longo do estreito e nas suas proximidades estão ansiosos em relação ao domínio chinês, e a maioria tem disputas territoriais com Pequim.

A China reivindica quase todo o mar da China meridional e as reservas de energia que se acredita jazer sob ele. Entretanto, Malásia, Taiwan, Vietnã, Filipinas e Brunei também têm reivindicações territoriais contra a China e uns contra os outros. Por exemplo, as Filipinas e a China discutem acerbamente por causa das ilhas Mischief, um grande recife nas ilhas Spratly, no mar da China meridional, que talvez um dia façam jus a seu nome.* Cada um das centenas de atóis disputados, por vezes apenas rochas despontando da água, poderia ser transformado numa crise diplomática, porque em torno de cada rocha há uma disputa potencial sobre zonas de pesca, direitos de exploração e soberania.

Para promover suas metas, a China está usando dragagem e métodos de aterramento marítimo a fim de começar a transformar em ilhas uma série de recifes e atóis em território disputado. Por exemplo, um deles, nas

---

* *Mischief*: "travessura", "dano" ou "mal", em inglês. (N.T.)

ilhas Spratly (cujo nome, recife de Fiery Cross [Cruz de Fogo], o descrevia muito bem), é hoje uma ilha dotada de porto e de uma pista que poderia receber aviões de caça, dando à China muito mais controle aéreo sobre a região do que ela tem no momento. Outro recife teve unidades de artilharia estacionadas nele.

No verão de 2015, o secretário de Defesa dos Estados Unidos, Ash Carter, disse: "Transformar uma rocha submersa num campo de aviação simplesmente não proporciona os direitos de soberania ou restrições de autorização sobre o espaço aéreo internacional ou o trânsito marítimo." Isso foi pouco depois de os chineses anunciarem que estavam mudando sua postura militar na região defensiva tanto para ataque quanto para defesa. A mudança sublinha a intenção da China de ser quem dita as regras na região, e para isso ela irá cortejar, mas também ameaçar, seus vizinhos.

A China precisa proteger as rotas através do mar da China meridional a fim de que suas mercadorias cheguem ao mercado e para que os itens necessários à fabricação dessas mercadorias – entre eles petróleo, gás e metais preciosos – cheguem ao país. Ela não pode se permitir sofrer bloqueios. Diplomacia é uma solução; a Marinha cada vez maior é outra; mas as melhores garantias são dutos, estradas e portos.

Diplomaticamente, a China tentará afastar as nações do Sudeste Asiático dos Estados Unidos valendo-se seja de recompensas, seja de penalizações. Muita recompensa, e os países se prenderão ainda mais estreitamente a tratados de defesa com Washington; penalizações em excesso, e eles podem não se curvar à vontade de Pequim. No momento, eles ainda olham para o outro lado do Pacífico em busca de proteção.

Os mapas da região que os chineses imprimem agora mostram quase todo o mar da China meridional como deles. Essa é uma declaração de intenção, sustentada por patrulhas navais agressivas e declarações oficiais. Pequim pretende mudar o modo de pensar de seus vizinhos e mudar o modo de pensar e de se comportar dos Estados Unidos – impulsionando um programa até que seus concorrentes recuem. Está em jogo aqui o conceito de águas internacionais e passagem livre em tempo de paz; isso não é algo de que as outras potências irão abrir mão facilmente.

Com isso em mente, os britânicos anunciaram, no verão de 2017, que uma das primeiras missões a serem realizadas por seus dois novos porta-aviões seria uma operação de "liberdade de navegação" através do mar da China meridional. Pequim viu com maus olhos o que considerava um ato de provocação, e deve se observar que os britânicos não especificaram quando poderiam dar início à operação.

Robert Kaplan, que escreve sobre geopolítica, expõe a teoria de que o mar da China meridional é para os chineses no século XXI o que o Caribe foi para os Estados Unidos no início do século XX. Os americanos, tendo consolidado sua massa territorial, haviam se tornado uma potência com dois oceanos (Atlântico e Pacífico), e em seguida trataram de controlar os mares à sua volta, expulsando os espanhóis de Cuba.

Os chineses também pretendem se tornar uma potência com dois oceanos (Pacífico e Índico). Para conseguir isso, a China está investindo em portos de águas profundas em Mianmar, Bangladesh, Paquistão e Sri Lanka – um investimento que lhe vale boas relações, o potencial de que sua futura Marinha venha a ter bases amigas para visitar ou em que residir e vínculos comerciais em casa.

Os portos do oceano Índico e da baía de Bengala são parte de um plano ainda maior para assegurar o futuro da China. Seu arrendamento no novo porto de águas profundas em Gwadar, no Paquistão, será fundamental (se a região paquistanesa do Baluchistão for estável o suficiente) para criar uma rota terrestre alternativa até a China. A partir da costa oeste de Mianmar, os chineses construíram dutos de gás natural e petróleo que vão da baía de Bengala até o sudoeste da China – uma maneira de o país reduzir sua tensa dependência do estreito de Malaca, através do qual passa quase 80% de seu fornecimento de energia. Isso explica em parte por que, quando a Junta de Mianmar começou a se abrir lentamente para o mundo exterior, em 2010, não foram apenas os chineses que se mostraram ansiosos para se relacionar com eles. Os americanos e os japoneses se apressaram a estabelecer relações melhores, e tanto o ex-presidente Obama quanto o primeiro-ministro Shinzo Abe, do Japão, foram pessoalmente fazer visitas de cortesia ao país. O governo Trump disse depois que não queria se envolver em aventuras no exterior, mas o jogo em Mianmar não é uma aventura, e sim uma estratégia de longo prazo. Se os Estados Unidos conseguirem influenciar Mianmar, isso poderá ajudar a refrear a China. Até agora os chineses estão vencendo esse jogo específico no tabuleiro global, mas os americanos talvez sejam capazes de derrotá-los, contanto que o governo de Mianmar esteja confiante de que Washington o apoiará.

Os chineses estão também construindo portos no Quênia, ferrovias em Angola e uma represa hidrelétrica na Etiópia. Eles esquadrinham toda a África de alto a baixo à procura de minérios e metais preciosos.

Empresas e trabalhadores chineses estão espalhados pelo mundo todo; pouco a pouco as Forças Armadas da China os seguirão. Com um grande poder vem uma grande responsabilidade. A China não deixará que as vias marítimas em sua vizinhança sejam policiadas pelos americanos. Eventos exigirão que os chineses ajam fora da região. Um desastre natural, um incidente terrorista ou com reféns envolvendo grande número de trabalhadores chineses exigiria que a China tomasse providências, e isso acarreta bases avançadas, ou ao menos que outros Estados concordem em permitir que a China passe através de seu território. Há agora dezenas de milhões de chineses por toda parte no mundo, em alguns casos alojados em enormes complexos para trabalhadores em partes da África.

A China lutará para se tornar ágil no decorrer da próxima década. Ela mal conseguiu manobrar o equipamento do Exército Popular para ajudar após o devastador terremoto de 2008 em Sichuan. Mobilizou o Exército, mas não seu *maquinário*; mover-se para fora do país com rapidez seria um desafio ainda maior.

Isso vai mudar. A China não está oprimida nem motivada diplomática ou economicamente pelos direitos humanos em suas transações com o mundo. Está segura em suas fronteiras, puxando com força os elos da Primeira Cadeia de Ilhas, e agora se move pelo globo com confiança. Se puder evitar um conflito sério com o Japão ou os Estados Unidos, o único perigo real para a China é ela mesma.

Há 1,4 bilhão de razões pelas quais a China pode ter êxito e 1,4 bilhão de razões pelas quais pode não superar os Estados Unidos como a maior potência do mundo. Uma grande depressão como a dos anos 1930 poderia atrasar o país por décadas. A China se trancou dentro da economia global. Se nós não comprarmos, eles não fabricarão. E se eles não fabricarem, haverá desemprego em massa. Se houver desemprego em massa e prolongado, numa era em que os chineses são um povo apinhado em áreas urbanas, a inevitável inquietação social poderia assumir – como todas as outras coisas na China moderna – uma escala nunca vista até hoje.

CAPÍTULO 3

Estados Unidos

"As notícias de minha morte foram enormemente exageradas."
Mark Twain

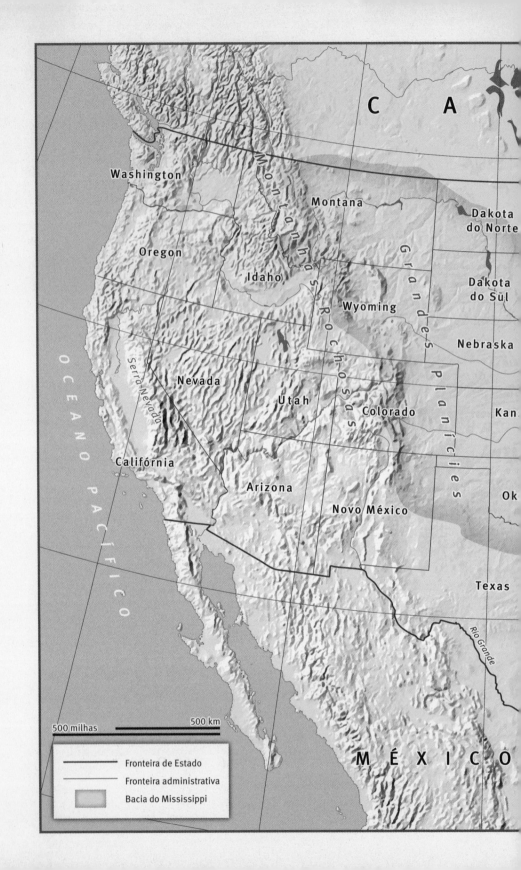

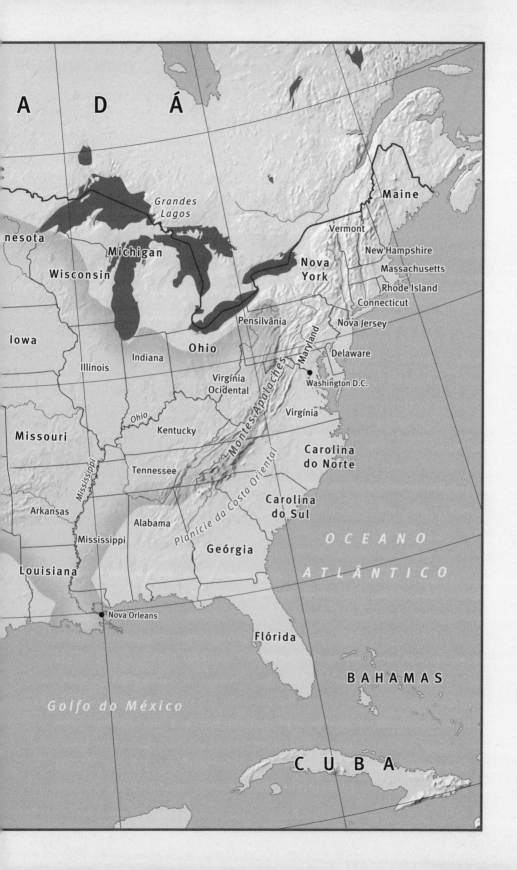

Localização, localização, localização. Se você tivesse ganhado na loteria e estivesse procurando um país onde morar, a primeira coisa que o corretor de imóveis lhe mostraria seriam os Estados Unidos da América.

Mark Twain se referia à notícia errônea de sua morte, no trecho da epígrafe, mas podia estar falando sobre as notícias exageradas acerca do falecimento dos Estados Unidos.

Fica num bairro maravilhoso, a vista é esplêndida e há fontes, lagos e cascatas sensacionais, as conexões de transporte são excelentes. E os vizinhos? Os vizinhos são ótimos, absolutamente sem problemas.

Se você dividisse esse espaço de moradia em várias seções, isso reduziria consideravelmente seu valor – em especial se os inquilinos não falassem todos a mesma língua e pagassem o aluguel em diferentes moedas –, mas como uma só casa, só para uma família, ele é insuperável.

Há cinquenta estados americanos, mas eles compõem uma única nação, e de uma forma que os 28 Estados soberanos da União Europeia jamais poderiam atingir. A maioria dos Estados da União Europeia tem uma identidade nacional muito mais forte, mais definida, que qualquer estado americano. É fácil encontrar um francês que seja francês em primeiro lugar e europeu em segundo, ou outro que seja pouco devotado à ideia de Europa. Mas um americano se identifica com sua União de uma maneira que bem poucos europeus se identificam com a deles. Isso é explicado pela geografia e pela história da unificação dos Estados Unidos.

Para pintar esse vasto país em largas e ousadas pinceladas de leste para oeste, podemos dividi-lo em três partes.

Primeiro há a planície da Costa Oriental, que leva aos montes Apalaches, uma área bem irrigada por rios curtos, mas navegáveis, e com solo fértil. Depois, avançando mais para oeste, há as Grandes Planícies, que se alongam por toda a extensão até as montanhas Rochosas; dentro dessa seção encontra-se a bacia do Mississippi com sua rede de enormes rios navegáveis fluindo para o rio Mississippi em toda a distância até o golfo do México, que é protegido pela península da Flórida e várias ilhas. Uma vez ultrapassada a enorme cordilheira que são as montanhas Rochosas, você chega ao deserto, às montanhas de Serra Nevada, a uma estreita planície litorânea e finalmente ao litoral do oceano Pacífico.

Ao norte, acima dos Grandes Lagos, situa-se o Escudo Canadense, a maior área do mundo de rochas pré-cambrianas, grande parte da qual forma uma barreira ao povoamento humano. A sudoeste, deserto. A geografia tinha determinado que, se uma entidade política conseguisse chegar à terra "de mar a mar brilhante", e depois controlá-la, iria se tornar uma grande potência, a maior que a história já conheceu. Uma vez que esse poder fosse obtido, seria quase impossível invadir a União. Como vimos com a Rússia, há "profundidade estratégica" para onde recuar uma força defensiva. O tamanho do Canadá (e em menor medida o do México) é também uma vantagem, pois qualquer potência hostil que tentasse invadir os Estados Unidos passando por esses países teria de manter linhas de suprimentos incrivelmente longas.

Também importante, nos tempos modernos: alguém estúpido o bastante para pensar em invadir os Estados Unidos logo seria forçado a refletir sobre o fato de que o país possui centenas de milhões de armas de fogo facilmente disponíveis para uma população que leva muito a sério sua vida, sua liberdade e a busca da felicidade. Além das temíveis Forças Armadas americanas, há a Guarda Nacional, a polícia estadual e, como vimos em várias ocasiões em 2015, uma força policial urbana que rapidamente pode se transformar em unidade militar. No caso de uma invasão, cada Folsom, Fairfax e Farmerville dos Estados Unidos se assemelharia a uma Faluja do Iraque.

Mas para conseguir essa rara posição geográfica de quase invulnerabilidade diante de um ataque convencional, primeiro o espaço teve de ser conquistado e unificado, o que, considerando-se que o continente tem 4.828 quilômetros de costa a costa, foi levado a cabo de maneira assombrosamente rápida.

Quando os europeus começaram a desembarcar e a se fixar no local, no início do século XVII, eles logo se deram conta de que a costa oriental desse território "virgem" estava repleta de portos naturais e solo fértil. Esse era um lugar onde poderiam viver e, ao contrário de seus países natais, onde esperavam viver livremente. Mais tarde seus descendentes negariam aos habitantes nativos a liberdade, mas essa não era a intenção dos primeiros colonos. A geografia os atraiu, trazendo-os do outro lado do Atlântico em números cada vez maiores.

A última das treze colônias originais a ser estabelecida foi a Geórgia, em 1732. As treze adotaram uma atitude cada vez mais independente no período que culminou com a Revolução Americana (1775-83). No início desse período as colônias, que pouco a pouco começaram a se conectar umas com as outras, estendiam-se por 1.600 quilômetros, de Massachusetts, no norte, até a Geórgia, no sul, e tinham uma população total estimada em cerca de 2,5 milhões de habitantes. Elas eram limitadas pelo Atlântico a leste e pelos montes Apalaches a oeste. Com 2.400 quilômetros de comprimento, os Apalaches são impressionantes, mas não particularmente altos se comparados às montanhas Rochosas. Ainda assim, formavam uma tremenda barreira ao movimento em direção ao oeste para os primeiros colonos, ocupados em consolidar o território que já tinham conquistado e se preparando para governá-lo por conta própria. Os colonos enfrentavam outra barreira, a política. O governo britânico proibia o povoamento a oeste dos Apalaches porque queria assegurar que o comércio – e os impostos – permanecesse na orla marítima oriental.

A Declaração de Independência (1776) afirma: "Quando, no curso dos acontecimentos humanos, torna-se necessário a um povo dissolver os laços políticos que o ligavam a outro, e assumir, entre os Poderes da terra, a posição separada e igual a que lhe dão direito as Leis da Natureza e as do Deus da Natureza, o digno respeito às opiniões da humanidade exige que se declarem as causas que o impelem a essa separação." Ela passa a delinear essas causas em algum detalhe e a declarar (sem nenhum indício de ironia escravagista) ser evidente por si mesmo que os homens foram criados iguais. Esses nobres sentimentos ajudaram a alimentar a vitória na Guerra da Independência, que por sua vez deu origem a um novo Estado-nação.

No início dos anos 1800 a liderança desse novo país ainda não tinha muita noção de que se encontrava a milhares de quilômetros do "mar do Sul", ou Pacífico. Usando trilhas indígenas, alguns exploradores para quem a palavra "intrepidez" parece ter sido cunhada haviam avançado através dos Apalaches e chegado ao Mississippi. Lá eles achavam que encontrariam uma via navegável que levasse ao oceano, conectando-se assim com as vastas áreas de terra que os espanhóis tinham explorado através das regiões a sudoeste e da costa do Pacífico, inclusive no que são agora o Texas e a Califórnia.

Nessa altura os nascentes Estados Unidos estavam longe de ser seguros, e, se tivessem ficado restritos aos seus limites da época, teriam de se esforçar muito para se tornar uma grande potência. Seus cidadãos já tinham acesso ao rio Ohio, logo a oeste dos Apalaches, mas este levava ao Mississippi, cuja margem oeste era controlada pelos franceses em toda a sua extensão, até a cidade de Nova Orleans. Isso dava aos franceses domínio sobre o comércio americano que partia do golfo do México para o Velho Mundo, bem como sobre o vasto território a oeste do que é agora a área central dos Estados Unidos. Em 1802, um ano depois de assumir a Presidência, Thomas Jefferson escreveu: "Há no globo um único lugar cujo possuidor é nosso inimigo natural e costumeiro. É Nova Orleans."

Portanto a França era a possuidora e o problema; mas a solução, excepcionalmente, não foi a guerra.

Em 1803 os Estados Unidos simplesmente compraram da França o controle de todo o território da Louisiana. A terra se estendia do noroeste do golfo do México até as cabeceiras dos tributários do rio Mississippi nas montanhas Rochosas. Era uma área equivalente em tamanho à soma de Espanha, Itália, França, Reino Unido e Alemanha atuais. Com ela vinha a bacia do Mississippi, a partir da qual fluiu a rota dos Estados Unidos para a grandeza.

Mediante uma assinatura e a entrega de US$15 milhões, a compra da Louisiana em 1803 duplicou o tamanho dos Estados Unidos e lhes deu o domínio sobre a maior rota de transporte hidroviário interior de um país no mundo. Como o historiador americano Henry Adams escreveu: "Nunca os Estados Unidos obtiveram tanto por tão pouco."

A grande bacia do Mississippi tem mais quilômetros de rios navegáveis que o resto do mundo junto. Em nenhum outro lugar há tantos rios cuja fonte não se situa em terreno elevado e cujas águas correm suavemente por toda a extensão até o oceano, através de vastas distâncias. O Mississippi, alimentado por grande parte do sistema fluvial da bacia, começa perto de Mineápolis e termina a 2.900 quilômetros de distância no golfo do México. Assim, os rios eram o conduto natural para um comércio sempre crescente, levando a um grande porto e usando embarcações, o que era, e é, muitas vezes mais barato que a viagem rodoviária.

Os americanos tinham agora profundidade geográfica estratégica, uma enorme terra fértil e uma alternativa para os portos do Atlântico com que realizar seus negócios. Eles possuíam também rotas em constante expansão de leste para oeste, ligando a costa oriental ao novo território, e ainda os sistemas fluviais correndo de norte a sul para conectar entre si as terras então escassamente povoadas, encorajando o país a formar uma única entidade.

Havia agora uma sensação de que a nação se tornaria um colosso, uma potência continental. Eles continuaram avançando, sempre para oeste, mas de olho no sul e na segurança da joia da coroa – o Mississippi.

Em 1814 os britânicos tinham se retirado e os franceses haviam desistido da Louisiana. O estratagema agora era conseguir que os espanhóis partissem. Isso não foi muito difícil. Os espanhóis estavam exauridos pela guerra na Europa contra Napoleão; os americanos empurravam a nação indígena seminole para a Flórida espanhola, e Madri sabia que depois viriam ondas de colonos. Em 1819 os espanhóis cederam a Flórida para os Estados Unidos, e com ela uma enorme extensão de território.

A compra da Louisiana tinha dado aos Estados Unidos a área central, mas o Tratado Transcontinental de 1819 lhes deu algo quase igualmente valioso. Os espanhóis admitiram que os Estados Unidos teriam jurisdição no extremo oeste acima do paralelo 42, no que é hoje a divisa da Califórnia com o Oregon, enquanto a Espanha controlaria o que ficava abaixo, a oeste dos territórios americanos. Os Estados Unidos haviam chegado ao Pacífico.

Na época a maioria dos americanos achava que a grande vitória de 1819 fora obter a Flórida, mas o então secretário de Estado John Quincy Adams escreveu em seu diário: "A aquisição de uma linha definida de fronteira com o [Pacífico] constitui um grande marco em nossa história."

Havia, no entanto, outro problema de expressão espanhola: o México. Como a compra da Louisiana dobrara o tamanho dos Estados Unidos, quando o México se tornou independente da Espanha, em 1821, sua fronteira estava a apenas 320 quilômetros do porto de Nova Orleans. No século XXI o México não representa nenhuma ameaça territorial para os Estados Unidos, embora sua proximidade lhe cause problemas, porque o país alimenta o apetite de seu vizinho do norte por mão de obra ilegal e drogas. Mas em 1821 isso era diferente. O México controlava terras ao longo de toda a extensão até o norte da Califórnia, algo com que os Estados Unidos poderiam conviver, mas também se estendia a leste, incluindo o que é hoje o Texas, que, na época, como agora, fazia fronteira com a Louisiana. A população do México na época era de 6,2 milhões de habitantes, a dos Estados Unidos, 9,6 milhões. O Exército americano podia ter sido capaz de expulsar os poderosos britânicos, mas estes estavam lutando a 4.800 quilômetros de casa, com linhas de suprimentos que atravessavam um oceano. Os mexicanos moravam ao lado.

Silenciosamente, Washington estimulou os americanos e os recém-chegados a se instalar em ambos os lados da fronteira entre Estados Unidos e México. Ondas de imigrantes chegaram e se espalharam a oeste e sudoeste. Havia pouca chance de que eles se enraizassem na região que conhecemos como o México moderno, assimilando-se e aumentando assim os contingentes populacionais nesse país. O México não é abençoado à maneira americana. Tem solo agrícola de baixa qualidade, nenhum sistema fluvial para usar como transporte e era completamente antidemocrático, portanto os recém-chegados tinham pouca chance de receberem terra.

Enquanto a infiltração prosseguia, Washington publicou a Doutrina Monroe (assim chamada em homenagem ao presidente James Monroe), em 1823. Esta se reduzia a uma advertência às potências europeias de que elas não podiam mais procurar terras no hemisfério ocidental, e que se perdessem alguma parte de seu território existente não poderiam recuperá-la. Ou então...

Em meados dos anos 1830, havia um número suficiente de colonos brancos no Texas para forçar a questão mexicana. A população mexicana, católica, de expressão espanhola, somava poucos milhares de habitantes, mas havia cerca de 20 mil colonos protestantes brancos. A Revolução do Texas, de 1835-36, expulsou os mexicanos, mas foi uma vitória apertada, e se os colonos tivessem perdido o Exército mexicano teria condições de marchar sobre Nova Orleans e controlar a extremidade sul do Mississippi. Esse é um dos grandes "e se" da história moderna.

Entretanto, a história tomou a direção oposta, e o Texas tornou-se independente graças ao dinheiro, aos braços e às ideias americanos. O território passou a integrar a União em 1845, e juntos os estados lutaram a Guerra Mexicana de 1846-48, em que esmagaram seu vizinho do sul, que foi obrigado a aceitar que o México terminava nas areias da margem sul do rio Grande.

Com a Califórnia, o Novo México e as terras que integram agora Arizona, Nevada, Utah e parte do Colorado, as fronteiras dos Estados Unidos continentais da época pareciam semelhantes às atuais, e, sob muitos aspectos, elas são divisas naturais. No sul, o rio Grande corre através de deserto; ao norte há grandes lagos e solo rochoso, com poucas pessoas perto da fronteira, em especial na metade leste do continente; e a leste e oeste, os grandes oceanos. Entretanto, no século XXI, no sudoeste, é provável que a memória histórica cultural da região como território hispânico volte a emergir, à medida que os dados demográficos mudam rapidamente e os hispânicos talvez sejam a população majoritária dentro de poucas décadas.

Mas voltemos a 1848. Os europeus tinham ido embora, a bacia do Mississippi estava protegida de ataques por terra, o Pacífico fora alcançado e era óbvio que as nações indígenas restantes seriam subjugadas: não havia nenhuma ameaça aos Estados Unidos. Era hora de ganhar algum dinheiro e depois aventurar-se através dos mares para proteger as vias de acesso às três costas da futura superpotência.

A Corrida do Ouro na Califórnia, em 1848-49, ajudou, mas os imigrantes estavam rumando para oeste independentemente disso. Afinal, havia um império continental a construir, e à medida que ele se desenvolvia mais imigrantes apareciam. A Lei da Propriedade Rural de 1862 concedeu 64,79 hectares de terras de propriedade da Federação para qualquer pessoa que os cultivasse durante cinco anos e pagasse uma pequena taxa. Se você fosse um homem pobre da Alemanha, Escandinávia ou Itália, por que ir para a América Latina e tornar-se servo quando podia ir para os Estados Unidos e ser um proprietário rural livre?

Em 1867 o Alasca foi comprado da Rússia. Na época isso ficou conhecido como "a loucura de Seward", em alusão ao secretário de Estado William Seward, que negociou a transação. Ele pagou US$7,2 milhões, ou US$0,2 por 0,40 hectare. A imprensa o acusou de comprar neve, mas as opiniões mudaram com a descoberta de grandes depósitos de ouro em 1896. Décadas mais tarde imensas reservas de petróleo também foram encontradas na região.

Dois anos depois, em 1869, veio a inauguração da ferrovia transcontinental. Agora era possível atravessar o país em uma semana, ao passo que antes isso impunha uma viagem perigosa de vários meses.

À medida que crescia e enriquecia, o país começou a construir uma Marinha de Águas Azuis. Durante a maior parte do século XIX a política externa foi dominada pela expansão do comércio e a evitação de situações complicadas fora da vizinhança, mas era tempo de sair e proteger os acessos ao litoral. A única ameaça real vinha da Espanha – ela fora persuadida a deixar o continente, mas ainda controlava as ilhas de Cuba, Porto Rico e parte do que hoje é a República Dominicana.

Cuba, em particular, deixava os presidentes americanos insones, como voltaria a fazer em 1962, durante a Crise dos Mísseis cubanos. A ilha situa-se logo em frente à Flórida, o que lhe dá acesso e controle potencial sobre o estreito da Flórida e o canal de Iucatã, no golfo do México. Essa é a rota de entrada e saída para o porto de Nova Orleans.

O poder da Espanha podia ter diminuído perto do fim do século XIX, mas ela continuava com uma possante força militar. Em 1898 os Estados Unidos declararam guerra à Espanha, desbarataram suas Forças Armadas e ganharam o controle sobre Cuba, levando também Porto Rico, Guam e as Filipinas de quebra. Todos viriam a ser úteis, mas Guam em particular é um trunfo estratégico vital, e Cuba, uma ameaça estratégica, caso seja controlada por uma grande potência.

Em 1898 essa ameaça foi afastada pela guerra com a Espanha. Em 1962, pela ameaça de guerra com a União Soviética, mas os soviéticos capitularam primeiro. Hoje nenhuma grande potência patrocina Cuba, e a ilha parece destinada a se submeter de novo à influência cultural e provavelmente política dos Estados Unidos.

Os americanos avançavam rapidamente. No mesmo ano em que conquistaram Cuba, o estreito da Flórida e em grande medida o Caribe, anexaram também a ilha do Havaí, no Pacífico, protegendo assim o acesso à sua própria costa oeste. Em 1903 assinaram um tratado que lhes arrendava direitos exclusivos ao canal do Panamá. O comércio prosperava.

Era a hora certa para os Estados Unidos mostrarem que tinham mais do que chegado ao palco mundial, e não havia melhor maneira de fazê-lo que dar uma demonstração de força circum-navegando o globo.

O presidente Theodore Roosevelt estava falando de maneira relativamente suave – mas em essência ele manobrou um grande porrete ao redor do mundo.* Dezesseis encouraçados da Marinha da Força do Atlântico partiram dos Estados Unidos em dezembro de 1907. Seus cascos foram pintados de branco, a cor da Armada em tempos de paz, e esse impressionante exemplo de sinalização diplomática tornou-se conhecido como "A Grande Frota Branca". Durante os quatorze meses seguintes a frota visitou vinte portos, inclusive no Brasil, Chile, México, Nova Zelândia, Austrália, Filipinas, Japão, China, Itália e Egito. Desses, o mais importante foi o Japão, país advertido de que, em circunstâncias extremas, a frota atlântica americana

---

* Referência à "política do Big Stick", ou "diplomacia do Big Stick", pregada por Theodore Roosevelt: "Fale com suavidade, mas tenha à mão um grande porrete." (N.T.)

podia ser destacada para o Pacífico. A viagem, um misto de *hard* e *soft power*, precedeu a expressão militar "projeção de força", mas ela foi exatamente isso, e foi devidamente notada por todas as grandes potências do mundo.

A maioria dos presidentes americanos seguintes manteve em mente o conselho dado por George Washington em seu discurso de despedida, em 1796, de não se envolver em "antipatias inveteradas contra nações particulares nem em apegos apaixonados a outras", e de "manter-se distante de alianças permanentes com qualquer porção do mundo externo".

Com exceção de uma entrada tardia – embora decisiva – na Primeira Guerra Mundial, os Estados Unidos do século XX conseguiram, em geral, evitar complicações e alianças até 1941.

A Segunda Guerra Mundial mudou tudo. Os Estados Unidos foram atacados por um Japão cada vez mais militarizado depois que Washington impôs a Tóquio sanções econômicas que teriam subjugado o país. Os americanos se defenderam fortemente. Eles projetaram seu vasto poder em torno do mundo, e, para que as coisas continuassem assim, dessa vez não voltaram para casa.

Como a maior potência econômica e militar do mundo no pós-guerra, os Estados Unidos precisavam agora controlar as rotas marítimas mundiais para manter a paz e levar seus produtos ao mercado.

Eles eram o "último homem de pé". Os europeus tinham se exaurido, e suas economias, assim como suas vilas e cidades, estavam em ruínas. Os japoneses estavam esmagados, os chineses devastados, em guerra entre si, os russos não estavam sequer no jogo capitalista.

Um século antes, os britânicos tinham aprendido que precisavam de bases avançadas e estações de abastecimento a partir das quais projetar e proteger seu poder naval. Agora, com os britânicos em declínio, os americanos olhavam lascivamente para os trunfos da Grã-Bretanha e diziam: "Belas bases – elas serão nossas."

O preço foi justo. No outono de 1940 os britânicos precisavam desesperadamente de mais navios de guerra. Os americanos tinham cinquenta sobressalentes, e assim, com o que se chamou "Acordo dos Contratorpedeiros em Troca de Bases", os britânicos permutaram sua capacidade de ser uma potência global por ajuda para continuar na guerra. Quase todas as bases navais britânicas no hemisfério ocidental foram entregues.

O negócio era, e ainda é para todos os países, o concreto. Concreto na construção de portos, pistas, hangares, depósitos de combustível, docas secas e áreas para treinamento de forças especiais. No Oriente, depois da derrota do Japão, os Estados Unidos aproveitaram a oportunidade para construir essas coisas por todo o Pacífico. Eles já tinham Guam, na metade do caminho; agora possuíam bases até na ilha japonesa de Okinawa, no mar da China oriental.

Os americanos também miraram na terra. Se iam pagar para reconstruir a Europa segundo o Plano Marshall, de 1948-51, precisavam assegurar que a União Soviética não arruinaria o lugar e chegaria à costa atlântica. Os soldados americanos não foram embora. Em vez disso, instalaram-se na Alemanha e intimidaram o Exército Vermelho através da planície do norte da Europa.

Em 1949 Washington liderou a formação da Otan e com ela assumiu efetivamente o comando do poderio militar restante do mundo ocidental. O chefe civil da Otan decerto podia ser um belga num ano e um britânico no ano seguinte, mas o comandante militar é sempre americano, e de longe o maior poder de fogo da Otan é o americano.

Não importa o que o tratado diga, o comandante supremo da Otan responde a Washington. Durante a crise do canal de Suez, em 1956 – quando foram compelidos por pressão americana a interromper sua ocupação da zona do canal, perdendo por conseguinte a maior parte de sua influência no Oriente Médio –, o Reino Unido e a França pagaram por essa lição: nenhum país da Otan mantém uma política naval estratégica sem primeiro pedir licença a Washington.

Com Islândia, Noruega, Grã-Bretanha e Itália (todos membros fundadores da Otan) concedendo aos Estados Unidos acesso e direitos a suas bases, agora os americanos dominavam o Atlântico Norte e o Mediterrâneo, bem como o Pacífico. Em 1951 eles estenderam seu domínio ali até o sul, formando uma aliança com Austrália e Nova Zelândia, e também ao norte, após a Guerra da Coreia de 1950-53.

Havia agora dois mapas dos Estados Unidos: o comum, que se estende diagonalmente de Seattle, na costa do Pacífico, ao enclave no mar de Sargaços, e outro que demonstra as pegadas de seu poder geopolítico. Este último mapa mostrava bases, portos e pistas – coisas reais que você pode indicar numa carta geográfica. Mas ele era também um mapa conceitual, um mapa dizendo que, no caso de a situação A acontecer na região B, os Estados Unidos poderiam contar com o país C como aliado, e vice-versa. Se uma grande potência pretendesse atuar em qualquer lugar do mundo, ela sabia que, se os Estados Unidos quisessem, poderiam jogar seu interesse pessoal na questão. Uma superpotência surgira. Nos anos 1960, o fracasso dos Estados Unidos no Vietnã prejudicou sua confiança e tornou o país mais cauteloso em relação a complicações externas. Entretanto, o que foi efetivamente uma derrota não alterou de modo substantivo a estratégia global americana.

Havia agora apenas três lugares dos quais poderia vir um desafio à hegemonia americana: uma Europa unida, a Rússia e a China. Todos iriam se fortalecer, mas dois atingiriam seus limites.

O sonho de alguns europeus de uma União Europeia com "união cada vez mais estreita" e uma política externa e de defesa comum está morrendo pouco a pouco diante de nossos olhos. Mesmo que não estivesse, os países da União Europeia gastam tão pouco com defesa que fundamentalmente permanecem dependentes dos Estados Unidos. O colapso econômico de 2008 reduziu a capacidade das potências europeias e deixou-as com pouca vontade de aventuras no exterior, em especial depois de ver quanto a intervenção na Líbia acabou mal, quando os franceses e britânicos, com os americanos "liderando na retaguarda", permitiram a derrubada do regime de Gaddafi. Em 2013 o então primeiro-ministro do Reino Unido David Cameron visitou Trípoli e disse ao povo líbio que a lição aprendida no Afeganistão e no Iraque era: "Ajudar outros países, intervir em outros países, não é simplesmente uma questão de intervenção militar." Sob gritos de "Allahu Akbar" ("Deus é grande"), ele prometeu: "Ao construir uma nova Líbia, vocês não terão um amigo melhor que o Reino Unido. Estaremos com vocês em cada passo do caminho." Mas depois, quando o país mergulhou no caos, com numerosas milícias disputando o controle, os europeus foram embora, deixando um Estado abatido, um povo desesperado e uma nova rota se abrindo para a imigração ilegal rumo à Europa.

Em 1991 a ameaça russa tinha sido descartada em decorrência da assombrosa incompetência econômica da Rússia, a expansão militar excessiva e o fracasso em persuadir as massas subjugadas em seu império de que gulags e superprodução de tratores financiados pelo Estado eram a maneira correta de progredir. A recente contrarreação da Rússia de Putin é uma pedra no sapato dos Estados Unidos, mas não uma séria ameaça ao domínio americano. Em 2014, quando descreveu a Rússia como "não mais que uma potência regional", o ex-presidente Obama pode ter sido desnecessariamente provocador, mas não estava errado. As barras da prisão geográfica da Rússia, como se viu no Capítulo 1, ainda vigoram: os russos carecem de um porto de águas mornas com acesso às rotas marítimas globais e da capacidade militar em tempo de guerra para chegar ao Atlântico passando pelo Báltico e pelos mares do Norte, ou pelo mar Negro e o Mediterrâneo.

Os Estados Unidos estavam parcialmente por trás da mudança de governo ucraniano em 2014. Eles queriam ampliar a democracia no mundo e afastar a Ucrânia da influência russa, assim enfraquecendo o presidente Putin. Washington sabe que durante a última década, enquanto os Estados Unidos estavam distraídos no Iraque e no Afeganistão, os russos tiraram proveito do que chamam de seu "exterior próximo", reconquistando um sólido ponto de apoio em lugares como o Cazaquistão e se apoderando de territórios na Geórgia. Com atraso, e com certa relutância, os americanos vêm tentando reduzir as conquistas russas. O presidente Trump deu aberturas a Moscou e buscou estabelecer uma relação pessoal com Putin, mas as diferenças entre os dois países são maiores que o vínculo entre seus líderes.

Os americanos preocupam-se com a Europa, preocupam-se com a Otan, por vezes agirão (se isso for interessante), mas a Rússia é agora, na visão deles, sobretudo um problema europeu, embora um problema no qual eles ficarão de olho.

Isso nos deixa a China, e a China está em ascensão.

A maior parte das análises escritas durante a década passada supõe que em meados do século XXI a China vai superar os Estados Unidos e se tornar a principal superpotência mundial. Por razões parcialmente debatidas no Capítulo 2, não estou convencido desse argumento. Isso pode levar um século.

Do ponto de vista econômico, os chineses estão a caminho de se emparelhar com os americanos, e isso lhes vale muita influência e um lugar à mesa principal, mas militar e estrategicamente estão décadas atrás. Os Estados Unidos passarão essas décadas tentando assegurar que a China continue assim, mas parece inevitável que o vão se feche.

O concreto custa muito. Não apenas misturar e derramar, mas ter permissão para misturá-lo e derramá-lo onde queremos. Como vimos com o "Acordo dos Contratorpedeiros em Troca de Bases", o auxílio americano a outros governos não é sempre inteiramente altruístico. Assistência econômica e – de maneira igualmente importante – militar compra a permissão para derramar o concreto, e muito mais também, mesmo que haja um custo adicional.

Por exemplo, em 2017 Washington expressou revolta com violações dos direitos humanos na Síria (um Estado hostil). Após um ataque com gás por parte do regime, o presidente Trump chegou a ordenar uma ofensiva com mísseis de cruzeiro. No entanto, sua indignação diante de abusos no Bahrein talvez seja um pouco mais difícil de ouvir, abafada como tem sido pelos motores da 5ª Frota americana, que está baseada no país como convidada do governo. Por outro lado, auxílio compra de fato a capacidade de sugerir ao governo B (digamos Mianmar) que ele poderia resistir às propostas do governo C (digamos China). Nesse exemplo específico, os Estados Unidos estão atrasados, porque o governo de Mianmar só recentemente começou a se abrir para a maior parte do mundo externo, e Pequim está em vantagem.

Entretanto, quando se trata de Japão, Tailândia, Vietnã, Coreia do Sul, Cingapura, Malásia, Indonésia e outros, os americanos estão empurrando uma porta já aberta, dados a ansiedade desses países em relação a seu vizinho gigantesco e o seu interesse em se envolver com Washington. Eles podem ter disputas entre si, mas essas questões são abrandadas pelo fato de saberem que, se não permanecerem juntos, serão derrubados um a um e acabarão por cair sob a hegemonia chinesa.

A famosa "virada para a Ásia" dos Estados Unidos sob a administração Obama foi interpretada por alguns como o abandono da Europa; mas uma virada para um lugar não significa o abandono de outro. É mais uma questão de quanto peso você põe em cada pé. Mesmo antes que o presidente Trump chegasse ao poder, os americanos já estavam cercando suas apostas. Nunca houve uma corrida louca para sair da Europa – na realidade, o hardware militar americano foi construído na Europa oriental. A equipe de Trump está oscilando de modo bem uniforme, embora seja seguro dizer que são os desdobramentos na Ásia, e não na Europa ou na Rússia, que tendem a mantê-los insones.

Muitos estrategistas da política externa americana estão convencidos de que a história do século XXI será escrita na Ásia e no Pacífico. Metade da população do mundo vive ali, e, caso se inclua a Índia, espera-se que a região responda por metade da produção econômica global em 2050.

Por isso veremos os Estados Unidos investindo cada vez mais tempo e dinheiro na Ásia oriental para estabelecer sua presença e suas intenções ali. Por exemplo, no norte da Austrália os americanos instalaram uma base para o Corpo de Fuzileiros Navais dos Estados Unidos. Mas para exercer uma influência verdadeira talvez eles também tenham de investir em ação militar limitada, para convencer seus aliados de que irão em seu socorro no caso de haver hostilidades. Por exemplo, se a China começar a bombardear um contratorpedeiro japonês e isso sugerir que ela poderia tomar outras medidas militares, a Marinha dos Estados Unidos talvez dispare tiros de advertência em direção à Marinha chinesa, ou até atire diretamente, para indicar que estão dispostos a entrar em guerra por causa do incidente. Do mesmo modo, quando a Coreia do Norte mira na Coreia do Sul, o sul atira de volta, mas nesse momento os Estados Unidos não o fazem. Em vez disso, eles põem as forças em alerta de forma pública, para enviar um sinal. Se a situação se agravar eles irão disparar tiros de advertência contra um alvo norte-coreano e finalmente atirar diretamente. Essa é uma maneira de intensificar os ataques sem declarar guerra – e é aí que as coisas ficam perigosas.

Os Estados Unidos estão procurando demonstrar para toda a região que é do maior interesse dela tomar o partido de Washington – a China está fazendo o contrário. Assim, quando desafiado, cada lado deve reagir, porque a cada desafio de que ele se esquiva a confiança de seus aliados, e o medo de seus adversários, pouco a pouco se esvai, até que afinal haja um acontecimento que convença um Estado a mudar de lado.

Os analistas com frequência escrevem sobre a necessidade que certas culturas têm de não se desmoralizar, ou mesmo de não serem pegas reconhecendo um erro, mas isso não é um problema apenas nas culturas árabes ou da Ásia oriental – é um problema humano expresso de diferentes formas. É possível que ele seja mais definido e abertamente formulado nessas duas culturas, mas os estrategistas da política externa americana têm tanta consciência da questão quanto os de qualquer outra potência. A língua inglesa tem até dois ditados que demonstram como essa ideia está profundamente arraigada: "Dê-lhes uma polegada, e eles tomarão uma milha"; e a máxima do presidente Theodore Roosevelt, de 1900, que hoje faz parte do léxico político: "Fale com suavidade, mas tenha à mão um grande porrete."

O jogo mortal neste século será a maneira como chineses, americanos e outros na região administrarão cada crise que surja sem se desmoralizar e sem construir um profundo poço de rancor e raiva de ambos os lados.

A Crise dos Mísseis em Cuba é considerada em geral uma vitória americana; o que se divulga menos é que, vários meses depois que a Rússia retirou seus mísseis da ilha, os Estados Unidos retiraram seus mísseis Júpiter (que podiam atingir Moscou) da Turquia. Na realidade, essa foi uma solução conciliatória, com ambos os lados finalmente capazes de dizer aos respectivos públicos que não tinham capitulado.

No Pacífico do século XXI há outros grandes acordos mútuos de poder a se assinar. A curto prazo, a maior parte, mas não todos, provavelmente será estabelecida pelos chineses – um dos primeiros exemplos é Pequim ter declarado a "Zona de Identificação de Defesa Aérea", exigindo que nações estrangeiras informem o país antes de entrar no que é um território disputado, e os americanos voarem deliberadamente sobre a área sem nada comunicar. Os chineses ganharam alguma coisa ao declarar a Zona e fazer disso uma questão; os Estados Unidos ganham alguma coisa quando se vê que eles não obedecem. Esse é um jogo longo.

É também um jogo de gato e rato. No início de 2016, pela primeira vez a China pousou um avião numa das pistas que construiu nas ilhas artificiais que está edificando no arquipélago das Spratly, no mar da China meridional. O Vietnã e as Filipinas emitiram protestos formais, pois ambos reivindicam a área, e os Estados Unidos descreveram o movimento como ameaça à "estabilidade regional". Agora Washington observa cada projeto de construção e voo, e tem de escolher com cuidado quando e onde faz protestos mais vigorosos ou envia patrulhas navais e de força aérea para perto do território disputado. De alguma maneira eles devem assegurar a seus aliados que estarão do lado deles e garantirão a liberdade de navegação em áreas internacionais, mas ao mesmo tempo sem chegar a ponto de arrastar a China para um confronto militar.

A política dos Estados Unidos em relação aos japoneses é convencê-los de que ambos compartilham interesses estratégicos quanto à China e garantir que sua base em Okinawa permaneça aberta. Os americanos ajudarão a Força de Autodefesa japonesa a ser um corpo robusto, mas ao mesmo tempo restringirão a capacidade militar do Japão de desafiar os Estados Unidos no Pacífico.

Embora todos os outros países da região tenham importância no que é um complexo quebra-cabeça diplomático, os Estados-chave parecem ser Indonésia, Malásia e Cingapura. Esses três estão montados sobre o estreito de Malaca, que em seu ponto mais delgado tem apenas 2,7 quilômetros de lado a lado. Todos os dias passam por esse estreito 12 milhões de barris de petróleo em direção a uma China cada vez mais sedenta e a outros países da região. Enquanto esses três países forem pró-americanos, os Estados Unidos têm uma vantagem decisiva.

Do lado positivo, os chineses não são politicamente ideológicos, não procuram difundir o comunismo nem ambicionam (muito) mais território como faziam os russos durante a Guerra Fria, e nenhum dos lados está interessado em conflitos. Os chineses podem aceitar os Estados Unidos vigiando a maior parte das rotas marítimas que entregam mercadorias chinesas ao mundo, contanto que os americanos aceitem que haverá limites para quão perto da China esse controle pode chegar.

Haverá discussões, e o nacionalismo será usado ocasionalmente para assegurar a unidade do povo chinês, mas cada lado estará buscando uma solução de compromisso. O perigo surge quando eles se interpretam mal e/ou se arriscam demais.

Há focos de tensão. Os americanos têm um tratado com Taiwan afirmando que, se os chineses invadirem o que consideram sua 23ª província, os Estados Unidos entrarão em guerra. Uma linha vermelha para a China, que poderia então provocar uma invasão, é o reconhecimento formal de Taiwan pelos Estados Unidos, ou uma declaração de independência de Taiwan. Entretanto, não há nenhum sinal disso, e não parece que vá haver uma invasão chinesa.

À medida que a fome da China por petróleo e gás estrangeiros aumenta, a dos Estados Unidos declina. Isso terá um enorme impacto sobre suas relações exteriores, especialmente no Oriente Médio, com efeitos colaterais para outros países.

Em decorrência de perfurações offshore em águas litorâneas americanas, e do fraturamento hidráulico subterrâneo através de enormes regiões do país, os Estados Unidos parecem destinados a se tornar não apenas autossuficientes em energia, mas exportadores de energia líquida em 2020. Isso significará que seu foco em assegurar um fluxo de petróleo e gás a partir da região do Golfo vai diminuir. Eles ainda terão interesses estratégicos ali, mas o foco não será tão intenso. Se a atenção americana decrescer, as nações do Golfo buscarão novas alianças. Um candidato será o Irã, outro será a China, mas isso só acontecerá quando os chineses tiverem construído sua Marinha de Águas Azuis e, de maneira igualmente importante, estiverem preparados para utilizá-la.

A 5ª Frota americana não está prestes a se afastar de seu porto no Bahrein – esse é um pedaço de concreto de que eles abririam mão com relutância. Entretanto, se o fornecimento de energia de Arábia Saudita, Kuwait, Emirados Árabes Unidos e Catar não forem mais necessários para manter as luzes americanas acesas e os carros nas estradas, o público e o Congresso perguntarão: para que ela está lá? Se a resposta for "Para deter o Irã", talvez não seja suficiente para sufocar o debate.

Em outros lugares do Oriente Médio, a política americana de curto prazo é evitar que o Irã se torne forte demais e ao mesmo tempo buscar o que é conhecido como o "grande acordo" – um pacto decidindo as muitas questões que separam os dois países e encerrando três décadas e meia de inimizade. A presidência de Donald Trump herdou essa política e concorda com ela, mas busca realizá-la por um caminho mais agressivo, pelo menos verbalmente. Isso pode causar explosões e, com cada lado relutando em recuar, levar ao confronto. No entanto, nenhum dos lados quer a guerra, os europeus não estão com nenhuma disposição para desfazer totalmente o acordo nuclear em que consentiram junto com os Estados Unidos e o governo americano está ciente de que, quando se trata de acontecimentos no "Oriente Médio mais amplo", Teerã tem um voto sobre o que ocorre. Assim, embora a Casa Branca de Trump tenha adotado uma atitude mais hostil – e esteja apoiando os Estados árabes sunitas em sua frieza em relação ao Irã, como em tantas outras coisas –, a retórica anti-Irã pré-eleição foi temperada pelas imposições do cargo.

Com as nações árabes engajadas no que pode ser uma luta de décadas com os islamitas armados, Washington dá a impressão de que abandonou a ideia otimista de estimular a emergência de democracias jeffersonianas e se concentrará na tentativa de administrar a situação e ao mesmo tempo buscar desesperadamente evitar sujar de areia as botas dos soldados americanos.

A relação estreita com Israel poderá esfriar, embora devagar, à medida que os dados demográficos dos Estados Unidos se alteram. Os filhos dos imigrantes hispânicos e asiáticos que estão chegando agora ao país estarão mais interessados na América Latina e no Extremo Oriente que num pequenino país na margem de uma região que não é mais vital para os interesses americanos.

A política na América Latina será a de assegurar que o canal do Panamá permaneça aberto, sondar as taxas para passar através do proposto canal nicaraguense para o Pacífico e ficar de olho na ascensão do Brasil, caso ele comece a alimentar alguma ideia sobre sua influência no mar do Caribe. Economicamente, os Estados Unidos também irão competir com a China pela influência sobre toda a América Latina – mas só em Cuba Washington usaria todos os recursos à sua disposição para assegurar seu domínio na era pós-Castro/comunista. A proximidade de Cuba com a Flórida e a relação histórica (embora ambivalente) entre Cuba e Estados Unidos, combinadas com o pragmatismo chinês, deveriam ser suficientes para abrir caminho para que os Estados Unidos sejam o poder dominante na nova Cuba. A visita histórica do ex-presidente Obama à ilha na primavera de 2016 ajudou muito a assegurar isso. Ele foi o primeiro presidente dos Estados Unidos em exercício a visitar Havana desde Calvin Coolidge, em 1928. O ex-líder cubano Fidel Castro esbravejou sobre o acontecimento, e a mídia controlada pelo Estado relatou com diligência seus comentários negativos, mas houve uma sensação de que isso foi só para manter o velho feliz; a decisão coletiva fora tomada, a nova era começara.

Na África, os Estados Unidos são apenas uma nação à procura da riqueza natural do continente, mas a nação que encontra a maior parte dessa riqueza é a China. Como no Oriente Médio, os Estados Unidos irão observar a luta islâmica na África do Norte com interesse, mas tentarão não se envolver numa distância maior que 9 mil metros acima do solo.

O experimento dos Estados Unidos com a construção de nações no estrangeiro parece estar encerrado.

No Iraque, no Afeganistão e em outros lugares, os Estados Unidos subestimaram a mentalidade e a força de pequenas potências e tribos. A história da segurança física e da unidade dos próprios americanos pode tê-los levado a superestimar o poder de seu argumento racionalista democrático, que acredita que conciliação, trabalho árduo e mesmo eleições triunfariam sobre medos históricos profundamente arraigados e atávicos do "outro", seja este "outro" sunita, xiita, curdo, árabe, muçulmano ou cristão. Eles supunham que as pessoas iam querer se unir, quando de fato muitas não ousam nem tentar, e preferem viver separadas por causa de suas experiências anteriores. Essa é uma constatação triste sobre a humanidade, mas ao longo de muitos períodos da história, e em muitos lugares, ela parece ser uma verdade lamentável. As ações americanas removeram a tampa de uma panela fervente que havia ocultado temporariamente essa verdade.

Isso não torna os formuladores de políticas americanos "ingênuos", como alguns dos diplomatas europeus mais pretensiosos gostam de acreditar; mas eles de fato têm uma atitude de "podemos fazer" e "podemos resolver" que nem sempre funcionará.

Durante trinta anos, foi moda prever o declínio iminente ou já em curso dos Estados Unidos. Isso é tão errado agora quanto foi no passado. O país mais bem-sucedido do planeta está prestes a se tornar autossuficiente em energia, continua sendo a potência econômica suprema e gasta mais em pesquisa e desenvolvimento para suas Forças Armadas que o orçamento militar de todos os países da Otan juntos. Sua população não está envelhecendo como a da Europa e do Japão, e um estudo do Gallup de 2013 mostrou que 25% de todas as pessoas que esperam emigrar apontam os Estados Unidos como sua primeira escolha de destino. No mesmo ano a Universidade de Xangai arrolou o que seus especialistas consideravam as vinte melhores universidades do mundo: dezessete estavam nos Estados Unidos.

O estadista prussiano Otto von Bismarck, numa observação ambígua, disse mais de um século atrás que "Deus tem um cuidado especial para com os bêbados, as crianças e os Estados Unidos da América". A afirmação ainda parece válida.

CAPÍTULO 4

Europa ocidental

"Aqui o passado estava em toda parte, um continente inteiro semeado de lembranças."

Miranda Richmond Mouillot, *A Fifty-Year Silence: Love, War and a Ruined House in France*

O MUNDO MODERNO, para o bem ou para o mal, surge da Europa. Esse posto avançado ocidental da grande massa de terra eurasiana deu origem ao Iluminismo, que levou à Revolução Industrial, que resultou no que vemos hoje à nossa volta todos os dias. Por tudo isso podemos agradecer à localização da Europa, ou culpá-la.

O clima, alimentado pela corrente do Golfo, abençoou a região com a quantidade certa de chuva para cultivar produtos agrícolas em grande escala e o tipo certo de solo para que eles florescessem. Isso permitiu o crescimento populacional numa área em que, para a maioria, o trabalho era possível ao longo de todo o ano, mesmo no auge do verão. O inverno na realidade acrescenta uma vantagem, com temperaturas tépidas o bastante para se trabalhar, mas frias o suficiente para matar muitas das pragas que até hoje afligem parcelas enormes do resto do mundo. Boas colheitas significam excedente de alimento que pode ser comerciado; isso por sua vez serve de base para centros comerciais que se tornam cidades. Também permite que as pessoas pensem em mais do que apenas cultivar comida, voltando sua atenção para as ideias e a tecnologia.

A Europa ocidental não tem desertos em sentido literal, os ermos congelados estão confinados a algumas áreas no extremo norte e são raros os terremotos, vulcões e grandes inundações. Os rios são longos, planos, navegáveis e feitos para o comércio. Como deságuam numa variedade de mares e oceanos, eles correm para litorais que, a oeste, ao norte e ao sul, são abundantes em enseadas naturais.

Se você estiver lendo isso preso em meio a uma tempestade de neve nos Alpes, ou esperando que as águas fluviais baixem de volta ao Danúbio, talvez as bênçãos geográficas da Europa não pareçam muito evidentes; mas em inúmeros lugares elas são bênçãos. Esses são os fatores que levaram os europeus a criar os primeiros Estados-nação industrializados, que por sua vez os levaram a promover guerras em escala industrial.

Se tomarmos a Europa como um todo, veremos montanhas, rios e vales que explicam por que há tantos Estados-nação. Em contraste com os Estados Unidos, onde uma língua e uma cultura dominantes pressionaram com rapidez e violência sempre para oeste, criando um país gigantesco, a Europa cresceu organicamente ao longo de milênios e continua dividida entre suas regiões geográficas e linguísticas. As várias tribos da península Ibérica, por exemplo, impedidas de se expandir para o norte em direção à França devido à presença dos Pireneus, uniram-se pouco a pouco ao longo de milhares de anos para formar Espanha e Portugal – mesmo a Espanha não é um país inteiramente unido, e a Catalunha expressa seu desejo de independência com crescente intensidade. A França também foi formada por barreiras naturais, emoldurada como é pelos Pireneus, os Alpes, o Reno e o oceano Atlântico.

Os grandes rios da Europa não se encontram (a menos que contemos o Sava, que deságua no Danúbio em Belgrado). Isso em parte explica por que há tantos países num espaço relativamente pequeno. Como os rios não se conectam, a maior parte deles funciona, em algum ponto, como fronteira, e cada um é uma esfera de influência econômica por si mesmo; isso deu origem a pelo menos um grande desenvolvimento urbano nas margens de cada rio, alguns dos quais se tornaram capitais.

O segundo rio mais longo da Europa, o Danúbio (2.864 quilômetros), é um bom exemplo. Ele nasce na Floresta Negra, na Alemanha, e corre para o sul em seu percurso até o mar Negro. Ao todo, a bacia do Danúbio alcança dezoito países e forma fronteiras naturais ao longo do caminho, inclusive aquelas entre Eslováquia e Hungria, Croácia e Sérvia, Sérvia e Romênia, Romênia e Bulgária. Mais de 2 mil anos atrás ele era uma das fronteiras do Império Romano, o que por sua vez o ajudou a se tornar uma das grandes rotas comerciais dos tempos medievais e deu origem às capitais Viena, Bratislava, Budapeste e Belgrado. O Danúbio formou também a fronteira natural de dois impérios subsequentes, o Austro-Húngaro e o Otomano. À medida que cada um deles encolheu, as nações voltaram a emergir, tornando-se finalmente Estados-nação. Entretanto, a geografia da região do Danúbio, em especial na extremidade sul, ajuda a explicar por que há tantas pequenas nações ali em comparação com os países maiores na planície do norte da Europa e em torno dela.

Os países do norte da Europa foram mais ricos que os do sul por vários séculos. O norte industrializou-se mais cedo que o sul e, assim, foi mais bem-sucedido economicamente. Como muitos dos países do norte compreendem a zona central da Europa ocidental, seus vínculos comerciais eram de mais fácil manutenção, e um vizinho rico podia comerciar com outro – ao passo que os espanhóis, por exemplo, tinham de atravessar os Pireneus para fazer comércio ou se voltar para os mercados limitados de Portugal e da África do Norte.

A bacia do Danúbio é um exemplo das vantagens do terreno na Europa; os rios interconectados numa planície oferecem fronteiras naturais e uma rede de transportes facilmente navegável que estimula o crescimento do sistema de comércio.

Há também teorias improváveis segundo as quais a dominação do catolicismo no sul refreou a região, ao passo que a ética do trabalho protestante impeliu os países do norte. Cada vez que visito a cidade bávara de Munique reflito sobre essa teoria, e tenho motivos para duvidar dela enquanto passo de carro pelos templos resplandecentes dos quartéis-generais da BMW, da Allianz e da Siemens. Na Alemanha, 34% da população é católica, e a própria Baviera é predominantemente católica. No entanto as predileções religiosas não parecem ter influenciado seu progresso ou sua insistência em que os gregos deveriam trabalhar mais arduamente e pagar mais impostos.

O contraste entre o norte e o sul da Europa também pode ser atribuído pelo menos ao fato de que o sul tem menos planícies litorâneas adequadas para a agricultura e sofreu mais com secas e desastres naturais que o norte, ainda que em escala menor que outras partes do mundo. Como vimos no Capítulo 1, a planície do norte da Europa é um corredor que se estende da França aos montes Urais, na Rússia, limitada ao norte pelos mares do Norte e Báltico. A terra propicia a lavoura bem-sucedida em grande escala, e as vias navegáveis permitem que as colheitas e outras mercadorias sejam transportadas com facilidade.

De todos os países na planície, a França é o mais bem situado para se beneficiar dela. É o único país europeu a ser uma potência tanto no norte quanto no sul. Tem a maior extensão de terra fértil na Europa ocidental, e muitos de seus rios se conectam uns com os outros; um rio corre para o oeste até o Atlântico (o Sena), outro para o sul até o Mediterrâneo (o Ródano). Esses fatores, junto com o relevo relativamente plano, prestaram-se à unificação da região e – especialmente a partir do período de Napoleão Bonaparte – à centralização do poder.

Mas ao sul e a oeste muitos países permanecem na segunda classe do poder europeu, em parte por causa da localização. O sul da Itália, por exemplo, continua muito atrás do norte em termos de desenvolvimento, e embora ela seja um Estado unificado (incluindo Veneza e Roma) desde 1871, as tensões produzidas pela diferença entre o norte e o sul são maiores agora do que foram desde antes da Segunda Guerra Mundial. A indústria pesada, o turismo e os centros financeiros do norte significam há muito tempo um padrão de vida mais elevado na região, conduzindo à formação de partidos políticos que instigam o apoio ativo ao corte de subsídios estatais para o sul, ou até a uma separação.

Também a Espanha está lutando, e sempre lutou por causa de sua geografia. Suas estreitas planícies litorâneas têm solo pobre, e o acesso a mercados é prejudicado internamente pelos rios curtos e a Meseta Central, um platô elevado cercado por cadeias de montanhas, algumas das quais o atravessam. O comércio com a Europa ocidental é mais dificultado pelos Pireneus, e todos os mercados ao sul, do outro lado do Mediterrâneo, representam países em desenvolvimento, com renda limitada. A Espanha ficou para trás depois da Segunda Guerra Mundial porque, sob a ditadura de Francisco Franco, viu-se politicamente congelada, fora de grande parte da Europa moderna. Franco morreu em 1975, e a Espanha recém-democratizada ingressou na União Europeia em 1986. Em 1990 tinha começado a alcançar o resto da Europa ocidental, mas as debilidades geográficas e financeiras inerentes ao país continuam a refreá-lo e intensificaram os problemas de excesso de gastos e controle central frouxo. A Espanha foi um dos países mais gravemente atingidos pela crise econômica de 2008.

A Grécia sofre de maneira semelhante. Grande parte do litoral grego compreende penhascos escarpados e há poucas planícies costeiras para a agricultura. No interior há mais penhascos escarpados, rios que não propiciam o transporte e poucos vales amplos, férteis. A terra agricultável que existe é de alta qualidade; o problema é que ela é escassa demais para permitir que a Grécia se torne grande exportadora agrícola ou desenvolva mais que um punhado de grandes áreas urbanas com populações altamente educadas, qualificadas e tecnologicamente avançadas. A situação do país vê-se exacerbada pela localização, com Atenas situada na ponta de uma península quase desconectada do comércio por terra com a Europa. Ela depende do mar Egeu para ter acesso ao comércio marítimo na região – mas do outro lado dele situa-se a Turquia, um grande inimigo em potencial. A Grécia lutou várias guerras contra a Turquia no fim do século XIX e início do século XX, e nos tempos modernos ainda gasta uma grande soma em euros, que não possui, em defesa.

A Grécia continental é protegida por montanhas, mas há cerca de 1.400 ilhas gregas (6 mil, se incluirmos várias rochas que se projetam do Egeu), das quais cerca de duzentas são habitadas. É necessário ter uma Marinha decente só para patrulhar esse território, que dirá forte o suficiente para impedir qualquer tentativa de tomá-lo. O resultado é um enorme custo em gastos militares que a Grécia não se pode permitir. Durante a Guerra Fria os americanos – e em menor medida os britânicos – contentaram-se em cobrir algumas das exigências militares para manter a União Soviética fora do Egeu e do Mediterrâneo. O fim da Guerra Fria foi o fim também dos cheques. Mas a Grécia continuou a gastar.

Essa divisão histórica segue tendo impacto até hoje, na sequência do colapso financeiro que atingiu a Europa em 2008 e da desavença ideológica na União Europeia. Em 2012, quando tiveram início os pacotes de ajuda europeus e exigiu-se que a Grécia adotasse medidas de austeridade para manter o país solvente e na zona do euro, a divisão geográfica logo se tornou óbvia. Os que doavam e exigiam eram os países do norte, os que recebiam e suplicavam eram sobretudo os do sul. Não demorou muito para que os alemães chamassem atenção para o fato de que eles estavam trabalhando até os 65 anos mas pagando impostos que iam para a Grécia, permitindo que os gregos se aposentassem aos 55 anos. Eles perguntaram então: "Por quê?" E a resposta "Na saúde e na doença" foi insatisfatória.

Os alemães estiveram à frente das medidas de austeridade impostas pelo auxílio financeiro, os gregos estiveram à frente da forte reação contrária. Por exemplo, o ministro das Finanças alemão, Wolfgang Schäuble, comentou: "Ainda não estou convencido de que todos os partidos políticos na Grécia têm consciência de sua responsabilidade pela difícil situação em que seu país se encontra." Ao que o presidente grego, Karolos Papoulias, que havia lutado contra os nazistas, respondeu: "Não posso aceitar que o sr. Schäuble insulte meu país… Quem é o sr. Schäuble para insultar a Grécia? Quem são os alemães? Quem são os finlandeses?" Ele fez também uma referência mordaz à Segunda Guerra Mundial: "Sempre tivemos orgulho de defender não apenas nossa liberdade, nosso país, mas a liberdade da Europa também." Os estereótipos de sulistas esbanjadores e preguiçosos e de nortistas prudentes e industriosos logo voltaram à tona, com a mídia grega respondendo com constantes e rudes lembretes do passado da Alemanha, inclusive sobrepondo o bigode de Hitler a uma fotografia de primeira página da chanceler Angela Merkel.

Os contribuintes gregos – que não são em número suficiente para sustentar a economia do país – têm uma opinião muito diferente, e perguntaram: "Por que os alemães devem nos dar ordens quando o euro os beneficia mais que a quaisquer outros?" Na Grécia e em outros lugares, medidas de austeridade impostas pelo norte são vistas como um ataque à soberania.

Estão aparecendo rachaduras no edifício da "família europeia", e não apenas por causa da votação dos britânicos em favor do Brexit. Isso foi o sintoma de um problema, não a causa. Na periferia da Europa ocidental, a crise financeira deixou a Grécia com a aparência de um membro semidesconectado; a leste também se viu novamente um conflito. Para que a aberração dos últimos quase setenta anos de paz continue ao longo deste século, essa paz precisará de amor, cuidado e atenção.

As gerações pós-Segunda Guerra Mundial cresceram tendo a paz como norma, mas o que a atual geração possui de diferente é que os europeus têm dificuldade de imaginar o oposto. As guerras agora parecem aquilo que acontece em outro lugar ou o que acontecia no passado – na pior das hipóteses, acontecem na "periferia" da Europa. O trauma de duas guerras mundiais, seguidas por sete décadas de paz e depois pelo colapso da União Soviética, persuadiu muitas pessoas de que a Europa ocidental era uma região "pós-conflito".

Há razões para acreditar que isso ainda pode continuar valendo no futuro, mas fontes potenciais de conflito borbulham sob a superfície, e as tensões entre os europeus e os russos podem resultar num confronto. Por exemplo, a história e mudanças no desenho geográfico assombram a política externa polonesa, ainda que o país esteja atualmente em paz, seja bem-sucedido e um dos maiores Estados da União Europeia, com uma população de 38 milhões de habitantes. É também fisicamente um dos maiores Estados-membros, e sua economia duplicou desde que emergiu de trás da

Cortina de Ferro, mas ainda assim ele olha para o passado enquanto tenta assegurar seu futuro.

O corredor da planície do norte da Europa tem seu ponto mais estreito entre a costa báltica da Polônia, no norte, e o início dos montes Cárpatos, no sul. É aí que, da perspectiva militar russa, poderia se colocar a melhor linha defensiva, ou, do ponto de vista de um atacante, o lugar em que suas forças se veriam espremidas antes de irromper em direção à Rússia.

Os poloneses têm olhado para ele de ambas as maneiras, conforme os Exércitos se precipitam para leste e oeste através do estreito, frequentemente alterando as fronteiras. Se você pegar *The Times Atlas of European History* e folhear as páginas rapidamente, como se ele fosse um *flip-book*, verá a Polônia emergir mais ou menos no ano 1000, depois mudar de forma constantemente, desaparecer e reaparecer, antes de assumir sua feição atual, no fim do século XX.

A localização da Alemanha e da Rússia, associada à experiência que os poloneses tiveram com esses dois países, não faz de qualquer dos dois um aliado natural para Varsóvia. Como a França, a Polônia quer manter a Alemanha trancada na União Europeia e na Otan, ao passo que medos não tão antigos da Rússia ganharam proeminência com a crise na Ucrânia. Ao longo dos séculos, a Polônia viu a maré russa fluir e refluir a partir dela e para ela. Depois da maré baixa no fim do império soviético (russo), havia apenas uma direção para a qual a maré podia fluir em seguida.

As relações com a Grã-Bretanha, como um contrapeso para a Alemanha dentro da União Europeia, se desenvolveram facilmente, apesar da traição de 1939: Grã-Bretanha e França haviam assinado um tratado prometendo ajudar a Polônia se a Alemanha a invadisse. Quando o ataque ocorreu, a resposta ao *Blitzkrieg* foi um *Sitzkrieg** – ambos os aliados permaneceram atrás da Linha Maginot, na França, enquanto a Polônia era tragada. Apesar disso, as relações com o Reino Unido são fortes, ainda que em 1989 o principal aliado que a Polônia então recém-libertada procurou tenha sido os Estados Unidos.

---

* "Guerra sentada", guerra de mentira. (N.T.)

Os americanos abraçaram os poloneses, e vice-versa: ambos tinham os russos em mente. Em 1999, a Polônia ingressou na Otan, estendendo o alcance da Organização 640 quilômetros mais para perto de Moscou. Nessa altura, vários outros países do antigo Pacto de Varsóvia também eram membros da Otan, e em 1999 Moscou observou impotente quando a Otan entrou em guerra com seu aliado, a Sérvia. Nos anos 1990, a Rússia não tinha nenhuma condição de rechaçar a Otan, mas, após o caos dos anos Yeltsin, Putin entrou em cena em posição vantajosa e se defendeu fortemente.

A citação mais conhecida atribuída a Henry Kissinger vem dos anos 1970, quando consta que ele teria perguntado: "Se eu quiser falar com a Europa, para quem devo ligar?" Os poloneses têm uma pergunta atualizada: "Se os russos ameaçarem, chamamos Bruxelas ou Washington?" Eles sabem a resposta.

Os países balcânicos também estão mais uma vez livres do império. O solo montanhoso da região levou à emergência de muitos Estados, e essa é uma das coisas que os impediu de se integrar – apesar dos melhores esforços do experimento da União dos Eslavos do Sul, também conhecida como Iugoslávia.

Tendo em seu passado recente as guerras dos anos 1990, a maioria dos antigos países iugoslavos está olhando para oeste, mas na Sérvia a influência do leste, com sua religião ortodoxa e os povos eslavos, continua forte. A Rússia, que ainda não perdoou as nações ocidentais pelo bombardeio da Sérvia em 1999 e a separação do Kosovo, ainda tenta seduzir os sérvios para sua órbita, apelando para a força gravitacional da língua, da etnia, da religião e dos acordos energéticos.

Há uma frase famosa de Bismarck que diz que uma grande guerra seria deflagrada por "alguma coisa idiota nos Bálcãs", e assim aconteceu. A região é hoje um campo de batalha econômico e diplomático com a União Europeia, a Otan, os turcos e os russos, todos competindo por influência. Albânia, Bulgária, Croácia e Romênia fizeram sua escolha e estão na Otan – e, com exceção da Albânia, estão também na União Europeia, assim como a Eslovênia.

As tensões se estendem para o norte e a Escandinávia. A Dinamarca já é membro da Otan, e o recente ressurgimento da Rússia provocou um debate na Suécia para saber se é hora de abandonar a neutralidade de dois séculos e ingressar na Organização. Em 2013 jatos russos encenaram um voo de bombardeio sobre a Suécia no meio da noite. Ao que parece, o sistema de defesa sueco estava dormindo, deixando de lançar qualquer jato, e foi a Força Aérea dinamarquesa quem levantou voo para expulsar os russos. Apesar disso, a maioria dos suecos continua contra o ingresso na Otan, mas o debate prossegue, informado pela declaração de Moscou de que seria obrigado a "responder" se a Suécia ou a Finlândia se associasse à Otan. A União Europeia e os países da Otan precisam apresentar uma frente unida contra esses desafios, mas isso será impossível, a menos que permaneça intacta a relação decisiva na União Europeia – a relação entre França e Alemanha.

Como vimos, a França era o país mais bem situado para se beneficiar do clima, das rotas comerciais e das fronteiras naturais da Europa. Ela está parcialmente protegida, exceto em uma área – o nordeste, no ponto em que a planície do norte da Europa se torna o que é hoje a Alemanha. Antes que a Alemanha existisse como país, isso não era um problema. A França estava a considerável distância da Rússia, longe das hordas mongóis, e tinha o canal da Mancha entre ela e a Inglaterra, significando que uma tentativa de invasão em grande escala e ocupação total provavelmente seria repelida. De fato, a França era a potência suprema no continente europeu: ela pôde inclusive projetar seu poder até os portões de Moscou.

Mas depois a Alemanha se unificou.

Ela vinha fazendo isso há algum tempo. A "ideia" de Alemanha existira durante séculos: as terras francas orientais que se tornaram o Sacro Império Romano no século X eram por vezes chamadas "Germânias", por compreenderem até quinhentos minirreinos germânicos. Depois que o Sacro Império Romano foi dissolvido, em 1806, a Confederação Germânica de 39 pequenos Estados reuniu-se em 1815 no Congresso de Viena. Isso, por sua vez, levou à Confederação da Alemanha do Norte, e em seguida à unificação da Alemanha em 1871, depois da Guerra Franco-Prussiana, em que tropas alemãs vitoriosas ocuparam Paris. Agora a França tinha em sua fronteira um vizinho geograficamente maior que ela, com população de tamanho similar, mas com uma taxa de crescimento maior e mais industrializado.

A unificação foi anunciada no palácio de Versalhes, perto de Paris, após a vitória alemã. O ponto fraco na defesa da França, a planície do norte da Europa, havia se rompido. Seria rompido de novo, duas vezes, nos setenta anos seguintes, depois do que a França passaria a usar diplomacia em vez de guerra para tentar neutralizar a ameaça vinda do leste.

A Alemanha sempre tivera problemas geográficos maiores que os da França. A planície do norte da Europa lhe dava duas razões para ter medo: a oeste os alemães tinham a França, vizinha há muito unificada e poderosa, e a leste o gigantesco Urso Russo. Seu medo supremo era que ambas as potências atacassem simultaneamente através da região plana do corredor. Nunca poderemos saber se isso teria acontecido, mas o medo que provocou produziu consequências catastróficas.

A França tinha medo da Alemanha, a Alemanha tinha medo da França, e quando a França se uniu tanto à Rússia quanto à Grã-Bretanha, na Tríplice Entente de 1907, a Alemanha teve medo dos três. Havia agora também outra dimensão: a Marinha britânica podia, quando bem entendesse, bloquear o acesso alemão ao mar do Norte e ao Atlântico. A solução, por duas vezes, foi atacar a França primeiro.

O dilema da posição geográfica e da beligerância da Alemanha tornou-se conhecido como "A questão alemã". A resposta, após os horrores da Segunda Guerra Mundial – na verdade após séculos de guerra – foi a aceitação da presença nas terras europeias de uma única potência esmagadora, os Estados Unidos, que fundaram a Otan e por fim permitiram a criação da União Europeia. Exauridos pela guerra, e com a segurança "garantida" pelas Forças Armadas americanas, os europeus se lançaram a um assombroso experimento. Foram convidados a confiar uns nos outros.

O que é agora a União Europeia foi estabelecido de modo que França e Alemanha se estreitassem num abraço tão amoroso que nenhuma das duas pudesse liberar um braço para dar um soco na outra. Funcionou brilhantemente e criou um enorme espaço geográfico abarcando a maior economia do mundo.

Funcionou particularmente bem para a Alemanha, que ressurgiu das cinzas de 1945 e usou em seu benefício a antes temida geografia. A Alemanha se tornou o grande fabricante da Europa. Em vez de enviar exércitos através das regiões planas, enviou mercadorias com a prestigiosa etiqueta "Made in Germany", e essas mercadorias fluíram pelo Reno e o Elba, ao longo de *Autobahns* e para fora, até a Europa e o mundo, norte, sul, oeste e, cada vez mais, desde 1990, para o leste.

No entanto, o que se iniciou em 1951 como a Comunidade Europeia do Carvão e do Aço transformou-se na União Europeia de várias nações com um mantra ideológico de "união cada vez mais estreita". Após a primeira grande crise financeira a atingir a União, essa ideologia passa por uma situação incerta, e os laços que a prendem estão se desgastando. Há sinais de "vingança da geografia" dentro da União Europeia, como expressou Robert Kaplan.

A união cada vez mais estreita levou, para dezenove dos 28 Estados-membros, a uma moeda única: o euro. Todos os membros, exceto a Dinamarca e o Reino Unido, se comprometeram a aderir se e quando atendessem aos critérios estabelecidos. O que está claro agora, e para alguns era claro na época, é que quando de seu lançamento, em 1999, muitos dos países que ingressaram na União Europeia simplesmente não estavam prontos para isso.

Em 1999 muitos países entraram na relação recém-definida de olhos bem fechados. Esperava-se que todos tivessem níveis de dívida, desemprego e inflação dentro de certos limites. O problema é que alguns, principalmente a Grécia, estavam falsificando as contas. A maior parte dos especialistas sabia disso, mas como o euro não é apenas uma moeda – é também uma ideologia –, os outros membros fizeram vista grossa.

Os países da zona do euro concordaram em continuar economicamente casados, como os gregos ressaltam, "na saúde e na doença", mas quando a crise econômica de 2008 explodiu os países mais ricos tiveram de auxiliar os mais pobres, e uma amarga briga doméstica rebentou. Até hoje os parceiros atiram pratos uns nos outros.

A crise do euro e os problemas econômicos mais amplos revelaram as rachaduras na Casa da Europa (principalmente ao longo da velha linha de falha da divisão norte–sul). O sonho de união cada vez mais estreita parece estar congelado, ou possivelmente até retrocedendo. Na primavera de 2017 a Comissão da União Europeia divulgou um documento expondo várias opções quanto à direção que o organismo deveria seguir. A escolha de dar mais poder a Bruxelas foi completamente rejeitada na maioria das capitais europeias.

O referendo de 2016 que decidiu que o Reino Unido sairia da União Europeia foi um profundo golpe psicológico para o sonho europeu. Se a União se estilhaçar, a questão alemã pode reaparecer. Visto pelo prisma de sete décadas de paz, isso soa alarmista, e a Alemanha está entre os membros mais pacíficos e democráticos da família europeia; contudo, visto pelo prisma de sete séculos de guerra, o problema não pode ser excluído.

A Alemanha está determinada a continuar uma boa europeia. Os alemães sabem instintivamente que, se a União se fragmentar, os velhos medos da Alemanha ressurgirão, sobretudo porque agora ela é de longe a nação europeia mais populosa e rica, com 82 milhões de habitantes, e a quarta maior economia do mundo. Uma União fracassada também prejudicaria a Alemanha economicamente: o terceiro maior exportador de bens do mundo não quer ver seu mercado mais próximo fragmentar-se no protecionismo.

O Estado-nação alemão, apesar de ter menos de 150 anos, é agora a potência indispensável da Europa. Em assuntos econômicos não tem rival, fala suavemente mas carrega um grande porrete na forma do euro, e o continente europeu ouve. Entretanto, na política externa global a Alemanha simplesmente fala baixinho, por vezes não fala nada, e tem aversão a porretes.

A sombra da Segunda Guerra Mundial ainda paira sobre a Alemanha. Os americanos, e por fim também os europeus ocidentais, mostraram-se dispostos a aceitar o rearmamento alemão em razão da ameaça soviética, mas a Alemanha se rearmou de maneira quase relutante e está pouco inclinada a usar seu poderio militar. Fez figuração no Kosovo e no Afeganistão, mas optou por não participar do conflito na Líbia.

Sua incursão diplomática mais séria numa crise não econômica foi na Ucrânia, o que nos revela muito sobre a direção para a qual o país está olhando agora. Os alemães estiveram envolvidos nas maquinações que derrubaram o presidente da Ucrânia, Viktor Yanukovych, em 2014 e criticaram com severidade a subsequente anexação da Crimeia pela Rússia. Entretanto, com os gasodutos em mira, Berlim foi notavelmente mais contida em suas críticas e no apoio a sanções do que, por exemplo, o Reino Unido – que é muito menos dependente da energia russa. Através da União Europeia e da Otan, a Alemanha está ancorada na Europa ocidental, mas em tempos tempestuosos as âncoras podem se mover, e Berlim está geograficamente bem situada para deslocar o foco de sua atenção para o leste, se necessário, e forjar laços muito mais estreitos com Moscou.

Observando todas essas maquinações continentais a partir das margens do Atlântico está o Reino Unido, algumas vezes presente na Europa continental, algumas vezes em "esplêndido isolamento", sempre plenamente envolvido em assegurar que nenhum poder maior que o seu ascenderá na Europa. Isso é tão verdadeiro agora nas câmaras diplomáticas da União Europeia quanto foi nos campos de batalha de Agincourt, Waterloo ou Balaclava.

Nos tempos modernos, o Reino Unido busca se inserir nas grandes alianças franco-germânicas do pós-guerra. Falhando, busca alianças com outros Estados-membros menores, a fim de gerar apoio suficiente para contestar as políticas de que discorda. Por vários séculos os britânicos procuraram garantir que não houvesse uma potência esmagadoramente hegemônica no continente europeu. A política continua enquanto o Reino Unido é membro da União Europeia, e continuará no futuro, quer ele seja membro ou não.

Geograficamente, os britânicos estão num bom lugar. Boas terras de cultivo, rios decentes, excelente acesso aos mares e a seus estoques pesqueiros, perto o bastante do continente europeu para comerciar, e no entanto protegidos, graças ao fato de serem um povo insular – houve ocasiões em que o Reino Unido deu graças por sua geografia, quando guerras e revoluções assolaram seus vizinhos.

As perdas britânicas em guerras mundiais e sua experiência nesses conflitos não podem ser subestimadas, mas empalidecem se comparadas ao que aconteceu na Europa continental no século XX e mesmo antes disso. Os britânicos estão a um grau de distância de viver com a lembrança coletiva histórica de invasões e mudanças de fronteira frequentes.

Há uma teoria de que a relativa segurança de que o Reino Unido gozou durante as últimas centenas de anos explica por que ele experimentou mais liberdade e menos despotismo que os países do outro lado do canal da Mancha. Segundo essa teoria, ali houve menos necessidade de "homens fortes" ou ditadores, o que, começando com a Magna Carta (1215) e seguindo com os Estatutos de Oxford (1258), levou a formas de democracia anos antes de outros países.

Esse é um bom ponto, embora não comprovável. O inegável é que a água em volta da ilha, as árvores sobre ela que permitiram a construção de uma grande esquadra e as condições econômicas que desencadearam a Revolução Industrial, tudo isso levou a Grã-Bretanha a controlar um império global. Ela pode ser a maior ilha da Europa, mas não é um grande país. A expansão de seu poder através do globo nos séculos XVIII, XIX e XX é extraordinária, ainda que sua posição tenha declinado.

Sua localização ainda lhe proporciona certas vantagens estratégicas, uma das quais é a brecha Giuk (acrônimo em inglês de Groenlândia, Islândia e Reino Unido). Esta é um ponto de estrangulamento nas rotas marítimas do mundo – está longe de ser tão importante quanto o estreito de Ormuz ou o estreito de Malaca, mas deu tradicionalmente ao Reino Unido uma vantagem no Atlântico Norte. A rota alternativa para as marinhas norte-europeias (incluindo as da Bélgica, da Holanda e da França) chegarem ao Atlântico é através do canal da Mancha, mas este é apertado – somente 32 quilômetros no estreito de Dover – e muito bem defendido. Qualquer navio militar russo vindo do Ártico também tem de passar pela Giuk em seu caminho para o Atlântico.

Essa vantagem estratégica diminuiu juntamente com o papel e o poder reduzidos da Marinha Real, mas em tempo de guerra ela beneficiaria novamente o Reino Unido. A Giuk é uma das principais razões por que Londres ficou em pânico em 2014, quando por um breve momento parecia que a votação sobre a independência da Escócia poderia resultar num "sim". A perda de poder no mar do Norte e no Atlântico Norte teria sido um golpe na estratégia e uma enorme redução do prestígio do que quer que tenha restado do Reino Unido.

O que os britânicos têm agora é uma memória coletiva de grandeza. Essa memória é o que convence muita gente na ilha de que, se alguma coisa no mundo precisa ser feita, a Grã-Bretanha deve estar entre os países que a fazem. Os britânicos continuam dentro da Europa, e no entanto fora dela; essa é uma questão que ainda está para ser resolvida.

Décadas após ingressar na União Europeia, os britânicos decidiram realizar um referendo para definir se continuam a ser parte dela. As duas principais questões que levaram os britânicos a se aproximar pouco a pouco da porta de saída estão correlacionadas: soberania e imigração. A opinião anti-União Europeia, apoiada por alguns indecisos, foi alimentada pela quantidade e pelos tipos de leis que a União Europeia promulgou e o Reino Unido, como parte do acordo de filiação, teve de acatar. Por exemplo, frisou-se a questão de criminosos estrangeiros condenados por crimes graves no Reino Unido, que, pelas regras do Tribunal de Justiça da União Europeia, não podem ser deportados.

Ao mesmo tempo, a onda de imigrantes e refugiados que chegam à Europa vindo do Oriente Médio e da África também provocou um sentimento anti-União Europeia, porque muitos desses migrantes buscam alcançar a Grã-Bretanha, e acredita-se que os países da União por onde passam os encorajam a isso.

O preconceito contra os imigrantes sempre aumenta durante tempos de recessão econômica, como a que a Europa sofreu recentemente. Os efeitos foram observados em todo o continente europeu e resultaram na ascensão de partidos políticos de direita, todos militando contra o pan-nacionalismo e assim enfraquecendo o tecido da União Europeia.

Um exemplo perfeito ocorreu no início de 2016, quando, pela primeira vez em meio século, a Suécia começou a verificar os documentos de viajantes provenientes da Dinamarca. Isso foi uma resposta direta ao número de refugiados e migrantes chegando ao norte da Europa vindo do

Oriente Médio, e aos ataques do Estado Islâmico em Paris em novembro de 2015. A ideia de "espaço Schengen" da União Europeia, uma área de livre circulação compreendendo 26 países, sofreu alguns golpes pesados, com diferentes países em diferentes momentos reintroduzindo controles nas fronteiras por razões de segurança. Temendo um congestionamento, a Dinamarca começou então a verificar os documentos das pessoas que cruzavam a fronteira a partir da Alemanha. Tudo isso tem um custo econômico, torna as viagens mais difíceis e é um ataque físico e conceitual à "união cada vez mais estreita". Alguns analistas começaram a falar de uma "Fortaleza Europa", dadas as tentativas de reduzir o volume de imigração, mas isso não leva em conta o fato de que há também um impulso rumo a uma "Fortaleza Estado-nação".

A população branca tradicional da Europa está envelhecendo. Projeções populacionais preveem uma pirâmide invertida, com pessoas mais velhas no topo e, na base, menos jovens para cuidar delas ou pagar os impostos. Entretanto, essas previsões não levaram a uma redução da intensidade do sentimento anti-imigrantes entre o que era antes a população nativa, que luta para lidar com as rápidas transformações no mundo em que cresceu. Essa mudança demográfica, por sua vez, tem um efeito sobre a política externa dos Estados-nação, em particular em relação ao Oriente Médio. Em questões como a Guerra do Iraque ou o conflito Israel–Palestina, por exemplo, muitos governos europeus devem, no mínimo, levar em conta os sentimentos de seus cidadãos muçulmanos ao formular suas políticas.

As características e as normas sociais domésticas dos países europeus também foram impactadas. Debates sobre os direitos das mulheres e o uso de véu por elas, leis sobre a blasfêmia, liberdade de expressão e muitas outras questões foram influenciadas pela presença de grande número de muçulmanos em áreas urbanas da Europa. A máxima de Voltaire de que defenderia até a morte o direito de uma pessoa dizer alguma coisa, mesmo que ele a achasse ofensiva, outrora era considerada indiscutível. Agora, apesar de muitas pessoas terem sido mortas *porque* disseram algo insultuoso, o debate se transformou. Não é raro ouvir-se a ideia de que insultar a religião talvez deva ser considerado totalmente inadmissível e mesmo ilegal.

Enquanto no passado os liberais estavam inteiramente a favor de Voltaire, agora há nuances de relativismo. O massacre de jornalistas da revista satírica francesa *Charlie Hebdo* em 2015 foi seguido por condenação e repúdio generalizados; entretanto, parcelas da censura liberal foram matizadas com um "Mas talvez os satiristas tenham ido longe demais". Isso é algo novo para a Europa na era moderna e é parte de suas guerras culturais, todas as quais realimentam atitudes em relação às estruturas políticas europeias.

A Otan está se desgastando pelas beiradas, e simultaneamente a União Europeia. Ambas podem ser remendadas, mas, se não o forem, com o tempo poderão sucumbir ou se tornar irrelevantes. Nesse ponto retornaríamos a uma Europa de Estados-nação soberanos, e cada Estado buscaria alianças num sistema de equilíbrio de poder. Os alemães novamente temeriam ser cercados pelos russos, e os franceses mais uma vez temeriam seu vizinho maior, e estaríamos todos de volta ao início do século XX.

Para os franceses isso é um pesadelo. Eles ajudaram, com sucesso, a aprisionar a Alemanha na União Europeia, mas só para descobrirem que depois da reunificação alemã haviam se tornado o copiloto de um carro que esperavam estar dirigindo. Isso representa um problema que Paris não parece ser capaz de resolver. A menos que aceite tranquilamente que Berlim decida as questões europeias importantes, corre o risco de enfraquecer mais a União. Mas, se aceitar a liderança alemã, seu próprio poder estará diminuído.

A França é capaz de adotar uma política externa independente – na realidade, com sua *Force de Frappe* de dissuasão nuclear, seus territórios ultramarinos e suas Forças Armadas apoiadas por porta-aviões, ela faz exatamente isso –, mas opera em segurança, sabendo que o flanco leste está protegido e ela pode se permitir levantar os olhos para o horizonte. Tanto a França quanto a Alemanha trabalham atualmente para manter a União Europeia coesa: agora elas se veem uma à outra como parceiras naturais. Mas somente a Alemanha tem um plano B: a Rússia.

O fim da Guerra Fria viu a maior parte das potências continentais reduzindo seus orçamentos militares e suas Forças Armadas. Foi preciso o choque da guerra russo-georgiana de 2008 e a anexação da Crimeia pela Rússia em 2014 para que a atenção se concentrasse na possibilidade de que o problema imemorial da guerra na Europa retornasse.

Agora os russos efetuam regularmente missões destinadas a testar os sistemas de defesa aérea europeus e estão ocupados se consolidando na Ossétia do Sul, na Abecásia, na Crimeia, na Transnístria e na Ucrânia oriental. Eles mantêm os vínculos com russos étnicos nos países bálticos, e ainda têm seu enclave de Kaliningrado no mar Báltico.

Os europeus começaram a fazer algumas sérias revisões de cálculos em relação a seus gastos militares, mas não há muito dinheiro por perto, e eles enfrentam decisões difíceis. Enquanto debatem essas decisões, tiram o pó dos mapas e diplomatas e estrategistas militares observam que, embora as ameaças de Carlos Magno, Napoleão, Hitler e dos soviéticos tenham desaparecido, a planície do norte da Europa, os Cárpatos, o mar Báltico e o do Norte ainda estão ali.

Em seu livro *Of Paradise and Power*, o historiador Robert Kagan afirma que os europeus ocidentais vivem num paraíso, mas não deveriam procurar operar segundo as regras do paraíso, uma vez que saem para o mundo do poder. Talvez, quando a crise do euro diminuir e olharmos em volta para o paraíso, pareça inconcebível qualquer recuo; mas a história nos conta como muitas coisas podem mudar em apenas algumas décadas, e a geografia nos conta que suas "regras" irão nos vencer se os seres humanos não se esforçarem constantemente para vencê-las.

Era isso que Helmut Kohl tinha em mente quando, ao deixar a chancelaria da Alemanha em 1998, advertiu que ele era o último líder alemão a ter vivido a Segunda Guerra Mundial e, assim, a ter experimentado os horrores que ela originou. Em 2012 Kohl escreveu um artigo para o jornal diário de maior vendagem da Alemanha, *Bild*, e claramente ainda estava obcecado com a possibilidade de que, por causa da crise financeira, a atual geração de líderes não cultive o experimento com a confiança europeia desenvolvido no pós-guerra: "Para os que não passaram por isso pessoalmente e que, em especial agora, na crise, se perguntam que benefícios a unidade da Europa traz, a resposta – apesar do período de paz europeu sem precedentes, que já dura mais de 65 anos, e apesar dos problemas e dificuldades que ainda devemos superar – é: a paz."

CAPÍTULO 5

ÁFRICA

"Sempre parece impossível até que esteja feito."
Nelson Mandela

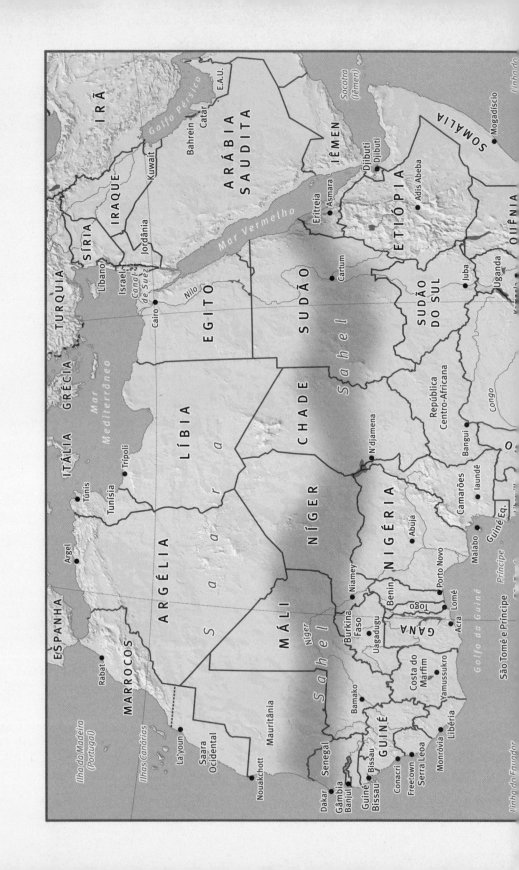

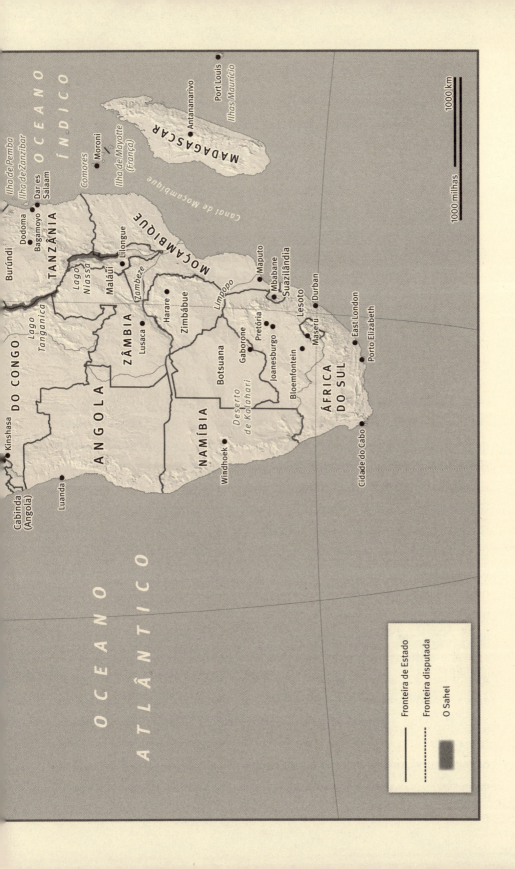

Costa da África? Praias magníficas, praias realmente lindíssimas, mas terríveis enseadas naturais. Rios? Rios maravilhosos, mas a maioria deles não vale nada para transportar alguma coisa, uma vez que a intervalos de poucos quilômetros há sempre uma cachoeira. Estes são apenas dois de uma longa lista de problemas que ajudam a explicar por que a África não é tecnológica ou politicamente tão bem-sucedida quanto a Europa ocidental ou os Estados Unidos.

Há muitos lugares malsucedidos, mas poucos foram tão malsucedidos quanto a África, e isso apesar da vantagem de ser o lugar de origem do *Homo sapiens*, cerca de 200 mil anos atrás. Como disse o mais lúcido dos escritores, Jared Diamond, num brilhante artigo publicado na *National Geographic* em 2005: "É o contrário do que seria de esperar do corredor que larga em primeiro lugar." Entretanto, esse corredor ficou separado de todos os outros pelo deserto do Saara e os oceanos Índico e Atlântico. Quase todo o continente se desenvolveu isolado da massa de terra eurasiana, onde ideias e tecnologia eram trocadas de leste para oeste, e vice-versa, mas não de norte para sul.

A África, sendo um continente imenso, sempre teve diferentes regiões, climas e culturas, mas o que todos eles tinham em comum era seu isolamento uns dos outros e do mundo exterior. Isso ocorre em menor grau agora, mas o legado permanece.

A ideia que o mundo faz da geografia africana é falha. Poucos se dão conta de quanto a África é grande. Isso ocorre porque a maioria de nós usa o mapa-múndi padrão, a projeção de Mercator. Este, tal como outros mapas, representa uma esfera sobre uma superfície plana, e assim distorce as formas.

A África é muito, muito mais longa do que usualmente retratada, o que explica a proeza que foi rodear o cabo da Boa Esperança, e é um lembrete da importância do canal de Suez para o comércio mundial. Contornar o cabo foi uma façanha importante, mas quando isso se tornou desnecessário, as viagens marítimas da Europa foram reduzidas em quase 10 mil quilômetros.

Se você olhar para um mapa do mundo e mentalmente colar o Alasca na Califórnia, depois virar os Estados Unidos de cabeça para baixo, terá a impressão de que ele caberia aproximadamente na África, com algumas lacunas aqui e ali. Na verdade, a África é três vezes maior que os Estados Unidos. Olhe de novo para o mapa de Mercator e verá que a Groenlândia parece ser do mesmo tamanho que a África, e no entanto a África é quatorze vezes maior que a Groenlândia! Você poderia encaixar Estados Unidos, Groenlândia, Índia, China, Espanha, França, Alemanha e Reino Unido na África e ainda sobrar espaço para a maior parte da Europa oriental. Sabemos que a África é uma enorme massa de terra, mas os mapas raramente nos dizem quão enorme ela é.

A geografia desse imenso continente pode ser explicada de várias maneiras, porém a mais básica é pensar na África em termos do terço superior e dos dois terços inferiores.

O terço superior começa nas costas mediterrâneas dos países norte-africanos de expressão árabe. As planícies costeiras transformam-se rapidamente no Saara, o maior deserto seco do mundo, quase tão grande quanto os Estados Unidos. Imediatamente abaixo do Saara está a região do Sahel, uma faixa de terra semiárida, arenosa e coberta de rochas que mede mais de 4.800 quilômetros em seus pontos mais largos e se estende da Gâmbia, na costa do Atlântico, através do Níger e do Chade, até a Eritreia, no mar Vermelho. A palavra "Sahel" vem do árabe *sahil*, que significa "costa", e é como as pessoas que vivem na região pensam nela – o litoral do vasto mar de areia do Saara. É uma outra espécie de litoral, onde a influência do islã diminui. Do Sahel ao Mediterrâneo, a maioria das pessoas é muçulmana. Ao sul há muito mais diversidade religiosa.

De fato, ao sul do Sahel, nos dois terços inferiores da África, há mais diversidade na maior parte das coisas. A terra torna-se mais temperada e a vegetação verde aparece, vegetação que se transforma em selva quando nos aproximamos do Congo e da República Centro-Africana. Em direção à costa oriental estão os grandes lagos, em Uganda e na Tanzânia, enquanto a oeste mais desertos surgem em Angola e na Namíbia. Quando chegamos à ponta da África do Sul o clima é novamente "mediterrâneo", ainda que tenhamos viajado quase 8 mil quilômetros desde o ponto mais ao norte na Tunísia, na costa mediterrânea.

Como foi na África que os seres humanos se originaram, somos todos africanos. Entretanto, as regras da raça mudaram por volta de 8 mil a.C., quando alguns de nós, que havíamos perambulado para lugares como o Oriente Médio e as cercanias da região mediterrânea, perdemos o desejo de viajar, nos estabelecemos, começamos a cultivar a terra e por fim nos congregamos em aldeias e vilas.

No sul, porém, havia poucas plantas que se prestassem a ser domesticadas, e ainda menos animais. Grande parte da terra aí consiste em selva, pântano, deserto ou platô de flancos escarpados, nenhum dos quais se presta ao cultivo de trigo ou arroz, nem a alimentar rebanhos de ovelhas. Os rinocerontes, as gazelas e as girafas da África recusavam-se teimosamente a ser bestas de carga – ou, como diz Jared Diamond numa passagem memorável: "A história seria diferente se exércitos africanos, alimentados por carne de girafas domésticas e montados em enormes rinocerontes, tivessem entrado de roldão na Europa para derrotar soldados alimentados a carne de carneiro e montados em insignificantes cavalos." Mas a vantagem da África em nossa história mútua lhe concedeu de fato mais tempo para desenvolver outra coisa que até hoje a refreia: uma virulenta série de doenças, como malária e febre amarela, causadas pelo calor e agora complicadas pelas condições de vida em grandes aglomerações e uma infraestrutura de assistência médica deficiente. O mesmo pode ser dito de outras regiões – o subcontinente [indiano] e a América do Sul, por exemplo –, mas a África subsaariana foi atingida de maneira especialmente dura, por exemplo, pelo vírus HIV, e tem um problema particular com a presença de mosquitos e da mosca tsé-tsé.

A maior parte dos rios do continente também representa um problema, pois eles começam em terreno elevado e descem em quedas abruptas que impedem a navegação. Por exemplo, o poderoso Zambeze pode ser o quarto rio mais longo da África, correndo por 2.574 quilômetros, e uma deslumbrante atração turística com suas cachoeiras de águas brancas e as cataratas de Vitória, mas como rota comercial é de pouca utilidade. Ele flui através de seis países, caindo de uma altura de 1.490 metros até o nível do mar quando chega ao oceano Índico em Moçambique. Partes dele são navegáveis por barcos chatos, mas elas não se interconectam, e assim limitam o transporte de carga.

Diferentemente do que ocorre na Europa, que tem o Danúbio e o Reno, essa desvantagem dificultou o contato e o comércio entre regiões – o que por sua vez afetou o desenvolvimento econômico e atrapalhou a formação de grandes regiões comerciais. Os grandes rios do continente – Níger, Congo, Zambeze, Nilo e outros – não se conectam, e essa desconexão tem um fator humano. Enquanto áreas enormes da Rússia, da China e dos Estados Unidos falam uma língua unificadora que ajuda o comércio, na África existem milhares de línguas, e não emergiu uma cultura que dominasse áreas de tamanho similar. A Europa, por outro lado, era pequena o suficiente para ter uma "língua franca" através da qual se comunicar, e uma paisagem que estimulava a interação.

Mesmo que Estados-nação tecnologicamente produtivos tivessem surgido, grande parte do continente africano ainda teria de se esforçar para se conectar com o resto do mundo, porque a maior parte da massa de terra está emoldurada pelos oceanos Índico e Atlântico e pelo deserto do Saara. Por milhares de anos, a troca de ideias e de tecnologia mal tangenciou a África subsaariana. Apesar disso, vários impérios e cidades-Estado emergiram após o século VI, aproximadamente: por exemplo, o Império do Mali (século XIII ao XVI) e a cidade-Estado do Grande Zimbábue (século XI ao XV), esta última num terreno entre os rios Zambeze e Limpopo. Entretanto, esses e outros estavam isolados em blocos regionais relativamente pequenos, e embora a miríade de culturas que de fato emergiu por todo o continente possa ter sido politicamente sofisticada, a paisagem física continuou representando uma barreira ao desenvolvimento tecnológico: quando o mundo exterior chegou em massa, a maioria dessas culturas ainda estava por desenvolver a escrita, o papel, a pólvora ou a roda.

Negociantes do Oriente Médio e do Mediterrâneo vinham fazendo negócios no Saara, após a introdução de camelos, desde cerca de 2 mil anos atrás, em especial mercadejando os vastos recursos de sal ali existentes; mas só depois das conquistas árabes do século VII foi montado o palco para um avanço rumo ao sul. No século IX eles tinham atravessado o Saara, e no XI estavam firmemente estabelecidos no sul, até a Nigéria atual. Os árabes também desciam pela costa oriental e se estabeleciam em lugares como Zanzibar e Dar es Salaam, no que é hoje a Tanzânia.

Quando finalmente desceram pela costa ocidental, no século XV, os europeus encontraram poucos portos naturais para seus navios. Ao contrário da Europa ou dos Estados Unidos, onde o litoral recortado dava origem a profundos portos naturais, grande parte da costa africana é homogênea. Depois que desembarcaram, os europeus tiveram de se esforçar para penetrar mais de 160 quilômetros para o interior, em razão da dificuldade de navegar os rios, bem como dos desafios representados pelo clima e as doenças.

Tanto os árabes quanto depois os europeus levavam consigo novas tecnologias que em geral guardaram para si mesmos, e se apossaram de tudo que encontraram de valor, principalmente recursos naturais e gente.

A escravidão existia desde muito antes de o mundo exterior retornar ao seu lugar de origem. Negociantes na região do Sahel usavam milhares de escravos para transportar vastas quantidades da mercadoria então mais valiosa da região, o sal, mas os árabes iniciaram a prática de subcontratar a captura de escravos, encarregando disso líderes tribais dispostos a conduzi-los até a costa. Quando o Império Otomano chegou a seu apogeu, nos séculos XV e XVI, centenas de milhares de africanos (sobretudo da região do Sudão) tinham sido levados para Istambul, Cairo, Damasco e para toda parte no mundo árabe. Os europeus fizeram o mesmo, superando árabes e turcos no apetite pelas gentes levadas aos navios negreiros ancorados ao largo da costa ocidental e nos maus-tratos que lhes infligiam.

Nas grandes capitais como Londres, Paris, Bruxelas e Lisboa, os europeus pegaram então os mapas de contorno geográfico da África e neles tra-

çaram linhas – ou, para adotar uma abordagem mais agressiva, mentiras.*
Entre essas linhas eles escreveram palavras como Médio Congo ou Alto
Volta, e deram aos territórios o nome de países. Essas linhas tinham mais
a ver com quanto os exploradores, as forças militares e os negociantes de
qual potência tinham avançado no mapa do que com o que as pessoas que
viviam entre elas pensavam ser, ou com o modo como queriam se organizar. Muitos africanos são agora parcialmente prisioneiros da geografia
política que os europeus fabricaram e das barreiras naturais à progressão
com que a natureza os dotara. A partir disso, estão construindo uma pátria
moderna e, em alguns casos, economias vibrantes.

Há agora 56 países na África. Desde que os "ventos da mudança" do
movimento pela independência passaram pelo continente, em meados
do século XX, algumas das palavras entre as linhas foram alteradas – por
exemplo, a Rodésia é agora o Zimbábue –, mas, surpreendentemente, as
fronteiras continuam intactas em sua maior parte. Entretanto, muitas abarcam as mesmas divisões que englobavam quando traçadas pela primeira
vez, e essas divisões formais são alguns dos muitos legados do colonialismo
para o continente.

Os conflitos étnicos dentro de Sudão, Somália, Quênia, Angola, República Democrática do Congo, Nigéria, Mali e outros lugares são evidências de que a ideia europeia de geografia não se adapta à realidade
das características demográficas da África. É possível que sempre tenha
havido conflitos: os zulus e os xhosas já tinham suas diferenças muito antes de porem os olhos num europeu. Mas o colonialismo forçou a solução
dessas diferenças dentro de uma estrutura artificial: o conceito europeu
de Estado-nação. As guerras civis modernas ocorrem em parte porque
os colonizadores disseram a diferentes nações que elas eram uma única
nação num único Estado, e em seguida, depois que os colonizadores foram expulsos, emergiu dentro do Estado um povo dominante que queria
governá-lo por inteiro, garantindo assim a violência.

---

* No original há aqui um jogo entre as palavras *lines* ("linhas") e *lies* ("mentiras") que se perde na tradução. (N.T.)

Tome, por exemplo, a Líbia, um construto artificial com apenas algumas décadas de idade, que ao primeiro teste se desintegrou na sua encarnação anterior como três regiões geográficas distintas. No oeste ela era, nos tempos gregos, a Tripolitânia (do grego *tri polis*, "três cidades", que finalmente se fundiram e se tornaram Trípoli). A área a leste, que se centrava na cidade de Bengasi mas estendia-se até a fronteira do Chade, era conhecida tanto nos tempos gregos quanto nos romanos como Cirenaica. Abaixo dessas duas, no que é hoje o extremo sudoeste do país, fica a região de Fezã.

A Tripolitânia esteve sempre orientada para o norte e o noroeste, comerciando com seus vizinhos europeus do sul. A Cirenaica sempre olhou para o Egito e as terras árabes a leste. Até a corrente marítima ao largo da costa da região de Bengasi leva os barcos naturalmente para o leste. Fezã foi tradicionalmente uma terra de nômades que tinham pouco em comum com as duas comunidades litorâneas.

Foi assim que gregos, romanos e turcos governaram a área – e era assim que as pessoas pensavam sobre si mesmas durante séculos. A ideia europeia de Líbia, com apenas algumas décadas de idade, lutará para sobreviver, e um dos muitos grupos islâmicos no leste já declarou um "Emirado da Cirenaica". Embora isso talvez não se realize, é um exemplo de como o conceito da região teve origem meramente em linhas traçadas em mapas por estrangeiros.

Entretanto, um dos maiores fracassos do traçado de linhas pelos europeus situa-se no centro do continente, o gigantesco buraco negro conhecido como República Democrática do Congo – a RDC. Esta é a terra em que Joseph Conrad ambientou seu romance *O coração das trevas*, e continua a ser um lugar envolto nas trevas da guerra. Ela é um excelente exemplo de como a imposição de fronteiras artificiais pode levar a um Estado fraco e dividido, devastado por conflito interno, e cuja riqueza mineral o condena a ser explorado por *outsiders*.

A RDC ilustra bem por que a abrangente expressão "mundo em desenvolvimento" é genérica demais para descrever países que não fazem parte do moderno universo industrializado. A RDC não está se desenvolvendo nem dá qualquer sinal disso. Ela nunca deveria ter sido reunida; ela se desintegrou e é a zona de guerra mais subnoticiada do mundo, embora 6 milhões de pessoas tenham morrido ali ao longo de guerras ocorridas desde o final dos anos 1990.

A República Democrática do Congo não é democrática nem é uma república. É o segundo maior país da África, com uma população de cerca de 75 milhões de habitantes, embora, dada a sua situação, seja difícil chegar a números precisos. É maior que Alemanha, França e Espanha somadas e compreende a Floresta Pluvial do Congo, que em termos de extensão fica atrás apenas da Amazônia.

O povo está dividido em mais de duzentos grupos étnicos, dos quais o maior são os bantos. Há várias centenas de línguas, mas o uso corrente do francês ajuda a superar essa lacuna em certa medida. O francês vem dos anos da RDC como colônia belga (1908-60) e também de antes, quando o rei Leopoldo da Bélgica usava a região como sua propriedade pessoal, de cujos recursos naturais desfrutava para encher os bolsos. O governo colonial belga fez as versões britânica e francesa parecerem positivamente benignas, e foi implacavelmente brutal do início ao fim, com poucas tentativas de construir qualquer tipo de infraestrutura para ajudar os habitantes locais. Quando partiram, em 1960, os belgas deixaram o mínimo de possiblidade para que o país se mantivesse coeso.

As guerras civis começaram imediatamente, e foram intensificadas mais tarde por um sangrento papel de figurante na Guerra Fria global. O governo na capital, Kinshasa, apoiou o lado rebelde na guerra de Angola, atraindo para si a atenção dos Estados Unidos, que também apoiavam o movimento rebelde contra o governo angolano, apoiado pelos soviéticos. Cada lado injetou no local o equivalente a centenas de milhões de dólares em armas.

Quando a Guerra Fria terminou, as duas grandes potências tiveram menos interesse pelo que era então chamado Zaire, e o país seguiu cambaleando, mantido solvente por seus recursos naturais. O vale do Rift se curva para a RDC em sua porção sul e leste, e ele revelou enormes quantidades de cobalto, cobre, diamantes, ouro, prata, zinco, carvão, manganês e outros minérios, especialmente na província de Katanga.

No tempo do rei Leopoldo, o mundo queria a borracha da região para a indústria automobilística em expansão; agora a China compra mais de 50% das exportações da RDC, mas ainda assim a população vive na pobreza. Em 2014 o Índice de Desenvolvimento Humano das Nações Unidas situou a RDC em 186º lugar entre os 187 países que pesquisou. Os dezoito últimos países da lista estão todos na África.

Por sua riqueza de recursos e por ser tão grande, todos querem dar uma mordida na RDC, a qual, por carecer de uma autoridade central substantiva, não pode realmente morder de volta.

A região é limitada por nove países. Todos eles desempenharam seu papel na agonia da RDC, e essa é uma das razões por que as guerras do Congo também são conhecidas como "guerra mundial da África". Ao sul está Angola, ao norte a República do Congo, a República Centro-Africana e o Sudão do Sul, a leste Uganda, Ruanda, Burúndi, Tanzânia e Zâmbia. As raízes das guerras remontam a décadas atrás, mas o pior dos tempos foi desencadeado pelo desastre que atingiu Ruanda em 1994 e em seguida se estendeu para oeste.

Depois do genocídio em Ruanda, os sobreviventes tútsis e os hutus moderados formaram um governo liderado pelos tútsis. As máquinas de matar da milícia hutu, a Interahamwe, fugiram para a RDC, a leste, mas realizaram incursões nas fronteiras. Elas se juntaram também a seções do Exército da RDC para matar os tútsis da RDC, que vivem perto da região da fronteira. Os Exércitos ruandês e ugandense intervieram, apoiados pelo Burúndi e pela Eritreia. Aliados às milícias da oposição, atacaram a Interahamwe e derrubaram o governo da RDC. Passaram também a controlar grande parte da riqueza natural do país, com Ruanda em particular enviando para casa toneladas de "coltan" [columbita-tantalita], usado na fabricação de telefones celulares e chips de computador. Entretanto, aquelas que tinham sido as forças do governo não desistiram e – com o envolvimento de Angola, Namíbia e Zimbábue – continuaram a luta. O país se tornou um vasto campo de batalha, com mais de vinte facções envolvidas.

As guerras mataram, numa subestimativa, dezenas de milhares de pessoas, e resultaram na morte de outras 6 milhões por doença e desnutrição.

A ONU estima que quase 50% das vítimas foram crianças com menos de cinco anos de idade.

Nos últimos anos a luta diminuiu, mas a RDC abriga o conflito mais mortífero do mundo desde a Segunda Guerra Mundial, e ainda precisa da maior missão de paz da ONU para impedir que uma guerra em grande escala seja deflagrada novamente. Agora o trabalho não é juntar o país mais uma vez, porque a RDC nunca foi inteira. É simplesmente manter os pedaços separados até que se possa encontrar uma maneira de juntá-los de forma sensata e pacífica. O colonizador europeu criou um ovo sem galinha, um absurdo lógico repetido ao longo do continente e que continua a assombrá-lo.

O Burúndi é mais um exemplo, com tensões políticas etnicamente enraizadas que fervilharam durante todo o ano de 2015 e se agravaram em 2016. Antes parte da África Oriental Alemã, quando esta incluía o que é agora a Tanzânia, o país foi dividido entre a Bélgica e o Reino Unido após a Primeira Guerra Mundial e administrado pela Bélgica de 1945 até a independência, em 1962. Os belgas usaram o povo tútsi para governar os hutus e, apesar de serem apenas 15% da população, os tútsis continuam a dominar a política, a economia e as Forças Armadas. Mais de 300 mil pessoas morreram na guerra civil entre 1993 e 2005. Os níveis de violência começaram a se elevar novamente em 2015-16, depois que o presidente Pierre Nkurunziza reinterpretou a Constituição permitindo-se governar pelo terceiro mandato. Não era bem isso que o presidente Obama tinha em mente quando, durante sua turnê pela África, em julho de 2015, criticou os líderes africanos, dizendo: "O continente não avançará se seus líderes se recusarem a deixar o cargo quando seus mandatos terminam... Algumas vezes você ouvirá os líderes dizerem: 'Sou a única pessoa que pode manter esta nação coesa.' Se isso for verdade, esse líder terá fracassado inteiramente em construir essa nação." Essa frase abarcou tanto o legado colonial da África quanto a maneira como seus líderes modernos muitas vezes se tornaram parte do problema, em vez de solução para esse legado.

A África foi tanto amaldiçoada quanto abençoada por seus recursos – abençoada na medida em que possui riquezas naturais em abundância, mas amaldiçoada porque forasteiros a saquearam durante muito tempo. Em épocas mais recentes, os Estados-nação conseguiram reivindicar uma parte dessas riquezas, e agora os países estrangeiros investem, em vez de furtar, mas ainda assim o povo raramente é o beneficiário.

Além de sua riqueza natural em minério, a África é também abençoada com muitos grandes rios – embora em sua maioria eles não encorajem o comércio, são bons para gerar hidroeletricidade. Entretanto, essa também é uma fonte de conflito.

O Nilo, o rio mais longo do mundo (6.598 quilômetros), influi em dez países considerados próximos à sua bacia: Burúndi, RDC, Eritreia, Etiópia, Quênia, Ruanda, Sudão, Tanzânia, Uganda e Egito. Já no século V a.C. o historiador Heródoto disse: "O Egito é o Nilo, e o Nilo é o Egito." Isso ainda é verdade. Assim, qualquer ameaça ao abastecimento da seção de 1.126 quilômetros plenamente navegável do Nilo pertencente ao Egito é uma preocupação para o Cairo – tão grande que poderia levá-lo à guerra. Sem o Nilo, não haveria ninguém ali. O Egito pode ser um grande país, mas a vasta maioria de seus 84 milhões de habitantes vive a poucos quilômetros de distância do rio. Medido pela área em que as pessoas habitam, o Egito é um dos países mais densamente povoados do mundo.

Pode-se dizer que o Egito já era um Estado-nação quando a maioria dos europeus ainda vivia em choças de barro, mas ele sempre foi apenas uma potência regional. É protegido por desertos, de três lados, e poderia ter se tornado uma grande potência na região mediterrânea, exceto por um problema: praticamente não há árvores no Egito, e, durante a maior parte da história, não havendo árvores não era possível construir uma grande Marinha com que projetar seu poder. Sempre houve uma Marinha egípcia – ela costumava importar cedro do Líbano para construir navios a alto custo –, mas nunca foi uma Marinha de Águas Azuis.

Atualmente o Egito moderno tem as Forças Armadas mais poderosas de todos os Estados árabes, graças à ajuda militar americana; mas continua contido por desertos, pelo mar e pelo tratado de paz com Israel. Ele seguirá nos noticiários enquanto luta para assegurar a alimentação de 84 milhões de pessoas por dia, ao mesmo tempo que combate uma insurgência islâmica, em especial no Sinai, e protege o canal de Suez, pelo qual transita 8% de todo o comércio mundial diariamente. Cerca de 2,5% do petróleo do mundo passa por esse caminho todos os dias; fechar o canal aumentaria em cerca de quinze dias o tempo de trânsito para a Europa e de dez dias para os Estados Unidos, com custos correspondentes.

Apesar de ter enfrentado Israel em diversas guerras, o país com que o Egito tem maior probabilidade de entrar em conflito no futuro é a Etiópia, e a questão é o Nilo. Dois dos mais antigos países do continente, com os maiores exércitos, podem chegar às vias de fato por causa da maior fonte de água da região.

O Nilo Azul, que começa na Etiópia, e o Nilo Branco encontram-se na capital sudanesa, Cartum, antes de fluir pelo deserto núbio e penetrar no Egito. Nessa altura a maior parte da água é do Nilo Azul.

A Etiópia, por vezes chamada de "Torre de Água da África" em razão de sua altitude elevada, tem mais de vinte barragens alimentadas pela precipitação atmosférica nas regiões montanhosas. Em 2011 Adis Abeba anunciou um projeto conjunto com a China para construir uma enorme usina hidroelétrica no Nilo Azul, perto da fronteira sudanesa, chamada Grande Represa do Renascimento. Em 2017 a represa estava quase concluída, mas serão necessários vários anos para encher o reservatório. A represa será usada para gerar eletricidade, e o fluxo para o Egito continuará; mas em teoria o reservatório poderia também reter o equivalente a um ano de água, e a conclusão do projeto daria à Etiópia o potencial de reter água para seu próprio consumo, reduzindo assim drasticamente o fluxo para o Egito.

Atualmente o Egito tem as Forças Armadas mais poderosas da região, mas isso está mudando pouco a pouco, e a Etiópia, um país de 96 milhões de habitantes, é uma potência em crescimento. O Cairo sabe disso, e sabe também que, depois que a represa estiver construída, destruí-la provocaria uma inundação catastrófica tanto na Etiópia quanto no Sudão. No entanto, no momento ele não tem um *casus belli* para atacar antes que o reservatório fique pronto, e embora um ministro do governo tenha sido pego ao microfone recomendando o bombardeio, é mais provável que os próximos anos presenciem intensas negociações, com o Egito exigindo fortes garantias de que o fluxo de água nunca será interrompido. Considera-se que as guerras por causa de água estão entre os próximos conflitos deste século, e o Egito é um caso a observar.

Outro líquido extremamente disputado é o petróleo.

A Nigéria é o maior produtor subsaariano de petróleo da África, e todo esse petróleo de alta qualidade está no sul. Os nigerianos do norte se queixam de que os lucros não são repartidos de maneira equitativa entre as regiões do país. Isso por sua vez exacerba as tensões étnicas e religiosas entre os povos do delta nigeriano e os do nordeste.

Por tamanho, população e recursos naturais, a Nigéria é o país mais poderoso da África ocidental. É a nação mais populosa do continente, com 177 milhões de habitantes, o que faz dela a principal potência regional. É formada a partir dos territórios de vários antigos reinos que os britânicos reuniram em uma só área administrativa. Em 1898 eles conceberam um "Protetorado Britânico no Rio Níger", que veio a ser a Nigéria.

Ela pode ser agora um centro de poder regional independente, mas seu povo e seus recursos foram mal administrados por décadas. Nos tempos coloniais, os britânicos preferiram permanecer na área sudoeste, ao longo da costa. Sua missão "civilizadora" raramente se estendeu até o planalto central, e tampouco às populações muçulmanas do norte, e essa metade do país continua menos desenvolvida que o sul. Grande parte do dinheiro ganho com petróleo é gasto subornando os mandachuvas do complexo sistema tribal da Nigéria. A indústria do petróleo junto à costa, no delta, também é ameaçada pelo Movimento pela Emancipação do Delta do Níger, nome de um grupo que opera de fato numa região devastada pela indústria petrolífera, mas que a usa como disfarce para exercer o terrorismo e a extorsão. O sequestro de trabalhadores estrangeiros do petróleo está fazendo deste um lugar cada vez menos atraente para os negócios. Os campos de petróleo offshore em geral estão livres dessa atividade, e é para lá que o investimento está se dirigindo.

O grupo islâmico Boko Haram, que quer estabelecer um califado nas áreas muçulmanas, usou o sentimento de injustiça engendrado pelo subdesenvolvimento para ganhar terreno no norte. Os combatentes do Boko Haram em geral são kanuris étnicos do nordeste. Eles raramente operam fora de seu território natal, não se aventurando nem na região hauçá, a oeste, e certamente não descem até as áreas costeiras no sul. Isso significa que, quando as Forças Armadas nigerianas chegam à sua procura, os Boko Haram estão atuando em casa. Grande parte da população local não irá cooperar com as Forças Armadas, seja por medo de represálias, seja por um rancor compartilhado em relação ao sul. Apesar das várias grandes operações realizadas contra ele pelo Exército, o grupo parece longe de estar derrotado. Em 2017 ainda era forte o suficiente para tomar a ofensiva, matando dezenas de civis numa série de ataques. Desde que ele surgiu, em 2009, mais de 20 mil pessoas foram mortas e outros milhares sequestradas.

O território tomado pelo Boko Haram ainda não compromete a existência do Estado da Nigéria. O grupo não representa sequer uma ameaça para a capital, Abuja, embora a cidade esteja situada no centro do país; mas ele representa uma ameaça diária para as pessoas no norte e prejudica a reputação do país no exterior como lugar para fazer negócios.

A maior parte das aldeias que o Boko Haram tomou está na cadeia de montanhas Mandara, e imediatamente atrás dela está Camarões. Isso significa que o Exército nacional está operando a longa distância de suas bases e não pode cercar uma força do grupo armado. O governo de Camarões não acolhe o Boko Haram, mas a zona rural fornece aos combatentes espaço para onde se retirar quando necessário. A situação não irá mudar por vários anos, tempo durante o qual o Boko Haram tentará formar alianças com os jihadistas da região do Sahel, ao norte.

Os americanos e os franceses rastrearam o problema por vários anos e agora operam drones de vigilância em resposta à crescente ameaça de violência que se projeta para fora da região do Sahel/Saara e se conecta com a Nigéria do Norte. Os americanos usam várias bases, inclusive uma em Djibouti que é parte do Comando dos Estados Unidos para a África, estabelecido em 2007; e os franceses têm acesso a concreto em vários países do que chamam "África francófona".

Os perigos da ameaça que se espalha por vários países foi um toque de alerta. Nigéria, Camarões e Chade estão agora militarmente envolvidos e em coordenação com os americanos e os franceses.

Mais ao sul, descendo a costa atlântica, está o segundo maior produtor de petróleo subsaariano da África: Angola. A antiga colônia portuguesa é um dos Estados-nação africanos com fronteiras geográficas naturais. Ela é emoldurada pelo oceano Atlântico a oeste, por selva ao norte e deserto ao sul, enquanto as regiões orientais são território acidentado, esparsamente povoado, que funciona como uma zona de proteção nas fronteiras da República do Congo e a da Zâmbia.

A maior parte da população de 22 milhões de habitantes vive na metade ocidental, que é bem irrigada e pode abrigar a agricultura; e ao largo da costa, no oeste, situa-se a maioria dos campos de petróleo de Angola. As plataformas no Atlântico pertencem majoritariamente a companhias americanas, porém mais da metade da produção acaba na China. Isso deixa Angola (dependente do fluxo e refluxo das vendas) atrás apenas da Arábia Saudita como o maior fornecedor de petróleo bruto para o Império do Meio.

Angola é mais um país familiarizado com os conflitos. Sua guerra pela independência terminou em 1975, quando os portugueses desistiram da disputa, mas logo se transformou numa guerra civil entre tribos disfarçada de guerra civil ideológica. Rússia e Cuba apoiaram os "socialistas", os Estados Unidos e a África do Sul do apartheid respaldaram os "rebeldes". A maioria dos socialistas do Movimento Popular pela Libertação de Angola (MPLA) era da tribo ambundo, ao passo que os combatentes rebeldes da oposição eram sobretudo de duas outras tribos principais, bacongos e ovimbundos. Seu disfarce político eram a Frente Nacional de Libertação de Angola (FNLA) e a União Nacional para Independência Total de Angola (Unita). Muitas das guerras civis dos anos 1960 e 1970 seguiram esse padrão: se a Rússia apoiava um lado em particular, esse lado subitamente se lembrava de que tinha princípios socialistas, ao passo que seu adversário se tornava anticomunista.

Os ambundos tinham vantagem geográfica, mas não numérica. Ocupavam a capital, Luanda, tinham acesso aos campos de petróleo e ao principal rio, o Kwanza, e eram apoiados por países que podiam lhes fornecer armas russas e soldados cubanos. Eles venceram em 2002, e seus escalões superiores imediatamente solaparam as próprias credenciais socialistas um tanto questionáveis ingressando na longa lista de líderes coloniais e africanos que enriqueceram à custa do povo.

Essa lamentável história de exploração doméstica e estrangeira continua no século XXI.

Como vimos, os chineses estão em toda parte, são sinônimo de negócios e estão agora tão envolvidos ao longo do continente quanto os europeus e os americanos. Cerca de um terço das importações de petróleo da China vem da África, o que – juntamente com os metais preciosos que podem ser encontrados em muitos países africanos – significa que eles chegaram para ficar. Companhias petrolíferas europeias e americanas e grandes multinacionais ainda estão mais intensamente envolvidas na África, mas a China se emparelha com elas rapidamente. Por exemplo, na Libéria ela está procurando minério de ferro, na RDC e na Zâmbia está extraindo cobre e, também na RDC, cobalto. Já ajudou a desenvolver o porto queniano de Mombaça e agora se lança em projetos mais gigantescos exatamente quando os ativos de petróleo do Quênia começam a se tornar comercialmente viáveis.

A estatal chinesa China Road and Bridge Corporation está construindo um projeto ferroviário de US$14 bilhões para conectar Mombaça à capital, Nairóbi. Analistas dizem que o tempo que as mercadorias levam para viajar entre as duas cidades será reduzido de 36 para oito horas, com um corte correspondente de 60% nos custos do transporte. Há até planos para ligar Nairóbi ao Sudão do Sul, acima, e Uganda e Ruanda. Com a ajuda chinesa, o Quênia pretende ser a potência econômica da costa oriental.

Para além da fronteira meridional, a Tanzânia tenta competir pela posição de líder da África oriental e concluiu negócios no valor de bilhões de dólares com os chineses em projetos de infraestrutura. Também assinou um acordo conjunto com a China e uma companhia de construção de Omã para renovar e ampliar o porto de Bagamoyo, porque o porto principal, em Dar es Salaam, está severamente congestionado. A Tanzânia tem um projeto para que Bagamoyo seja capaz de operar 20 milhões de contêineres de carga por ano, o que fará dele o maior porto da África. O país também tem boas opções de transporte no "Corredor Austral de

Crescimento Agrícola da Tanzânia" e se conecta com a Comunidade para o Desenvolvimento da África Austral, formada por quinze nações. Essa comunidade, por sua vez, se une ao Corredor Norte-Sul, que conecta o porto de Durban às regiões de cobre da RDC e da Zâmbia, com ramais interligando o porto de Dar es Salaam a Durban e ao Malaui.

Apesar disso, a Tanzânia dá a impressão de que será a segunda potência ao longo da costa oriental. A economia do Quênia é a força motriz na Comunidade da África Oriental, sendo responsável por cerca de 40% do PIB da região. O país pode ter menos terras aráveis que a Tanzânia, mas usa o que tem com muito mais eficiência. Seu sistema industrial também é mais eficaz, assim como o sistema para colocar seus produtos no mercado – tanto doméstico quanto internacional. Se conseguir manter a estabilidade política, o Quênia parece destinado a continuar sendo a potência regional dominante a curto e médio prazos.

A presença da China também se estende ao Níger, com a Corporação Nacional de Petróleo da China investindo no pequeno campo petrolífero dos campos de Ténéré, no centro do país. E o investimento chinês em Angola durante a década passada excede US$8 bilhões e está crescendo a cada ano. A Chinese Railway Engineering Corporation (Crec) já gastou quase US$2 bilhões modernizando a linha ferroviária de Benguela, que liga a RDC ao porto angolano de Lobito, na costa atlântica, distante 1.287 quilômetros. Por esse caminho passam o cobalto, o cobre e o manganês com que a província de Katanga, na RDC, é amaldiçoada e abençoada.

Em Luanda a Crec está construindo um novo aeroporto internacional, e em torno da capital enormes blocos de apartamentos seguindo o modelo chinês brotaram rapidamente para alojar parte dos estimados 150 mil a 200 mil trabalhadores chineses que estão agora no país. Milhares deles são também treinados em habilidades militares e podem fornecer uma milícia pronta para agir, se a China precisar.

O que Pequim quer em Angola é o que quer em toda parte: matérias-primas com que fabricar seus produtos e estabilidade política para assegurar o fluxo desses materiais e produtos. Assim, se o presidente José Eduardo dos Santos, que esteve no comando do país por quase quarenta anos, decidiu pagar US$1 milhão para que Mariah Carey cantasse em sua festa de aniversário em 2013, isso é problema dele. E se os ambundos, aos quais Eduardo dos Santos pertence, continuavam a dominar, isso era problema deles.

O envolvimento da China é uma proposta atraente para muitos governos africanos. Pequim e as grandes companhias chinesas não fazem perguntas difíceis sobre direitos humanos, não demandam reformas econômicas nem sequer sugerem que certos líderes africanos parem de furtar a riqueza de seus países, como o FMI ou o Banco Mundial poderiam fazer. Por exemplo, a China é o maior parceiro comercial do Sudão, o que explica em boa parte por que ela invariavelmente protege esse país no Conselho de Segurança da ONU e continuou a apoiar seu presidente, Omar al-Bashir, mesmo quando um mandado de prisão contra ele foi expedido pela Corte Penal Internacional. As críticas ocidentais a essa atitude recebem pouca atenção em Pequim, contudo; elas são consideradas simplesmente mais uma tática de poder destinada a impedir a China de fazer negócios, e uma hipocrisia dada a história do Ocidente na África.

Tudo que os chineses querem é petróleo, minérios, metais preciosos e mercados. Trata-se de uma relação equitativa de governo para governo, mas iremos assistir a crescentes tensões entre as populações locais e os trabalhadores chineses com frequência introduzidos para auxiliar nos grandes projetos. Isso por sua vez pode arrastar Pequim cada vez mais para o plano da política local e exigir que a China tenha uma pequena presença militar em vários países.

A África do Sul é o maior parceiro comercial da China na África. Os dois países têm uma longa história política e econômica e estão bem situados para trabalhar juntos. Centenas de companhias chinesas, tanto estatais quanto privadas, operam atualmente em Durban, Joanesburgo, Pretória, Cidade do Cabo e Porto Elizabeth.

A economia da África do Sul é classificada como a segunda maior do continente, atrás da Nigéria. Ela certamente é o centro de poder no sul em termos de economia (três vezes maior que a de Angola), Forças Armadas e população (53 milhões). A África do Sul é mais desenvolvida que muitas nações africanas, graças à sua localização no extremo sul do continente, com acesso a dois oceanos, sua riqueza natural em ouro, prata e carvão e um clima e solo que permitem a produção de alimentos em grande escala.

Porque está situada tão ao sul, e porque a planície costeira se eleva rapidamente num planalto, a África do Sul é um dos raros países africanos que não padece da maldição da malária, pois os mosquitos têm dificuldade para procriar ali. Isso permitiu aos colonizadores europeus avançar para o interior muito mais profunda e rapidamente que nos trópicos infestados de malária, instalar-se e iniciar atividades industriais de pequena escala que se tornaram o que é agora a maior economia do sul da África. Na maior parte da África Austral, fazer negócios com o mundo exterior significa fazer negócios com Pretória, Bloemfontein e Cidade do Cabo.

A África do Sul usou sua riqueza e a localização natural para amarrar os vizinhos a seu sistema de transporte, o que significa que há uma esteira transportadora de trilhos e estradas estendendo-se para o norte a partir dos portos em East London, Cidade do Cabo, Porto Elizabeth e Durban, através de Zimbábue, Botswana, Zâmbia, Malaui e Tanzânia, chegando até a província de Katanga, na RDC, e Moçambique a leste. A nova ferrovia construída pelos chineses ligando Katanga à costa angolana teve o objetivo de desafiar esse domínio, e poderia tomar algum tráfego da RDC, mas a África do Sul parece destinada a manter suas vantagens.

Durante os anos do apartheid o Congresso Nacional Africano (CNA) apoiou o MPLA de Angola em sua luta contra a colonização portuguesa. Entretanto, a paixão de uma luta compartilhada está se transformando numa relação mais fria agora, quando cada partido controla seu país e compete num nível regional. Angola tem um longo caminho a percorrer para se emparelhar com a África do Sul. Esse não será um confronto militar: a predominância da África do Sul é quase total. Ela tem Forças Armadas numerosas e bem equipadas, compreendendo cerca de 100 mil homens, dúzias de aviões de caça e helicópteros de ataque, bem como vários submarinos e fragatas modernos.

No tempo do Império Britânico, controlar a África do Sul significava controlar o cabo da Boa Esperança e, assim, as rotas marítimas entre os oceanos Atlântico e Índico. Marinhas modernas podem se aventurar até muito mais longe no litoral da África Austral se quiserem passar por ali, mas o cabo ainda é um trecho de terra dominante no mapa-múndi, e a África do Sul é uma presença dominante em todo o terço inferior do continente.

A África se engalfinha novamente neste século, mas agora a competição tem duas frentes. Há os bem difundidos interesses externos e a intromissão na disputa por recursos, mas há também a "competição interna", e a África do Sul pretende avançar com mais rapidez e chegar mais longe.

O país domina a Comunidade para o Desenvolvimento da África Austral (SADC, na sigla em inglês) e conseguiu obter um lugar permanente na Conferência Internacional sobre a Região dos Grandes Lagos, da qual nem sequer é membro. O SADC sofre a concorrência da Comunidade da África Oriental (EAC, na sigla em inglês), que compreende Burúndi, Quênia, Ruanda, Uganda e Tanzânia. Esta última é também membro da SADC, e os outros membros da EAC desaprovam seu flerte com a África do Sul. De sua parte, a África do Sul parece ver a Tanzânia como seu veículo para ganhar maior influência na região dos Grandes Lagos e além.

A Força Nacional de Defesa da África do Sul tem uma brigada na RDC oficialmente sob o comando da ONU, mas ela foi enviada para lá pelos líderes políticos sul-africanos a fim de assegurar que sua nação não seja deixada de fora dos despojos de guerra nesse país rico em minérios. Isso a pôs em competição com Uganda, Burúndi e Ruanda, que têm ideias próprias sobre quem deveria estar no comando na RDC.

Não se deu escolha à África do passado – sua geografia a moldou –, e depois os europeus projetaram a maior parte de suas fronteiras atuais. Hoje, com suas populações em grande expansão e megacidades em desenvolvimento, ela não tem opção senão abraçar o mundo globalizado moderno ao qual está tão conectada. Nisso, apesar de todos os problemas que vimos, a África está dando enormes passos.

Os mesmos rios que dificultaram o comércio hoje são utilizados para gerar energia hidroelétrica. Da terra que teve dificuldade para sustentar a produção de alimento em grande escala vêm minérios e petróleo, tornando ricas algumas nações, ainda que pouco dessa riqueza chegue ao povo. Mesmo assim, na maioria dos países, embora não todos, a pobreza diminuiu à medida que os níveis de assistência médica e educação se elevaram. Muitos deles são anglófonos, o que é uma vantagem numa economia global dominada pelo inglês, e o continente viveu um crescimento econômico durante a maior parte da década passada.

No lado negativo, o crescimento econômico em muitos países depende de preços globais para minérios e energia. Países cujos orçamentos nacionais se baseiam no recebimento de US$100 por barril de petróleo, por exemplo, têm pouco a quem recorrer quando os preços caem a US$80 ou US$60. Os níveis da produção industrial estão próximos daqueles dos anos 1970. A corrupção continua desenfreada em todo o continente, e, embora haja poucos conflitos "quentes" (na Somália, na Nigéria, no Sudão, por exemplo), outros muitos estão apenas congelados.

Apesar disso, a cada ano mais estradas e ferrovias são construídas interconectando esse espaço incrivelmente diversificado. As vastas distâncias dos oceanos e desertos que separam a África de todos os lugares foram superadas pelas viagens aéreas, e a força industrial criou portos em lugares onde a natureza não pretendia que eles estivessem.

A cada década, desde os anos 1960, otimistas escreveram sobre como a África está prestes a prevalecer sobre a sorte que a história e a natureza lhe reservaram. Pode ser que dessa vez seja verdade. Precisa ser. A África subsaariana encerra atualmente 1,1 bilhão de pessoas, segundo algumas estimativas – em 2050 isso poderá ter mais que duplicado para 2,4 bilhões.

CAPÍTULO 6

Oriente Médio

"Rompemos o acordo Sykes-Picot!"
Combatente do Estado Islâmico, 2014

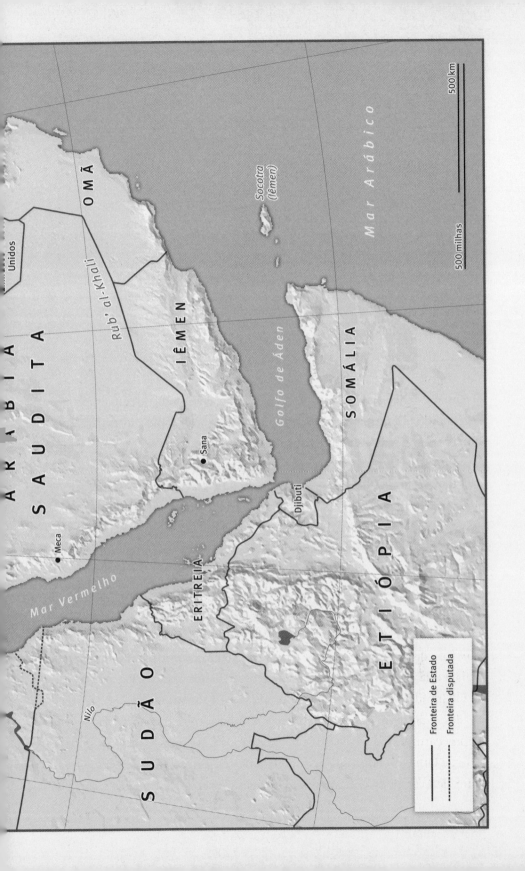

Médio entre o que e o quê? A oriente do quê? O próprio nome está baseado numa visão europeia do mundo, e foi essa visão europeia da região que a moldou. Os europeus usaram tinta para traçar linhas em mapas: eram linhas que não existiam na realidade; e criaram algumas das fronteiras mais artificiais que o mundo já viu. Agora há uma tentativa de retraçá-las com sangue.

Um dos vídeos mais importantes a emergir do Oriente Médio em 2014 foi eclipsado por filmagens de explosões e decapitações. Ele é uma peça de hábil propaganda do Estado Islâmico e mostra uma escavadeira limpando, ou melhor, empurrando a fronteira entre o Iraque e a Síria, e eliminando-a. A fronteira é simplesmente uma berma alta de areia. Remova a areia e não há mais a fronteira *física*. Essa linha ainda existe em teoria. Os próximos anos vão determinar se são proféticas ou mera bravata as palavras do combatente do Estado Islâmico: "Estamos destruindo as fronteiras e rompendo as barreiras. Graças a Alá."

Depois da Primeira Guerra Mundial, havia menos fronteiras no Oriente Médio mais amplo do que existem atualmente, e as que havia eram em geral determinadas apenas pela geografia. Os espaços entre elas eram frouxamente subdivididos e governados em conformidade com geografia, etnia e religião, mas não havia tentativa de criar Estados-nação.

O Grande Oriente Médio se estende por 1.600 quilômetros, de oeste para leste, do mar Mediterrâneo às montanhas do Irã. De norte para sul, se começarmos no mar Negro e terminarmos nas praias do mar Arábico, perto de Omã, ele tem 3.200 quilômetros de comprimento. A região inclui vastos desertos, oásis, montanhas cobertas de neve, rios longos, cidades grandes e planícies costeiras. E possui grande quantidade de riqueza natural na forma daquilo que é uma necessidade para todos os países industrializados e em processo de industrialização ao redor do mundo: petróleo e gás.

Compreende também a fértil região conhecida como Mesopotâmia, a "terra entre rios" (o Eufrates e o Tigre). Contudo, a característica mais dominante é o vasto deserto da Arábia e a região de vegetação xerófila no centro, que toca partes de Israel, Jordânia, Síria, Iraque, Kuwait, Omã, Iêmen e a maior parcela da Arábia Saudita, inclusive o Rub' al-Khali, ou "Quarta Parte Vazia". Este é o maior deserto de areia contínuo do mundo, incorporando uma área do tamanho da França. Essa conformação é a causa de a maioria dos habitantes da região viver em sua periferia, e também de, até a época da colonização europeia, a maior parte das pessoas dentro dela não pensar em termos de Estados-nação e fronteiras legalmente determinadas.

A noção de que o homem de certa área não poderia viajar através de uma região para visitar um parente da mesma tribo a menos que tivesse um documento, fornecido a ele por um terceiro homem que ele não conhecia, numa cidade distante, fazia pouco sentido. A ideia de que o documento era emitido porque um estrangeiro tinha dito que a área agora tinha duas regiões e inventara nomes para elas não fazia absolutamente nenhum sentido e era contrária à maneira como a vida fora vivida durante séculos.

O Império Otomano (1299-1922) era governado a partir de Istambul. No auge, ele se estendia desde os portões de Viena, atravessava a Anatólia e descia pela Arábia até o oceano Índico. De oeste para leste, abrangia o que são hoje Argélia, Líbia, Egito, Israel/Palestina, Síria, Jordânia, Iraque e partes do Irã. Nunca ninguém se deu ao trabalho de inventar nomes para a maioria dessas regiões; em 1867, elas simplesmente foram divididas em áreas administrativas conhecidas como "vilaietes", em geral baseadas no lugar em que certas tribos viviam, fossem elas os curdos no atual norte do Iraque, ou as federações tribais no que é hoje parte da Síria e do Iraque.

Quando o Império Otomano começou a desmoronar, os britânicos e franceses tiveram uma ideia diferente. Em 1916 o diplomata britânico coronel sir Mark Sykes pegou um lápis colorido e traçou uma linha tosca através de um mapa do Oriente Médio. Ela corria de Haifa, no Mediterrâneo, no que é hoje Israel, a Quircuque (hoje no Iraque), no nordeste. Essa linha se tornou a base de um acordo secreto com seu homólogo francês, François Georges-Picot, para dividir a região em duas esferas de influência caso a Tríplice Entente derrotasse o Império Otomano na Primeira Guerra Mundial. A região ao norte da linha ficaria sob controle francês, a área ao sul, sob a hegemonia britânica.

A expressão "Sykes-Picot" tornou-se taquigrafia para as várias decisões tomadas no primeiro terço do século XX que traíam promessas feitas a líderes tribais e que explicam em parte a inquietação e o extremismo atual. Essa explicação, porém, pode ser exagerada: havia violência e extremismo antes que os europeus chegassem. Ainda assim, como vimos na África, criar "Estados-nação" arbitrariamente a partir de pessoas não habituadas a viver juntas numa região não é uma receita de justiça, igualdade e estabilidade.

Antes do acordo Sykes-Picot (em seu sentido mais amplo), não havia nenhum Estado da Síria, nenhum Líbano, nem Jordânia, Iraque, Arábia Saudita, Kuwait, Israel ou Palestina. Mapas modernos mostram as fronteiras e os nomes de Estados-nação, mas eles são jovens e frágeis.

O islã é a religião dominante do Oriente Médio, mas encerra muitas versões diferentes. A divisão mais importante dentro do islã é quase tão antiga quanto a própria religião: a cesura entre muçulmanos sunitas e xiitas remonta a 632, quando o profeta Maomé morreu, o que gerou uma disputa em torno de sua sucessão.

Os muçulmanos sunitas formam a maioria entre os árabes, e na realidade entre a população muçulmana do mundo, correspondendo talvez a 85% do total, embora em alguns dos países árabes as porcentagens estejam menos distantes. Seu nome vem de "Al Sunna", ou "povo da tradição". Após a morte do profeta, os que se tornariam sunitas afirmaram que seu sucessor deveria ser escolhido usando-se tradições tribais árabes. Eles se veem como muçulmanos ortodoxos.

A palavra xiita provém de "Shiat Ali", literalmente, "o partido de Ali", e refere-se ao genro do profeta Maomé. Ali e seus filhos Hassan e Hussein foram assassinados, e assim lhes foi negado o que os xiitas consideravam seu direito hereditário: chefiar a comunidade islâmica.

A partir disso surgiram várias disputas doutrinárias e práticas culturais separando os dois ramos principais do islã, que levaram a contendas e guerras, embora tenha havido também longos períodos de coexistência pacífica.

Há ainda divisões dentro da divisão. Por exemplo, existem vários ramos do islã sunita que seguem grandes sábios específicos do passado, entre os quais a rigorosa tradição hanbali, assim chamada em alusão ao sábio iraquiano do século IX Ahmad ibn Hanbal, seguida por muitos sunitas do Catar e da Arábia Saudita; esta, por sua vez, influenciou o ultrapuritano pensamento salafista, que predomina entre jihadistas.

O islã xiita tem três divisões principais, e a mais conhecida delas provavelmente é a dos "xiitas dos Doze", que aderem ao ensinamento dos Doze Imames, mas mesmo ela contém divisões. A escola ismaíli contesta a linhagem do sétimo imame, ao passo que a escola zaidi contesta a do quinto imame. Há também várias ramificações a partir da corrente principal do islã xiita, com os alauitas e drusos considerados tão distantes do pensamento islâmico que muitos outros muçulmanos, especialmente entre os sunitas, nem sequer os reconhecem como parte da religião.

O legado do colonialismo europeu deixou os árabes agrupados em Estados-nação e governados por líderes que tendiam a favorecer qualquer ramo (e tribo) do islã de que eles próprios proviessem. Em seguida esses ditadores usavam a máquina do Estado para assegurar que sua autoridade dominasse toda a área dentro das linhas artificiais traçadas pelos europeus, quer isso fosse ou não historicamente apropriado e justo para com as diferentes tribos e religiões que haviam sido reunidas.

O Iraque é um excelente exemplo dos conflitos e do caos daí decorrentes. Os mais religiosos entre os xiitas nunca aceitaram que um governo liderado por sunitas deveria ter controle sobre suas cidades sagradas como Najaf e Karbala, onde consta que seus mártires Ali e Hussein teriam sido enterrados. Esses sentimentos comunais remontam a séculos; o fato de passarem algumas décadas sendo chamados de "iraquianos" nunca iria diluir essas emoções.

Como governantes do Império Otomano, os turcos viam uma área acidentada, montanhosa, dominada por curdos; depois, quando as montanhas dão lugar às planícies que levam a Bagdá, e a oeste do que é hoje a Síria, viam um lugar onde a maioria das pessoas era árabe sunita. Finalmente, depois que os dois grandes rios, Tigre e Eufrates, se juntavam e corriam para o rio navegável Xatalárabe, os pântanos e a cidade de Basra, eles viam mais árabes, a maioria dos quais xiita. Eles governavam esse espaço em conformidade com o que viam, dividindo-o em três regiões administrativas: Mossul, Bagdá e Basra.

Na Antiguidade, as regiões que correspondiam muito grosseiramente às descritas eram conhecidas como Assíria, Babilônia e Suméria. Quando os persas controlaram o espaço, dividiram-no de maneira similar, assim como fez Alexandre o Grande, e mais tarde o Império Omíada. Os britânicos olharam para a mesma área e dividiram as três em uma, impossibilidade lógica que os cristãos resolvem com a Santíssima Trindade, mas que no Iraque resultou numa infame barafunda. Muitos analistas dizem que somente um homem forte poderia unir essas três áreas num só país, e o Iraque teve um homem forte após outro. Na realidade as pessoas nunca foram unificadas, apenas congeladas pelo medo. No único lugar que os ditadores não podiam enxergar, a mente das pessoas, poucos se deixaram convencer pela propaganda do Estado, que acobertava, como fazia com a sistemática perseguição dos curdos, a dominação pelo clã muçulmano sunita de Saddam Hussein a partir de sua cidade natal de Tikrit, ou a matança em massa dos xiitas após sua insurreição fracassada em 1991.

Os curdos foram os primeiros a partir. As minorias mais diminutas numa ditadura por vezes fingem acreditar na propaganda de que seus direitos estão protegidos porque lhes falta força para fazer alguma coisa em relação à realidade. Por exemplo, a minoria cristã do Iraque e seu punhado de judeus sentiam que podiam ficar mais seguros mantendo-se em silêncio numa ditadura secular, como a de Saddam, do que se arriscando numa mudança e no que temiam que poderia vir a seguir, como de fato veio. No entanto, os curdos eram geograficamente definidos e, crucial, numerosos o bastante para conseguir reagir quando a realidade da ditadura se tornou excessiva.

Os 5 milhões de curdos do Iraque estão concentrados nas províncias norte e nordeste de Arbil, Suleimânia e Dohuk e suas áreas circundantes. Elas formam um gigantesco crescente marcado sobretudo por morros e montanhas, o que significa que os curdos conservaram sua identidade distinta apesar de repetidos ataques culturais e militares contra eles, como a Operação de Al-Anfal de 1988, que incluiu ataques aéreos com gás contra as aldeias. Durante a campanha de oito estágios, as forças de Saddam não fizeram nenhum prisioneiro e mataram todos os homens com idade entre quinze e cinquenta anos com que toparam. Nada menos que 100 mil curdos foram assassinados e 90% de suas aldeias foram varridas do mapa.

Quando em 1990 Saddam Hussein invadiu o Kuwait, os curdos passaram a se agarrar à chance de fazer história e transformar o Curdistão na realidade que lhes fora prometida – mas jamais concedida – após a Primeira

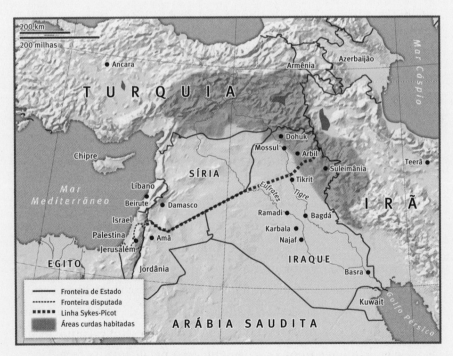

Embora não seja um Estado reconhecido, há uma região identificável como "Curdistão". Já que atravessa fronteiras, é uma área de perturbação potencial caso as regiões curdas tentem estabelecer um país independente.

Guerra Mundial pelo Tratado de Sèvres (1920). Na parte final do conflito da Guerra do Golfo, os curdos se insurgiram, as forças aliadas declararam uma "zona segura" em que as forças iraquianas não podiam entrar, e um Curdistão *de facto* começou a ganhar forma. A invasão do Iraque pelos Estados Unidos em 2003 cimentou o que parece um fato: Bagdá não governará mais os curdos.

O Curdistão não é um Estado soberano reconhecido, mas tem muitas das características de um Estado, e acontecimentos em curso no Oriente Médio apenas aumentam a probabilidade de que venha a existir um Curdistão no nome e no direito internacional. As questões são: que forma ele terá? E como a Síria, a Turquia e o Irã reagirão caso suas regiões curdas tentem fazer parte dele e se esforcem para criar um Curdistão contínuo, com acesso ao Mediterrâneo?

Haverá outro problema: a unidade entre os curdos. O Curdistão iraquiano está dividido há muito tempo em duas famílias rivais. Os curdos da Síria tentam criar um pequeno Estado que chamam de Rojava. Eles o veem como parte de um futuro Curdistão maior, mas, na eventualidade de sua criação, surgiriam questões relativas a quem teria quanto poder e onde. Se o Curdistão vier a ser de fato um Estado internacionalmente reconhecido, a forma do Iraque mudará. Isso presumindo que haverá um Iraque. Pode ser que não haja.

O Reino Hachemita, como a Jordânia também é conhecida, é outro lugar esculpido no deserto pelos britânicos, que em 1918 tinham um grande território para administrar e vários problemas para resolver.

Diferentes tribos árabes tinham ajudado os britânicos contra os otomanos durante a Primeira Guerra Mundial, mas houve duas em particular a quem Londres prometeu recompensar no fim da guerra. Lamentavelmente, às duas foi prometida a mesma coisa: o controle da península Arábica. Como as tribos de Saud e a hachemita frequentemente lutavam entre si, isso era um pouco complicado. Assim, Londres espanou os mapas, traçou algumas linhas e disse que o chefe da família Saud podia governar uma região e o chefe dos hachemitas podia governar a outra, embora ambas "precisassem" de um diplomata britânico para ficar de olho nas coisas. O líder saudita finalmente encontrou uma denominação para seu território, emprestando-lhe o seu próprio nome, por isso conhecermos a área como Arábia Saudita – um equivalente aproximado seria chamar o Reino Unido de "Windsorlândia".

Os britânicos, administradores zelosos, chamaram a outra área de "Transjordânia", abreviação de "o outro lado do rio Jordão". Uma cidadezinha empoeirada chamada Amã tornou-se a capital da Transjordânia, e quando os britânicos voltaram para casa, em 1948, o nome do país mudou para Jordânia. Mas os hachemitas não eram da área de Amã: eles eram originalmente parte da poderosa tribo coraixita da região de Meca, e os habitantes originais eram em sua maioria beduínos. Hoje a maior parcela da população é palestina: quando os israelenses ocuparam a Cisjordânia em 1967, muitos palestinos fugiram para a Jordânia, único Estado árabe a lhes conceder cidadania. Atualmente há uma situação em que os 6,7 milhões de cidadãos da Jordânia são em sua maioria palestinos, muitos dos quais não se consideram súditos leais do atual soberano, o rei Abdullah. Além desse problema há o 1 milhão de refugiados iraquianos e sírios que o país também acolheu e que estão exercendo enorme pressão sobre seus recursos extremamente limitados.

Mudanças como essas nas características demográficas de um país podem causar sérios problemas, e em nenhum lugar mais que no Líbano.

Até o século XX, os árabes da região viam a área entre as montanhas libanesas e o mar simplesmente como uma província da região da Síria. Os franceses, sob cujo domínio ela ficou após a Primeira Guerra Mundial, encararam as coisas de outra maneira. Eles tinham se aliado havia muito aos cristãos árabes da região e, à guisa de agradecimento, criaram um país para eles num lugar em que, nos anos 1920, eles pareciam ser a população dominante. Como não havia nenhum outro nome óbvio para esse país, os franceses o batizaram segundo as montanhas próximas, e assim nasceu o Líbano. Essa fantasia geográfica se sustentou até o fim dos anos 1950. Naquela altura, a taxa de natalidade entre os muçulmanos xiitas e sunitas do Líbano estava crescendo mais depressa que a dos cristãos, enquanto a população muçulmana era inchada por palestinos que fugiam da Guerra

Árabe-Israelense de 1948 na área vizinha de Israel/Palestina. Só houve um único censo oficial no Líbano (em 1932), de modo que as características demográficas são uma questão sensível, e o sistema político se baseia parcialmente no tamanho das populações.

Há muito ocorrem episódios de luta entre os vários grupos confessionais na área, e o que alguns historiadores chamam de primeira guerra civil libanesa estourou em 1958 entre os cristãos maronitas e os muçulmanos, que nessa época provavelmente eram um pouco mais numerosos que os cristãos. Eles estão agora em clara maioria, mas ainda não há números oficiais, e os estudos acadêmicos que citam estatísticas são fortemente contestados.

Algumas partes da capital, Beirute, são exclusivamente muçulmanas xiitas, assim como a maior parte do sul do país. É ali que o grupo xiita Hezbollah (apoiado pelo Irã, dominado por xiitas) prepondera. Outro reduto xiita é o vale do Beca, que o Hezbollah usou como escala para suas incursões na Síria a fim de apoiar ali as forças do governo. Outras cidades são esmagadoramente muçulmanas sunitas. Por exemplo, supõe-se que Trípoli, no norte, seja 80% sunita, mas a cidade tem também uma considerável minoria alauita, e, dadas as tensões entre sunitas e alauitas na vizinha Síria, isso levou a episódios esporádicos de luta.

O Líbano só parece um Estado unificado da perspectiva de quem o vê no mapa. Bastam poucos minutos após chegar ao aeroporto de Beirute para descobrir que isso está longe da verdade. A viagem do aeroporto ao centro nos leva pelos subúrbios do sul exclusivamente xiitas, policiados em parte pela milícia Hezbollah, provavelmente a força de combate mais eficiente do país. O Exército libanês existe no papel, mas no caso de outra guerra civil, como a de 1975-90, ele se desintegraria, pois os soldados na maioria das unidades simplesmente iriam para suas cidades natais e ingressariam nas milícias locais.

Foi isso, em parte, o que aconteceu com as Forças Armadas sírias depois que a guerra civil ali realmente ganhou força, perto do fim de 2011.

A Síria é mais um Estado de múltiplos credos, múltiplas religiões, múltiplas tribos que se desintegram ao primeiro exame. No que é típico da região, o país é majoritariamente muçulmano sunita – cerca de 70% –, mas ele tem minorias substanciais de outras fés. Até 2011 muitas comunidades viviam lado a lado nas vilas, cidades e na zona rural, mas ainda havia áreas distintas em que um grupo particular dominava. Como no Iraque, os moradores sempre dizem: "Somos um só povo, não há divisões entre nós." No entanto, como no Iraque, seu nome, local de nascimento ou local de moradia em geral significavam que suas origens podiam ser facilmente identificadas, e, como no Iraque, não era preciso muita coisa para desagregar o povo único em muitos.

Quando governavam a região, os franceses seguiam o exemplo britânico de dividir para reinar. Nessa época os alauitas eram conhecidos como nusairis. Muitos sunitas não os consideram muçulmanos, e a hostilidade contra eles era tamanha que eles mudaram seu nome para alauitas (como em "seguidores de Ali") para reforçar suas credenciais islâmicas. Eram um povo montanhês atrasado, no mais inferior dos estratos sociais da sociedade síria. Os franceses os pegaram e puseram na força policial e nas Forças Armadas, a partir de onde, ao longo dos anos, eles se estabeleceram como um grande poder no país.

Fundamentalmente, todos estavam cientes da tensão advinda do fato de haver líderes de uma pequena minoria da população governando a maioria. O clã Assad, do qual provém o presidente Bashar al-Assad, é alauita, grupo que compreende aproximadamente 12% da população. A família governa o país desde que o pai de Bashar, Hafez, tomou o poder num golpe de Estado em 1970. Em 1982 Hafez esmagou uma revolta da Irmandade Muçulmana em Hama, matando cerca de 30 mil pessoas num massacre que durou vários dias. A Irmandade nunca perdoou ou esqueceu, e quando a revolta de dimensão nacional começou em 2011 havia contas a acertar. Sob alguns aspectos a guerra civil que se seguiu foi simplesmente Hama, Parte II.

A forma final e a composição da Síria estão agora em questão, mas, desde que os russos intervieram, no final de 2015, a possibilidade de o regime ser derrotado diminuiu. Ele controla o núcleo do país, especialmente as áreas urbanas, ao passo que os grupos rebeldes e o Estado Islâmico estão agora em desvantagem. As forças curdas criaram um território que controlam, mas isso por sua vez atraiu o Exército turco, que está determinado a impedir que um Estado curdo emerja das ruínas.

No futuro próximo a Síria parece destinada a ser governada como vários feudos controlados por diferentes comandantes militares. No momento em que escrevo, o presidente Assad é de longe o mais poderoso deles. A guerra civil mais recente do Líbano se prolongou por quinze anos, e às vezes o país se aproxima perigosamente de outra. A Síria pode sofrer destino semelhante.

A Síria se tornou também, como o Líbano, um lugar usado por potências externas para promover seus próprios objetivos. Rússia, Irã e o Hezbollah libanês apoiam as forças do governo sírio. Os países árabes apoiam a oposição, mas diferentes Estados apoiam diferentes grupos de oposição: os sauditas e os catarenses, por exemplo, competem pela influência, mas cada um apoia um representante diferente para obtê-la.

Será preciso ter habilidade, coragem e um elemento com frequência ausente – conciliação – para manter muitas dessas regiões juntas como um único espaço governável. Em especial porque combatentes jihadistas sunitas estão tentando separá-las para ampliar seu "califado".

Grupos como a Al-Qaeda e, mais recentemente, o Estado Islâmico acumularam todo o apoio que possuem em parte pela humilhação causada pelo colonialismo e depois pelo fracasso do nacionalismo pan-árabe – e até certo ponto o Estado-nação árabe. Líderes árabes fracassaram em proporcionar prosperidade ou liberdade, e o canto de sereia do islamismo, que promete resolver todos os problemas, provou-se atraente para muitos numa região marcada por uma mistura venenosa de piedade, desemprego e repressão. Os islamitas relembram uma idade de ouro em que o islã governou um império e esteve na vanguarda de tecnologia, arte, medicina e governo. Eles ajudaram a trazer à tona as antigas desconfianças "do outro" em todo o Oriente Médio.

O Estado Islâmico nasceu da franquia "Al-Qaeda no Iraque", no fim dos anos 2000, nominalmente dirigido pelos remanescentes da liderança da Al-Qaeda. Quando a guerra civil síria estava no auge, o grupo havia se separado da Al-Qaeda e trocado de nome. A princípio foi conhecido pelo mundo exterior como Estado Islâmico no Levante (Isil, na sigla em inglês), mas como a palavra árabe para "Levante" é *Al Sham*, pouco a pouco ele se tornou Estado Islâmico no Iraque e na Síria (Isis, na sigla em inglês). No verão de 2014 o grupo começou a se autodenominar Estado Islâmico, tendo proclamado a entidade em grandes partes do Iraque e da Síria.

Logo ele se tornou o grupo jihadista mais famoso, atraindo milhares de muçulmanos estrangeiros para a causa, parte em razão de seu romantismo piedoso, parte pela brutalidade. Sua principal atração, porém, era o sucesso na criação de um califado; a Al-Qaeda assassinava pessoas e conquistava as manchetes, o Estado Islâmico assassinava pessoas e conquistava território.

O grupo também tirou proveito de uma área que é cada vez mais importante na era da internet: o espaço psicológico. Ele se baseou no trabalho pioneiro da Al-Qaeda nas redes sociais e o elevou a novos níveis de sofisticação e brutalidade. Em 2015, o Estado Islâmico estava à frente de qualquer governo no tocante ao envio de mensagens usando jihadistas formados pelos efeitos por vezes embrutecedores da internet e sua obsessão pela violência e o sexo. Eles são os jihadistas da Geração Jackass e estão à frente do jogo mortífero.

No verão de 2015, muitos árabes através do Oriente Médio, inclusive a maior parte da mídia regional, estavam chamando o Estado Islâmico por outro nome, que condensava quão repulsiva a organização parecia para as pessoas comuns – Daesh. Trata-se de uma espécie de acrônimo formado a partir do nome anterior do grupo em árabe, al-Dawlat al-Islamiya fi al-Iraq Wa al-Shams, mas as pessoas tendem a usar o termo porque os membros do Estado Islâmico o detestam. Ele soa parecido com o verbo *daes* (alguém que é desonesto e semeia a discordância); rima com palavras negativas como *fashish* ("pecador"); e o melhor de tudo para os que desprezam o tipo particular de islamismo da organização é que rima e soa um pouco parecido com *jahesh*, que significa "burro, estúpido". Na cultura árabe, esse é um insulto muito grave, que simultaneamente degrada o sujeito e reduz seu poder de incutir medo.

Em 2015 a guerra se propagava de um lado para outro através de partes do Iraque, com o Estado Islâmico perdendo a cidade de Tikrit, mas tomando Ramadi. Subitamente a Força Aérea dos Estados Unidos se viu na estranha posição de efetuar missões de reconhecimento e ataques aéreos limitados que auxiliavam os comandantes da Guarda Republicana Iraquiana. O Estado Islâmico queria Tikrit, em parte para se proteger contra o governo iraquiano que tentava recapturar Mossul no norte, mas Ramadi era muito mais importante para eles. A cidade se situa na província de Anbar, região esmagadoramente sunita do Iraque e contígua à fronteira síria. O controle do território fortaleceu sua reivindicação de formar um "Estado".

Agosto de 2015 marcou o primeiro aniversário das missões de bombardeio lideradas pelos americanos contra o Estado Islâmico tanto no Iraque quanto na Síria. Houve milhares de ataques aéreos com muitos dos aviões dos Estados Unidos voando a partir dos porta-aviões USS *George H.W. Bush* e USS *Carl Vinson* estacionados no Golfo, e outros a partir do Kuwait e de uma base nos Emirados Árabes Unidos, inclusive o jato de caça F-22 Raptor Stealth, que também foi introduzido na luta em 2015, atacando instalações petrolíferas do Estado Islâmico. Os pilotos americanos, que efetuaram a maioria das missões, se ressentiram de não ter controladores aéreos avançados das Forças Especiais Americanas comunicando as coordenadas para os ataques. Como os alvos estavam frequentemente nas áreas urbanas, as "regras de combate" significavam que muitos aviões retornavam às suas bases sem disparar.

Desde o final do verão de 2015, o Estado Islâmico tem perdido território continuamente. Baixas significativas incluem a cidade síria de Kobanî, recapturada por combatentes curdos, e em janeiro de 2016 a grande cidade iraquiana de Ramadi foi retomada pelo Exército iraquiano. Ao mesmo tempo o Estado Islâmico passou a sofrer enorme pressão provocada pelo aumento de ataques aéreos.

Os russos se envolveram cada vez mais, investindo tanto contra o Exército Livre da Síria quanto contra alvos do Estado Islâmico na Síria, após o alegado ataque do grupo a um de seus aviões de passageiros no Egito. Os franceses reagiram aos atentados terroristas em Paris de novembro de 2015 com enormes raides contra o Estado Islâmico, e depois pediram ajuda ao

Reino Unido. O Parlamento Britânico votou pela extensão de seus ataques aéreos no Iraque para incluir a Síria.

O resultado foi que o "califado" do Estado Islâmico encolheu em tamanho, e alguns de seus líderes e muitos de seus membros foram mortos. A perda de Mossul, recapturada pelo Exército do Iraque em 2017, foi um enorme revés para o Estado Islâmico, tanto militar quanto psicologicamente: fora a partir da Grande Mesquita da cidade que o grupo havia proclamado o "califado", três anos antes. Isso não é necessariamente o fim do Estado Islâmico, no entanto. Em 2017 centenas de combatentes rumaram para a Líbia a fim de instalar outra base, e muitos dos combatentes estrangeiros não árabes tentaram retornar a seus países de origem na Europa e nos Estados asiáticos centrais, todos os quais parecem destinados a ser atormentados pelo islamismo violento durante muitos anos no futuro.

Contudo, a batalha militar central ainda prossegue no Oriente Médio, com russos, britânicos, americanos, franceses e outros agora intensamente envolvidos. Milhares de missões com drones foram realizadas, algumas a partir do interior do território norte-americano. Drones são um claro exemplo moderno de tecnologia que supera algumas das restrições da geografia – mas ao mesmo tempo eles servem para sublinhar a importância da geografia. Os Estados Unidos abrigam sua crescente frota de drones em pelo menos dez bases espalhadas pelo mundo. Isso permite a uma pessoa sentada num escritório refrigerado em Nevada, munida de um joystick, atingir alvos ou transferir o controle para um agente próximo do alvo. Mas significa também que os Estados Unidos precisam manter boas relações com qualquer país que esteja abrigando o quartel-general regional de drones. Por exemplo, o sinal enviado a partir de Nevada pode precisar viajar por um cabo submarino até a Alemanha, e em seguida ser enviado para um satélite pertencente a um terceiro país que vende largura de banda para o Pentágono. Isso é um lembrete acerca do mapa conceitual do poder dos Estados Unidos, necessário para uma plena compreensão da geopolítica atual.

Ataques com drones foram usados com efeito devastador contra alvos individuais. Durante 2015-16 eles deram enorme contribuição para a retomada de vários milhares de quilômetros quadrados de território no Iraque dominados pelo Estado Islâmico, ainda que o grupo controlasse grandes faixas das regiões do país dominadas pelos sunitas.

Combatentes islamitas sunitas do outro lado do globo, atraídos como mariposas para a luz de 1 bilhão de pixels, tiraram proveito da tríplice divisão entre curdos, sunitas e xiitas no Iraque. Eles oferecem aos árabes sunitas uma embriagadora mistura da promessa de lhes devolver seu "legítimo" lugar como a força dominante na região e o restabelecimento do califado em que sua versão de todos os verdadeiros crentes (os muçulmanos sunitas) vivem sob um único soberano.

Entretanto, é o próprio fanatismo de suas crenças e práticas que explica por que eles não conseguem alcançar suas fantasias utópicas.

Em primeiro lugar, somente algumas das tribos iraquianas sunitas apoiarão os objetivos jihadistas, e mesmo nesse caso apenas para alcançar seus próprios fins – que não incluem um retorno ao século VI. Depois que obtiverem o que querem, eles se voltarão contra os jihadistas, especialmente os estrangeiros. Em segundo lugar, os jihadistas demonstraram que não há nenhuma misericórdia para quem quer que se oponha a eles, e que não ser sunita é análogo a uma sentença de morte. Assim, todos os muçulmanos não sunitas e todas as minorias no Iraque, cristãos, caldeus, iazidis e outros, estão contra eles, tal como dezenas de países ocidentais e muçulmanos.

Os sunitas iraquianos não jihadistas estão numa posição difícil. Na eventualidade de um Iraque fragmentado ou legalmente federalizado, eles estarão presos no meio, cercados por areia numa área conhecida como Triângulo Sunita, cujas pontas se localizam aproximadamente a leste de Bagdá, a oeste de Ramadi e ao norte de Tikrit. Os sunitas que vivem aqui têm mais em comum com suas tribos aparentadas na Síria do que com os curdos no norte ou os xiitas no sul.

Não há diversidade econômica suficiente dentro do Triângulo para sustentar uma entidade sunita. A história legou petróleo ao "Iraque", mas a divisão *de facto* do país significa que o petróleo está sobretudo nas áreas curdas e xiitas; se não houver um Iraque forte, unificado, o dinheiro do petróleo fluirá de volta para o lugar onde o petróleo é encontrado. As terras curdas não podem ser submetidas ao controle desses grupos, as cidades ao sul de Bagdá, como Najaf e Karbala, são esmagadoramente xiitas, e os portos de Basra e Umm Qasr estão muito distantes do território sunita. Esse dilema leva os sunitas à luta para obter parte igual num país que antes governaram, às vezes brincando com a ideia de separação, mas sabendo que seu futuro seria provavelmente o autogoverno sobre não muita coisa.

No caso de uma divisão, os xiitas estão geograficamente mais bem situados para levar vantagem. A região que dominam tem campos petrolíferos, 56 quilômetros de litoral, a via navegável do Xatalárabe, portos, acesso ao mundo exterior e um aliado religioso, econômico e militar ao lado, na forma do Irã.

A fantasia jihadista é a dominação global pelo islã salafista. Em seus momentos mais lúcidos, embora ainda desvairados, os jihadistas projetam um objetivo mais limitado e lutam por ele – um califado que se estenda por todo o Oriente Médio. Um dos gritos de batalha dos jihadistas é "De Mossul a Jerusalém!", significando que esperam controlar a área que vai de Mossul, no Iraque, até Beirute, no Líbano, Amã, na Jordânia, e Jerusalém, em Israel. Entretanto, o tamanho real do califado geográfico do Estado Islâmico é limitado por sua capacidade.

Isso não é subestimar o problema ou a escala do que pode ser a versão árabe da Guerra dos Trinta Anos na Europa (1618-48). Não se trata apenas de um problema do Oriente Médio. Muitos dos jihadistas internacionais que sobreviverem voltarão para suas casas na Europa, nos Estados Unidos, na Indonésia, no Cáucaso e em Bangladesh, onde é improvável que se conformem com uma vida sossegada. Os serviços de informação em Londres acreditam que há muito mais muçulmanos britânicos lutando no Oriente Médio nos grupos jihadistas do que servindo no Exército britânico. O programa de radicalização empreendido pelos islamitas começou várias décadas antes das iniciativas de desradicalização agora em curso nos países europeus.

A maior parte dos países do Oriente Médio encara sua própria versão dessa luta geracional em maior ou menor grau. A Arábia Saudita, por exemplo, enfrentou células da Al-Qaeda durante a década passada, mas depois de desmontá-las em sua maior parte, enfrenta agora desafios renovados da parte da nova geração de jihadistas. Ela tem outro problema no sul, na fronteira com o Iêmen, ele próprio assolado pela violência, movimentos separatistas e um forte elemento jihadista.

Há também um movimento islâmico em efervescência na Jordânia, especialmente na cidade de Zarqa, no nordeste, em direção às fronteiras síria e iraquiana, que abriga alguns dos vários milhares de partidários de grupos como a Al-Qaeda e o Estado Islâmico. As autoridades temem que um grupo jihadista no Iraque ou na Síria chegue em grandes contingentes às fronteiras agora frágeis e cruze para a Jordânia. O Exército jordaniano, treinado pelos britânicos, é considerado um dos mais robustos do Oriente Médio, mas ele poderia ter dificuldades se islamitas locais e estrangeiros permanecessem nas ruas em guerra de guerrilha. Se os jordanianos palestinos se recusassem a defender o país, não é irrealista acreditar que ele mergulharia na espécie de caos que vemos agora na Síria. Essa é a última coisa que os soberanos hachemitas querem – e é a última coisa que os israelenses querem também.

A batalha pelo futuro do Oriente Médio árabe retirou em certa medida os holofotes da luta árabe-israelense. A fixação no que Israel/Palestina faz retorna por vezes, mas a magnitude do que está acontecendo em outros lugares finalmente permitiu pelo menos a alguns observadores compreender que os problemas da região não podem ser atribuídos à existência de Israel. Essa foi uma mentira propagada pelos ditadores árabes à medida que procuravam desviar a atenção de sua própria brutalidade, e foi comprada por muita gente em toda a área e pelos inocentes úteis do Ocidente. Apesar disso, a tragédia conjunta israelo-palestina continua, e a obsessão com esse pequenino pedaço de terra é tamanha que ela pode voltar a ser vista por alguns como o conflito mais premente do mundo.

Os otomanos haviam considerado a área a oeste do rio Jordão até a costa mediterrânea como uma parte da região da Síria. Chamavam-na de Filistina. Depois da Primeira Guerra Mundial, sob o Mandato Britânico, ela se tornou a Palestina.

Oriente Médio

Os judeus tinham vivido no que costumava se chamar Israel durante milênios, mas as devastações da história os haviam dispersado pelo globo. Israel continuou sendo a "Terra Prometida", e Jerusalém em particular era solo sagrado. Entretanto, na altura de 1948, muçulmanos árabes e cristãos eram a clara maioria nessa terra já por mais de mil anos.

No século XX, com a introdução do Mandato Britânico da Palestina, o movimento judaico para se unir a seus adeptos minoritários cresceu, e, impelidos pelos pogroms na Europa oriental, um número cada vez maior de judeus começou a se instalar na região. Os britânicos viam com

As colinas de Golã, a Cisjordânia e Gaza continuam a ser território contestado desde a Guerra dos Seis Dias, em 1967.

bons olhos a criação de uma "pátria judaica" na Palestina e permitiram que os judeus se mudassem para lá e comprassem terra dos árabes. Após a Segunda Guerra Mundial e o Holocausto, um número cada vez maior de judeus tentou chegar à Palestina. Tensões entre judeus e não judeus alcançaram o ponto de ebulição, e em 1948 uma Grã-Bretanha exausta entregou o problema para as Nações Unidas, a qual votou por dividir a região em dois países. Os judeus concordaram, os árabes disseram "Não". O resultado foi a guerra, a qual criou a primeira onda de refugiados palestinos que deixavam a área e refugiados judeus que chegavam de todo o Oriente Médio.

A Jordânia ocupou a região da Cisjordânia, inclusive Jerusalém oriental. O Egito ocupou Gaza, considerando-a uma extensão de seu território. Nenhum dos dois países pretendia dar cidadania ou categoria de Estado às pessoas que ali viviam como palestinos, nem houve qualquer movimento significativo dos habitantes exigindo a criação de um Estado palestino. Enquanto isso, a Síria considerava sírios toda a área parte de seu território mais amplo e o povo que ali vivia.

Até hoje Egito, Síria e Jordânia veem com desconfiança a independência palestina, e se Israel desaparecesse e fosse substituído pela Palestina, todos os três reivindicariam partes do território. Neste século, entretanto, há um feroz sentimento de nacionalidade entre os palestinos, e qualquer ditador árabe que procurasse tirar um naco de um Estado palestino de qualquer forma ou tamanho encontraria enorme oposição. Os palestinos têm plena consciência de que a maior parte dos países árabes para os quais alguns deles fugiram no século XX se recusa a lhes conceder cidadania; esses países insistem em que o status dos filhos e netos de palestinos continue a ser o de "refugiado", e trabalham para assegurar que eles não se integrem ao país.

Durante a Guerra dos Seis Dias, em 1967, os israelenses ganharam o controle de toda Jerusalém, da Cisjordânia e de Gaza. Em 2005 eles deixaram Gaza, mas centenas de milhares de colonos permanecem na Cisjordânia.

Israel considera Jerusalém sua capital eterna, indivisível. A religião judaica diz que a rocha sobre a qual Abraão preparou o sacrifício de Isaac está ali, e que ela se situa diretamente acima do Santo dos Santos, o Templo do rei Salomão. Para os palestinos, Jerusalém tem uma significação religiosa muito forte para todo o mundo muçulmano: a cidade é considerada o terceiro lugar mais sagrado no islã porque consta que o profeta Maomé teria ascendido ao céu a partir dessa mesma rocha, que está no lugar do que é agora a "Mesquita mais Distante" (Al-Aqsa). Militarmente a cidade possui apenas importância geográfica estratégica moderada – não tem nenhuma indústria digna de menção, nenhum rio e nenhum aeroporto –, mas assume significado extraordinário em termos culturais e religiosos: a necessidade ideológica de possuir o lugar é mais importante que sua localização. O controle de Jerusalém e o acesso à cidade não são questões sobre as quais se possa chegar facilmente a uma solução de compromisso. Em comparação, foi mais fácil para os israelenses abrir mão de Gaza (embora ainda tenha sido difícil). Contudo, ainda está em debate saber se as pessoas que vivem lá ganhariam muito com a partida de Israel.

Gaza é de longe a mais pobre das duas atuais "entidades" palestinas. A faixa tem apenas quarenta quilômetros de comprimento e doze quilômetros de largura. Aglomerado nesse espaço está 1,8 milhão de pessoas. Trata-se de fato de uma "cidade-Estado", ainda que terrivelmente empobrecida. Em decorrência do conflito com Israel, seus cidadãos estão cercados de três lados por uma barreira de segurança criada por Israel e Egito, e pelo mar a oeste. Só é possível construir até certa distância da fronteira com Israel, porque os israelenses tentam limitar a capacidade de os foguetes disparados a partir de Gaza atingirem as áreas centrais de seu país. A última década assistiu à aceleração de uma corrida armamentista assimétrica, com militantes de Gaza buscando foguetes que possam atirar mais longe e Israel desenvolvendo seu sistema de defesa antimísseis.

Por sua densidade urbana, Gaza constitui um bom terreno de luta para seus defensores, mas é um pesadelo para os civis, que têm pouca ou nenhuma proteção contra a guerra e nenhuma ligação com a Cisjordânia, embora a distância entre as duas regiões seja de apenas quarenta quilômetros em seu ponto mais estreito. Até que se chegue a um acordo de paz, os habitantes de Gaza não têm para onde ir, e há pouco que possam fazer em casa.

A Cisjordânia é quase sete vezes maior que Gaza, mas não tem acesso ao mar. Grande parte dela compreende um espinhaço que corre de norte a sul. De uma perspectiva militar, isso dá a quem domina o terreno elevado controle sobre a planície costeira no lado oeste do espinhaço e sobre o vale do Rift jordaniano, a leste dele. Deixando de lado a ideologia dos colonos judeus, que reivindicam o direito bíblico de viver no que chamam de Judeia e Samaria, de uma perspectiva militar o ponto de vista israelense é que não se deve permitir a uma força não israelense controlar esses pontos culminantes, pois armas pesadas poderiam ser disparadas na planície litorânea onde vivem 70% da população de Israel. A planície também inclui seus mais importantes sistemas rodoviários, muitas de suas bem-sucedidas empresas de alta tecnologia, o aeroporto internacional e a maior parte da indústria pesada israelense.

Essa é uma razão para a exigência de "segurança" pelo lado israelense e sua insistência em que, mesmo que haja um Estado palestino independente, esse Estado não possa ter um Exército com armas pesadas no espinhaço; e que Israel deva também manter o controle da fronteira com a Jordânia. Por ser tão pequeno, Israel não tem nenhuma "profundidade estratégica" real, nenhum lugar para onde recuar se suas defesas forem rompidas, e assim concentra-se militarmente em assegurar que ninguém possa chegar perto do país. Além disso, a distância entre a fronteira da Cisjordânia e Tel Aviv é de cerca de dezesseis quilômetros no ponto mais estreito; a partir do espinhaço da Cisjordânia, quaisquer Forças Armadas minimamente decentes poderiam dividir Israel em dois. Da mesma maneira, no caso da Cisjordânia, Israel impede que qualquer grupo se torne poderoso o suficiente para o intimidar.

Sob as condições atuais, Israel enfrenta ameaças à sua segurança e à vida de seus cidadãos por ataques terroristas e disparos de foguetes a partir de seus vizinhos imediatos, mas não uma ameaça à sua própria existência. O Egito, a sudoeste, não é uma ameaça. Há um tratado de paz que atualmente convém a ambos os lados, e a península do Sinai em parte desmilitarizada funciona como um amortecedor entre eles. A leste disso, do outro lado do mar Vermelho, em Aqaba, na Jordânia, o deserto também protege Israel, como faz seu tratado de paz com Amã. Ao norte há uma ameaça potencial a partir do Líbano, mas ela é relativamente pequena, na forma de incursões através da fronteira e/ou bombardeio limitado. Entretanto, se e quando o Hezbollah no Líbano usar seus foguetes maiores e de mais longo alcance para atingir Israel de maneira mais profunda, a reação será enorme.

A ameaça potencial mais séria vem do maior vizinho do Líbano, a Síria. Historicamente, Damasco quer e precisa ter acesso direto à costa. Os sírios sempre viram o Líbano como parte de seu país (como de fato foi) e continua ressentido porque suas tropas foram obrigadas a partir em 2005. Se essa rota para o mar estiver bloqueada, a alternativa é atravessar as colinas de Golã e descer para a região montanhosa em torno do mar da Galileia a caminho do Mediterrâneo. Mas as colinas foram tomadas por Israel depois que a Síria o atacou na guerra de 1973, e seria necessária enorme arremetida de um Exército sírio para abrir caminho até a planície costeira que leva aos principais centros populacionais de Israel. Isso não pode ser descartado em algum momento futuro, mas a médio prazo parece extremamente improvável e – enquanto a guerra civil síria continuar – impossível.

Isso nos deixa com a questão do Irã – que merece consideração mais séria, porque suscita a questão das armas nucleares.

O Irã é um gigante não árabe cuja maioria é de língua parse. É maior que a França, a Alemanha e o Reino Unido juntos, mas enquanto as populações desses países elevam-se a 200 milhões de pessoas, o Irã tem apenas 78 milhões. Com espaço habitável limitado, a maior parte vive nas montanhas; os grandes desertos e planícies de sal do interior do país não se prestam à habitação humana. Somente viajar por eles pode aniquilar o espírito humano, e viver ali é um esforço que poucos empreendem.

Há duas enormes cordilheiras no Irã: Zagros e Elburz. Zagros corre a partir do norte, descendo por 1.450 quilômetros ao longo das fronteiras do Irã com a Turquia e o Iraque, terminando quase no estreito de Ormuz, no Golfo. Na metade meridional da cordilheira há uma planície a oeste onde o Xatalárabe separa o Irã e o Iraque. É aí também que estão os maiores campos de petróleo iranianos, enquanto os outros se situam no norte e no centro do país. Juntos, acredita-se que eles compreendem a terceira maior reserva do mundo. Apesar disso o Irã continua relativamente pobre em razão de má administração, corrupção, topografia montanhosa que atrapalha as conexões de transporte e sanções econômicas que impediram, em parte, que certos ramos da indústria se modernizassem.

A cordilheira Elburz também começa no norte, mas ao longo da fronteira com a Armênia. Ela corre por toda a extensão da costa sul do mar Cáspio e continua até a fronteira com o Turcomenistão antes de descer, quando alcança o Afeganistão. Essa é a cordilheira que vemos da capital, Teerã, elevando-se acima da cidade, ao norte. Ela proporciona panoramas espetaculares e também um segredo mais bem guardado que o projeto nuclear iraniano: as condições para a prática do esqui são excelentes durante vários meses do ano.

O Irã é defendido por sua geografia, com montanhas de três lados, pântanos e água no quarto. Os mongóis foram a última força a fazer algum progresso através do território em 1219-21, e desde então os atacantes encalham na poeira tentando avançar pelas montanhas. Na época da Segunda Guerra do Golfo, em 2003, até os Estados Unidos, a maior força de combate que o mundo já viu, acharam melhor não virar para a direita depois que tinham penetrado no Iraque a partir do sul, sabendo que, mesmo com seu poder de fogo superior, o Irã não era um país que se deveria invadir. De fato, as Forças Armadas dos Estados Unidos tinham um slogan na época: "Enfrentamos desertos, não montanhas."

Em 1980, quando a Guerra Irã-Iraque rebentou, os iraquianos usaram seis divisões para atravessar o Xatalárabe, numa tentativa de anexar a província iraniana do Cuzistão. Eles nunca saíram das planícies cheias de pântanos, muito menos penetraram nos contrafortes de Zagros. A guerra se arrastou por oito anos, tirando pelo menos 1 milhão de vidas.

O solo montanhoso do Irã significa que é difícil criar uma economia interconectada, e que o país tem muitos grupos minoritários, cada qual com características intensamente definidas. O Cuzistão, por exemplo, tem maioria etnicamente árabe, e em outros lugares há curdos, azerbaijanos, turcomenos e georgianos, entre outros. No máximo 60% do país fala parse, a língua da maioria persa dominante. Em consequência dessa diversidade, o Irã tem tradicionalmente poder centralizado e usou a força e uma apavorante rede de informações para manter a estabilidade interna. Teerã sabe que ninguém está prestes a invadir o Irã, mas também sabe que potências hostis podem usar suas minorias para tentar estimular a dissidência e pôr em perigo sua revolução islâmica.

O Irã também tem uma indústria nuclear que muitos países, em particular Israel, acreditam que ele utiliza a fim de se preparar para a construção de armas nucleares, aumentando as tensões na área. Os israelenses se sentem ameaçados com a perspectiva das armas nucleares iranianas. Não se trata só do potencial iraniano de combater com seu próprio arsenal e liquidar Israel apenas com uma bomba: se o Irã obtivesse a bomba, os países árabes provavelmente entrariam em pânico e tentariam tê-las também. Os sauditas, por exemplo, temem que os aiatolás queiram dominar a região, submeter todos os árabes xiitas à sua direção e até alimentar projetos de controlar as cidades sagradas de Meca e Medina. Um Irã dotado de armas nucleares seria a superpotência regional por excelência, e para se opor a esse perigo os sauditas provavelmente iriam tentar comprar armas nucleares do Paquistão (com o qual têm laços estreitos). Egito e Turquia poderiam fazer o mesmo.

Isso significa que a ameaça de um ataque aéreo israelense às instalações nucleares do Irã é constante, mas há muitos fatores restritivos. Um deles é que, em linha reta, 1.600 quilômetros separam Israel do Irã. A Força Aérea israelense precisaria cruzar duas fronteiras soberanas, as da Jordânia e do Iraque; este último certamente comunicaria ao Irã a proximidade do ataque. Um segundo fator é que qualquer outra rota exige possibilidade de reabastecimento, que pode estar fora do alcance de Israel e que (se passar pelo norte) também exige sobrevoar território soberano. Uma razão final é que o Irã possui o que pode ser um trunfo: a capacidade de fechar o estreito de Ormuz no Golfo, pelo qual passam a cada dia, dependendo das vendas, cerca de 20% das necessidades de petróleo do mundo. Em seu ponto mais reduzido, o estreito, considerado o mais estratégico do mundo, tem somente 33 quilômetros de lado a lado. O mundo industrializado teme o efeito do fechamento de Ormuz possivelmente durante meses seguidos, o que resultaria numa escalada dos preços. Essa é uma das razões por que tantos países pressionam Israel a não agir.

Nos anos 2000 os iranianos temeram um cerco dos americanos. A Marinha dos Estados Unidos estava no Golfo e soldados americanos estavam no Iraque e no Afeganistão. Com as retiradas militares em ambos os países, os temores iranianos agora declinaram, e deixou-se ao Irã a posição hegemônica, com uma linha direta com seus aliados no Iraque dominado pelos xiitas. O sul do Iraque é também uma ponte que une o Irã a seus aliados alauitas em Damasco, e depois a seus aliados xiitas na forma do Hezbollah no Líbano, na costa mediterrânea.

Do século VI ao IV a.C. o Império Persa se estendia do Egito à Índia. O Irã atual não tem pretensões imperiais, mas procura de fato expandir sua influência, e a direção óbvia é através das planícies a oeste – o que significa o mundo árabe e suas minorias xiitas. Ele ganhou terreno no Iraque desde que a invasão efetuada pelos Estados Unidos deu lugar a um governo de maioria xiita. Isso alarmou a Arábia Saudita, dominada pelos sunitas, e ajudou a alimentar a versão do Oriente Médio para a Guerra Fria, em torno da relação Irã–Arábia Saudita. A Arábia Saudita pode ser maior que o Irã, pode ser muitas vezes mais rica graças às suas bem desenvolvidas indústrias de petróleo e gás, mas sua população é muito menor (28 milhões de sauditas em contraposição a 78 milhões de iranianos), e militarmente ela não tem confiança em sua capacidade de enfrentar o vizinho persa se essa guerra fria algum dia esquentar e suas forças se confrontarem diretamente. Cada lado tem ambições de ser a potência dominante na região, e cada um se considera o guardião de sua versão do islã. Quando o Iraque estava sob o calcanhar de Saddam, um poderoso amortecedor separava a Arábia Saudita do Irã; desaparecido o amortecedor, os dois países agora trocam olhares ferozes através do Golfo. O acordo sobre as instalações nucleares do Irã liderado pelos americanos, concluído no verão de 2015, não garantiu de maneira alguma aos Estados do Golfo que a ameaça representada pelo Irã diminuiu para eles, e a guerra de palavras cada vez mais acerba entre a Arábia Saudita e o Irã continua, juntamente com uma guerra por vezes travada por procuração em outros lugares, sobretudo no Iêmen.

A cobertura da mídia ocidental concentrou-se na reação de Israel ao acordo nuclear, mas a mídia árabe em toda a região foi inteiramente contrária a ele, com alguns jornais comparando-o ao Acordo de Munique de 1938. Um importante colunista saudita instou o Reino a começar a construir uma bomba a fim de estar pronto para quando o Irã fizer o mesmo.

Esse foi o cenário dos chocantes acontecimentos do início de 2016, quando a Arábia Saudita (país de maioria sunita) executou 47 prisioneiros num único dia, entre eles o mais graduado xeque xiita do país, Nimr Al-Nimr. Foi um movimento calculado por parte da família real no poder para mostrar ao mundo, inclusive aos Estados Unidos, que, com ou sem acordo nuclear, os sauditas iriam intimidar o Irã. Houve protestos em todo o mundo muçulmano xiita, a embaixada saudita em Teerã foi devidamente saqueada e incendiada, as relações diplomáticas entre os dois países foram rompidas e armou-se o cenário para a continuação da encarniçada guerra civil entre sunitas e xiitas. Esta foi levada a cabo de várias maneiras, e até lançou os Estados sunitas uns contra os outros, do ponto de vista diplomático. Em 2017 a Arábia Saudita, os Emirados Árabes Unidos, o Bahrein e o Egito romperam relações com o Catar, acusando-o de apoiar o terrorismo. Seguiu-se um bloqueio econômico, levando o Catar a aceitar o auxílio enviado por ar pelo Irã, o qual não demorou a perceber uma oportunidade de ajudar a aumentar a divisão entre os Estados do Golfo.

A oeste do Irã há um país que é tanto europeu quanto asiático. A Turquia situa-se nas fronteiras dos territórios árabes, mas não é árabe, e embora a maior parte de sua massa de terra integre a região mais ampla do Oriente Médio, ela tenta se distanciar dos conflitos que ali ocorrem.

Os turcos nunca foram realmente reconhecidos como parte da Europa por seus vizinhos ao norte e a noroeste. Se a Turquia *é* europeia, então as fronteiras da Europa estão do outro lado da vasta planície da Anatólia, significando que param na Síria, no Iraque e no Irã. Esse é um conceito que poucos aceitam. Se a Turquia *não* é parte da Europa, onde está ela? Sua maior cidade, Istambul, foi Cidade Europeia da Cultura em 2010, compete no Festival Eurovisão da Canção e no Campeonato Europeu da Uefa, requereu inclusão no que é agora a União Europeia nos anos 1970; no entanto, menos de 5% de seu território está na Europa. A maioria dos geógrafos considera europeia a pequena área da Turquia que está a oeste do Bósforo, e o resto do país, a sul e a sudeste do Bósforo, estão situadas no Oriente Médio (no sentido mais amplo).

Essa é uma razão por que a Turquia nunca foi aceita na União Europeia. Outros fatores são seus anais relativos a direitos humanos, especialmente no que se refere aos curdos, e sua economia. A população turca é de 75 milhões de habitantes, e os países europeus temem que, dada a disparidade em termos de padrões de vida, a filiação à União Europeia resultasse num influxo em massa de mão de obra. Outro fator, embora tácito dentro da União Europeia, é que a Turquia é um país de maioria muçulmana (98%). A União Europeia não é uma organização secular nem cristã, mas houve um difícil debate sobre "valores". Para cada argumento favorável ao ingresso da Turquia na União Europeia há um argumento contrário, e na década passada as perspectivas desse ingresso diminuíram. Isso levou o país a refletir sobre outras opções.

Nos anos 1920, pelo menos para um homem, não havia escolha. Seu nome era Mustafá Kemal, e ele foi o único general turco a emergir da Primeira Guerra Mundial com a reputação melhorada. Depois que as potências vitoriosas retalharam a Turquia, ele se tornou presidente com uma plataforma de resistir aos termos impostos pelos Aliados, mas ao mesmo tempo modernizando o país e tornando-o parte da Europa. Foram adotados códigos legais ocidentais e o calendário gregoriano, e as instituições públicas islâmicas foram banidas. O uso do fez foi proibido, o alfabeto latino substituiu a escrita árabe, e Kemal até concedeu direito de voto às mulheres (dois anos antes da Espanha e quinze anos antes da França). Em 1934, quando os turcos adotaram sobrenomes juridicamente vinculativos, Kemal recebeu o nome de "Atatürk" – "Pai dos Turcos". Ele morreu em 1938, mas os líderes turcos subsequentes continuaram trabalhando no sentido de levar a Turquia para o aprisco da Europa ocidental; os que não o fizeram se viram do lado errado de golpes de Estado dados por Forças Armadas determinadas a completar o legado de Atatürk.

No fim dos anos 1980, porém, a persistente rejeição pela Europa e a obstinada recusa de muitos turcos comuns a se tornarem menos religiosos resultaram numa geração de políticos que começaram a pensar no impensável – que talvez a Turquia precisasse de um plano B. O presidente Turgut Özal, um homem religioso, assumiu o cargo em 1989 e iniciou a mudança. Ele estimulou os turcos novamente a ver a Turquia como um grande istmo entre Europa, Ásia e Oriente Médio, um país que poderia voltar a ser uma grande potência nas três regiões. O atual presidente, Recep Tayyib Erdogan, tem ambições semelhantes, talvez até maiores, mas enfrentou obstáculos semelhantes para realizá-las. Estes são em parte geográficos.

Politicamente, os países árabes continuam desconfiados de que Erdogan esteja querendo recriar o Império Otomano economicamente e resistem a estabelecer ligações estreitas com ele. Os iranianos veem a Turquia como seu mais poderoso rival militar e econômico em seu próprio quintal. As relações, jamais calorosas, esfriaram em decorrência de os países estarem em lados opostos no apoio a facções envolvidas na guerra civil síria. O forte apoio da Turquia ao governo da Irmandade Muçulmana no Egito foi uma política que se revelou contraproducente quando as Forças Armadas egípcias levaram a cabo seu segundo golpe e tomaram o poder. Agora as relações entre o Cairo e Ancara são gélidas.

Piores ainda são as relações entre Ancara e Moscou. Os turcos e os russos se desentenderam por quinhentos anos, mas no século passado aprenderam em geral a conviver bem, sem muito atrito. A guerra civil síria mudou isso, com a Rússia apoiando o presidente Assad e a Turquia se empenhando muito para ajudar a derrubar o regime instituído por ele e substituí-lo por um governo muçulmano sunita. As coisas chegaram a um ponto crítico no final de 2015, depois que os russos intervieram militarmente na Síria. A Turquia derrubou um avião de caça SU 24 russo, alegando que ele se extraviara, penetrando em seu espaço aéreo. Seguiu-se uma áspera guerra de palavras, houve até uma vaga ameaça de que isso se transformasse em duelo, mas ambos os lados se contentaram com críticas cáusticas e sanções econômicas. Essa briga feroz não tinha a ver com a Síria e o jato russo – tinha a ver com a disputa entre Turquia e Rússia por influência no mar Negro, no mar Cáspio e entre os povos turcomanos em países como o Turcomenistão. Ambos sabem que, se a Turquia continuar a crescer, buscará rivalizar com a Rússia nos "istões", e nenhum dos dois pretende recuar em questões de soberania e "honra".

A elite turca aprendeu que ganhar pontos com os islâmicos provocando brigas com Israel resulta na cooperação entre Israel, Chipre e Grécia para criar uma aliança energética trilateral a fim de explorar os campos de gás ao largo de seus respectivos litorais. A desconfiança do governo egípcio em relação à Turquia está aumentando o interesse do Cairo em ser um grande cliente para essa nova fonte de energia. Nesse meio-tempo, a Turquia, que poderia ter se beneficiado da energia israelense, continua dependente em grande parte de sua antiga adversária, a Rússia, para suprir suas necessidades de energia, ao mesmo tempo em que trabalha com os russos desenvolvendo novos dutos para levar energia aos países da União Europeia.

Os americanos, alarmados com a nova guerra fria entre Turquia e Israel, dois de seus aliados, trabalham para uni-los novamente. Os Estados Unidos querem uma relação melhor entre eles de modo a fortalecer a posição da Otan no Mediterrâneo oriental. Nos termos da Otan, a Turquia é um país-chave porque controla a entrada e a saída do mar Negro através da reduzida passagem do estreito de Bósforo. Se ela fechar o estreito, que tem menos de 1,6 quilômetro no ponto mais delgado, a Frota do Mar Negro da Rússia não poderá sair para o Mediterrâneo e depois para o Atlântico. E a passagem pelo Bósforo só leva ao mar de Mármara; ainda é preciso navegar através do estreito de Dardanelos para chegar ao mar Egeu a caminho do Mediterrâneo.

Dada a sua massa de terra, pouco se imagina a Turquia como uma potência marítima, mas o país confina com três mares, e seu controle dessas águas sempre fez dela uma força a ser levada em conta; é também uma ponte comercial e de transporte ligando a Europa ao Oriente Médio, ao Cáucaso e até aos países da Ásia Central, com os quais compartilha a história e, em algumas regiões, os laços étnicos.

A Turquia está determinada a ficar na encruzilhada da história, mesmo que o tráfego possa às vezes ser perigoso. A página do Ministério das Relações Exteriores turco na web enfatiza isso na seção "Sinopse da política externa": "A geografia afro-eurasiana, em cujo epicentro a Turquia se situa, é uma área onde tais oportunidades e riscos interagem da maneira mais intensa." Ela diz também: "A Turquia está determinada a se tornar um membro pleno da União Europeia como parte de seu esforço bicentenário para alcançar o mais elevado nível da civilização contemporânea."

Isso parece improvável a curto e médio prazos. Até alguns anos atrás, a Turquia era considerada o exemplo de como um país do Oriente Médio, além de Israel, podia adotar a democracia. Esse exemplo sofreu alguns graves golpes recentemente, com o atual problema curdo, as dificuldades enfrentadas por algumas das pequeninas comunidades cristãs e o apoio tácito a grupos islâmicos em sua luta contra o governo sírio. O golpe fracassado de 2016 abriu caminho para o governo de Erdogan reprimir toda oposição. Mais de 50 mil pessoas foram presas na sequência e cerca de 150 mil demitidas.

Os comentários do presidente Erdogan sobre judeus, raça e igualdade de gênero, em conjunto com a insidiosa islamização da Turquia, também fizeram soar alarmes. Entretanto, comparada com a maioria dos Estados árabes, a Turquia é muito mais desenvolvida e reconhecível como democracia. O presidente Erdogan pode estar desfazendo parte do trabalho de Atatürk, mas os netos do Pai dos Turcos vivem mais livremente que todos os demais no Oriente Médio árabe.

Sem experimentar abertura semelhante e sofrendo com o colonialismo, os Estados árabes não estavam prontos para transformar as insurreições árabes (a onda de protestos que começou em 2010) numa verdadeira Primavera Árabe. Em vez disso, eles azedaram em distúrbios perpétuos e guerra civil.

Primavera Árabe é um nome pouco apropriado, inventado pela mídia; ele obscurece nossa compreensão do que está acontecendo. Um número excessivo de repórteres se apressou a entrevistar os jovens liberais postados nas praças das cidades com cartazes escritos em inglês e os confundiu com a voz do povo e o rumo da história. Alguns jornalistas tinham feito o mesmo durante a "Revolução Verde", descrevendo os jovens estudantes do norte de Teerã como a "Juventude do Irã", ignorando assim os outros jovens iranianos que estavam ingressando na reacionária milícia Basij e na Guarda Revolucionária.

Em 1989, na Europa oriental, havia uma forma de totalitarismo, o comunismo. Na mente da maioria das pessoas, só havia uma direção em que avançar: rumo à democracia, que florescia do outro lado da Cortina de Ferro. Leste e Oeste compartilhavam uma lembrança histórica de períodos de democracia e florescimento da sociedade civil. O mundo árabe de 2011 não gozava de nada disso e estava voltado para muitas direções diferentes. Havia, e há, direções rumo à democracia, à democracia liberal (que difere da anterior), ao nacionalismo, ao culto do líder forte, e a direção para a qual muitas pessoas estavam voltadas desde o princípio: o islã, sob suas várias aparências, inclusive o islamismo.

No Oriente Médio o poder flui de fato do cano de uma arma de fogo. Alguns bons cidadãos de Misrata, na Líbia, podem querer desenvolver um partido democrático liberal, alguns podem até querer fazer campanha pelos direitos dos gays; mas sua escolha será limitada se o poder local *de facto* atirar em democratas e gays. O Iraque é um bom exemplo: uma democracia apenas no nome, longe de ser liberal, e um lugar em que as pessoas são rotineiramente assassinadas por serem homossexuais.

A segunda fase da insurreição árabe está bem encaminhada. Trata-se da luta interna complexa em sociedades nas quais crenças religiosas, costumes sociais, vínculos tribais e armas de fogo são atualmente forças muito mais poderosas que ideias "ocidentais" sobre igualdade, liberdade de expressão e sufrágio universal. Os países árabes são assolados por preconceitos, na verdade ódios, sobre os quais o ocidental médio sabe tão pouco que tende a não acreditar neles, mesmo que estejam expostos em letra de imprensa diante de seus olhos. Temos consciência de nossos próprios preconceitos, que são inúmeros, mas com frequência parecemos fazer vista grossa para os do Oriente Médio.

A rotineira expressão de ódio pelos outros é tão comum no mundo árabe que mal provoca comentários, a não ser da minoria liberal da região, muitas vezes educada no Ocidente, que tem acesso limitado à plataforma dos meios de comunicação de massa. Charges antissemitas que fazem eco ao jornal de propaganda nazista *Der Stürmer* são comuns. Semana sim, semana não, imames exagerados e ofensivos ganham espaço em programas de TV no horário nobre.

Apologistas ocidentais desse tipo de comportamento às vezes se veem paralisados pelo medo de ser descritos como um dos "orientalistas" de Edward Said. Eles traem seus valores liberais negando sua universalidade. Outros, em sua ingenuidade, dizem que esses incitamentos ao assassinato não são generalizados e devem ser vistos no contexto da língua árabe, que pode ser dada a voos de retórica. Isso é um sinal da falta de compreensão da "rua árabe", do papel da mídia árabe convencional, e uma recusa a compreender que, quando pessoas cheias de ódio dizem algo, isso é o que elas querem dizer.

Quando Hosni Mubarak foi tirado da Presidência do Egito, foi de fato o poder do povo que o derrubou, mas o mundo exterior deixou de ver que as Forças Armadas tinham passado anos à espera de uma oportunidade de se livrar dele e de seu filho Gamal, e que o teatro da rua forneceu o pretexto de que precisavam. Só quando a Irmandade Muçulmana convocou seus apoiadores houve pretexto suficiente. Havia somente três instituições no Egito: o Partido Democrático Nacional, de Mubarak, as Forças Armadas e a Irmandade. As duas últimas destruíram a primeira, em seguida a Irmandade ganhou uma eleição, começou a transformar o Egito num Estado islâmico e pagou o preço, sendo ela própria derrubada pelo verdadeiro poder da nação: as Forças Armadas.

Os islamitas continuam a ser o segundo poder, ainda que agora na clandestinidade. Quando os protestos anti-Mubarak estavam no auge, as concentrações públicas no Cairo atraíram várias centenas de milhares de pessoas. Depois da queda de Mubarak, quando o pregador radical da Irmandade Muçulmana Youssef al-Qaradawi retornou do exílio no Catar, pelo menos 1 milhão de pessoas saiu para recebê-lo, mas poucos na mídia ocidental chamaram isso de "a voz do povo". Os liberais nunca tiveram uma chance. Nem têm agora. Isso não ocorre porque as pessoas da região são radicais; ocorre porque, se você está faminto e amedrontado e lhe mandam optar entre pão e segurança ou o conceito de democracia, a escolha não é difícil.

Em sociedades empobrecidas, com poucas instituições responsáveis, o poder pertence a gangues disfarçadas de "milícias" e "partidos políticos".

Enquanto elas lutam pelo poder, por vezes aclamadas por simpatizantes ocidentais ingênuos, muitos inocentes morrem. Ao que parece, assim será na Líbia, na Síria, no Iêmen, no Iraque e possivelmente em outros países por muitos anos.

Os americanos estão ansiosos para reduzir seu investimento político e militar na região em decorrência de uma redução de suas necessidades de importar energia; se eles de fato se retirarem, a China, e em menor medida a Índia, poderá ter de se envolver em proporção igual à perda de interesse dos Estados Unidos. Os chineses já são atores importantes na Arábia Saudita, no Iraque e no Irã. Essa situação hipotética se dá num nível global e será determinada nas chancelarias das capitais das grandes potências. Localmente, o jogo será jogado com imaginação, vontade, esperanças e necessidades das pessoas; e com suas vidas.

Sykes-Picot está se rompendo; reconstituí-lo, mesmo que de uma forma diferente, será uma tarefa longa e sangrenta.

CAPÍTULO 7

ÍNDIA E PAQUISTÃO

"A Índia não é uma nação nem um país.
É um subcontinente de nacionalidades."
MUHAMMAD ALI JINNAH

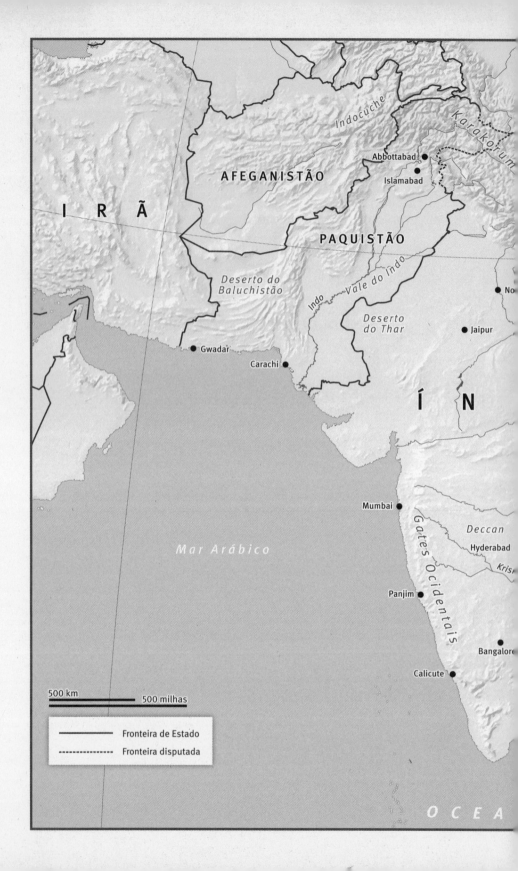

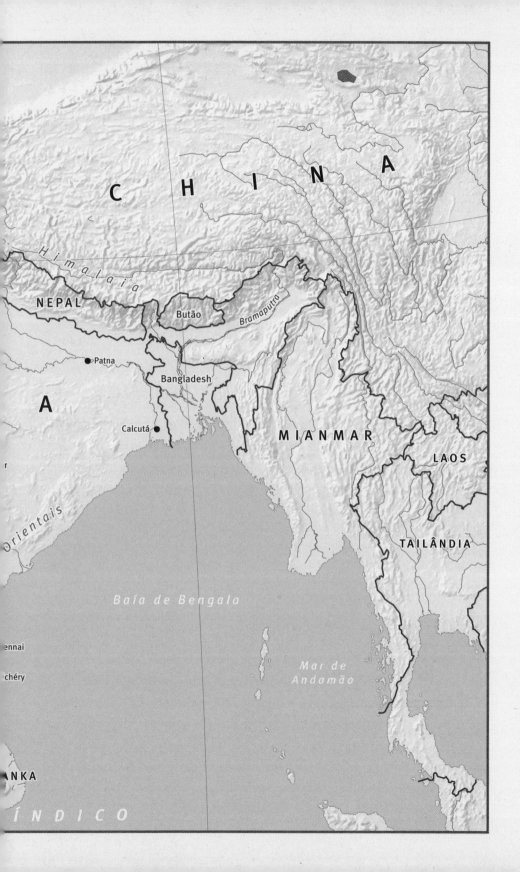

Índia e Paquistão podem concordar numa coisa: nenhum dos dois quer o outro por perto. Isso é um tanto problemático, já que compartilham uma fronteira de mais de 3 mil quilômetros. Os dois países estão realmente repletos de antagonismos e armas nucleares, por isso a maneira como administram essa relação indesejada é uma questão de vida ou morte numa escala de dezenas de milhões.

A Índia tem uma população de quase 1,3 bilhão de habitantes, enquanto o Paquistão tem 182 milhões. Empobrecido, instável e se estilhaçando, o Paquistão parece se definir por sua oposição à Índia, ao passo que a Índia, embora obcecada pelo Paquistão, se define de muitas formas, inclusive por ser uma potência mundial emergente, com uma economia em crescimento e uma classe média em expansão. Desse ponto de vista privilegiado, ela olha para o Paquistão e vê como o supera em quase todos os indicadores econômicos e democráticos.

Os dois países se enfrentaram em quatro grandes guerras e muitos conflitos. Os ânimos se mantêm exaltados. Ponderando sobre a observação, muito citada, de um oficial paquistanês de que o Paquistão faria a Índia sangrar por um milhar de cortes, um comentarista militar, o dr. Amarjit Singh, escreveu no final de 2014 na *Indian Defence Review*: "Seja o que for que os outros possam achar, minha opinião é de que é melhor para a Índia enfrentar um ataque nuclear árduo da parte do Paquistão e acabar com isso, mesmo que custe dezenas de milhões de mortes, do que sofrer a ignomínia e a dor, dia sim, dia não, de um milhar de cortes e da energia desperdiçada num potencial não realizado." Isso pode não refletir a política oficial do governo, mas é uma indicação da profundidade do sentimento que circula em muitos níveis nas duas sociedades. O Paquistão e a Índia modernos nasceram em meio ao fogo; da próxima vez o fogo pode matá-los.

Os dois estão presos um ao outro dentro da geografia do subcontinente indiano, que cria uma moldura natural. A baía de Bengala, o oceano Índico e o mar Arábico estão respectivamente a sudeste, sul e sudoeste, o Indocuche a noroeste e o Himalaia ao norte. Movendo-nos no sentido horário, o planalto do deserto de Baluchistão ascende incessantemente antes de se transformar nas montanhas da província da Fronteira Noroeste, que se elevam ainda mais para se tornar o Indocuche. Uma virada reta para leste se liga à cordilheira Karakorum, que depois leva ao Himalaia. Este se estende por toda a fronteira com a China até Mianmar. A partir dali, quando a Índia se curva em torno de Bangladesh, o terreno declina para o sul até a baía de Bengala.

O interior da moldura contém o que são a Índia, o Paquistão, Bangladesh, o Nepal e o Butão atuais. Os dois últimos são nações cercadas por terra, empobrecidas e dominadas por seus vizinhos gigantescos, China e Índia. O problema de Bangladesh não é falta de acesso ao mar, mas o fato de que o mar tem acesso demais a Bangladesh: inundações pelas águas da baía de Bengala afligem constantemente o território baixo. Seu outro problema geográfico é ser quase inteiramente cercado pela Índia, porque a fronteira de 4.095 quilômetros de extensão, validada em 1974, enrolou a Índia em volta de Bangladesh, deixando-lhe apenas uma curta fronteira com Mianmar como rota terrestre alternativa para o mundo exterior. Bangladesh é instável e abriga militantes islamitas que preocupam a Índia; mas nenhum dos três países menores dentro do subcontinente pode jamais chegar a ameaçar o seu senhor inconteste. O Paquistão tampouco seria considerado uma ameaça para a Índia se não tivesse dominado a tecnologia de desenvolvimento de armas nucleares nas décadas seguintes à divisão da região, em 1947.

A área dentro de nossa moldura, apesar de relativamente plana, sempre foi grande demais para ter um governo central forte. Mesmo os senhores coloniais britânicos, com sua famosa burocracia e o sistema ferroviário conector, permitiram a autonomia regional, e na verdade a utilizaram para jogar os líderes locais uns contra os outros. A diversidade linguística e cultural da Índia se deve parcialmente às diferenças de clima – por exemplo, o gélido norte do Himalaia em contraste com as florestas do sul –, mas decorre também dos rios e religiões do subcontinente.

Várias civilizações se desenvolveram ao longo desses rios, como o Ganges, o Bramaputra e o Indo. Até hoje os centros populacionais estão pontilhados ao longo de suas margens, e as regiões, tão diferentes umas das outras – por exemplo, o Punjab, com sua maioria sique, e os falantes de tâmil do Tamil Nadu –, se baseiam nessas divisões geográficas.

Diversas potências invadiram o subcontinente ao longo dos séculos, mas nenhuma jamais realmente o conquistou. Mesmo agora Nova Délhi não controla de fato a Índia; e, como veremos, ainda em maior medida, Islamabad não controla o Paquistão. Foram os muçulmanos que tiveram mais sucesso em unir o subcontinente sob uma liderança, mas mesmo o islã nunca superou as diferenças linguísticas, religiosas e culturais.

A primeira invasão muçulmana ocorreu já no século VIII, quando os árabes do califado Omíada chegaram até o Punjab, no que é agora o Paquistão. Desde então até o século XVIII, várias invasões estrangeiras levaram o islã para o subcontinente; entretanto, a leste do vale do rio Indo, a maioria da população hindu resistiu à conversão, lançando as sementes para a divisão final da Índia.

Os britânicos chegaram e partiram, e quando partiram o centro não se sustentou, as coisas caíram aos pedaços. Na verdade, não havia nenhum centro verdadeiro: a região sempre foi dividida pelas antigas disparidades de línguas do Punjab e do Gujarate, as montanhas e os desertos, o islã e o hinduísmo. Em 1947 as forças do nacionalismo pós-colonial e do separatismo religioso dividiram o país em dois e mais tarde em três grandes pedaços: Índia, Paquistão e Bangladesh. Os britânicos, esgotados por duas guerras mundiais e cientes de que os dias do império estavam chegando ao fim, não se cobriram de glória pela maneira como partiram.

Em 3 de junho de 1947 o anúncio foi feito na Câmara dos Comuns: os britânicos iriam se retirar – a Índia seria dividida nos dois domínios independentes da Índia e do Paquistão. Setenta e três dias depois, em 15 de agosto, os ingleses tinham praticamente partido.

Seguiu-se um extraordinário movimento de pessoas, quando milhões de muçulmanos fugiram das novas fronteiras da Índia rumo ao Paquistão, a oeste, enquanto milhões de hindus e siques iam no sentido contrário. Colunas de 30 mil pessoas transitavam pelas estradas à medida que comunidades inteiras se deslocavam. Trens abarrotados de refugiados entrecruzavam o subcontinente vomitando pessoas em cidades e fazendo a viagem de volta com aquelas que avançavam na outra direção.

Foi uma carnificina. Distúrbios eclodiram através de ambos os países quando muçulmanos, hindus, siques e outros se voltavam uns contra os outros cheios de pânico e medo. O governo britânico lavou as mãos e ignorou os apelos dos novos líderes indianos e paquistaneses para que as poucas tropas ainda no país ajudassem a manter a ordem. As estimativas do número de mortos variam, mas pelo menos 1 milhão de pessoas morreu e 15 milhões foram deslocadas. As áreas de maioria muçulmana no oeste – a região do vale do Indo, a oeste do deserto do Thar, e a bacia do rio Ganges – tornaram-se o Paquistão Ocidental, enquanto aquelas a leste de Calcutá (ou Kolkata) tornaram-se o Paquistão Oriental.

O que o Paquistão ganhou com isso? Muito menos que a Índia. Ele herdou a fronteira mais problemática da Índia, a Fronteira Noroeste com o Afeganistão, e era um Estado dividido em duas regiões não contíguas com muito pouco para mantê-lo unido, pois 1.600 quilômetros de território indiano separavam o Paquistão Ocidental do Paquistão Oriental. O Alasca e o resto dos Estados Unidos lidaram com o problema da distância não contígua sem dificuldade, mas eles são cultural, linguística e economicamente ligados e atuam num ambiente estável. A única conexão entre as duas partes do Paquistão era o islã. Eles nunca se uniram de fato, de modo que não foi nenhuma surpresa quando se despedaçaram; em 1971 o Paquistão Oriental se rebelou contra o domínio do Paquistão Ocidental, a Índia interveio e, após muito derramamento de sangue, o Paquistão Oriental se separou, tornando-se Bangladesh.

Entretanto, em 1947, 25 anos após o fim do Império Otomano, Muhammad Ali Jinnah e os outros líderes do novo Paquistão, em meio a muita fanfarra e promessas de um futuro luminoso, afirmaram ter criado uma pátria muçulmana unida.

O Paquistão é geográfica, econômica, demográfica e militarmente mais fraco que a Índia. Sua identidade nacional também não é tão forte. A Índia, apesar de seu tamanho, da diversidade cultural e dos movimentos de secessão, construiu uma democracia secular sólida, com um sentimento unificado de identidade indiana. O Paquistão é um Estado islâmico com uma história de ditadura e populações muitas vezes mais leais à sua região cultural que ao Estado.

A democracia secular serviu bem à Índia, mas a divisão de 1947 lhe deu uma vantagem. Dentro de suas novas fronteiras estava a vasta parte da indústria do subcontinente, a maior parcela da base de rendimento tributável e a maioria das grandes cidades. Por exemplo, Calcutá, com seu porto e o setor bancário, foi para a Índia, privando assim o Paquistão desse grande provedor de renda e conexão com o mundo exterior.

O Paquistão recebeu apenas 17% das reservas financeiras que tinham sido controladas pelo governo pré-divisão. Deixou-se para ele uma base agrícola, nenhum dinheiro para investir em desenvolvimento, uma fronteira ocidental instável e um Estado internamente dividido de múltiplas maneiras.

O nome Paquistão nos dá pistas sobre essas divisões: *pak* significa "puro" e *stan* significa "terra" em urdu, portanto ele é a terra dos puros, mas "Pakstan" também é um acrônimo. O P é de Punjab, A de Afgânia (a área pachto junto à fronteira afegã), K de Kashmir (Caxemira), S de Sindi e o T representa o "tan" (tão), como em Baluchistão.

A partir dessas cinco regiões distintas, cada uma com sua própria língua, se formou um Estado, mas não uma nação. O Paquistão faz grande esforço para desenvolver um sentimento de unidade, mas ainda é raro um punjabi se casar com um balúchi, ou um sindi com um pachto. Os punjabis constituem 60% da população, os sindis 14%, os pachtos 13,5% e os balúchis 4,5%. Tensões religiosas estão sempre presentes – não apenas no antagonismo às vezes demonstrado às minorias cristã e hindu do país, mas também entre a maioria de muçulmanos sunitas e a minoria de xiitas. No Paquistão há várias nações dentro de um só Estado.

A língua oficial é o urdu, a língua-mãe dos muçulmanos da Índia que fugiram em 1947, a maior parte dos quais se instalou no Punjab. Isso não conquista para essa língua a simpatia do resto do país. A região Sindi se impacienta há muito com o que percebe como dominação punjabi, e

Índia e Paquistão

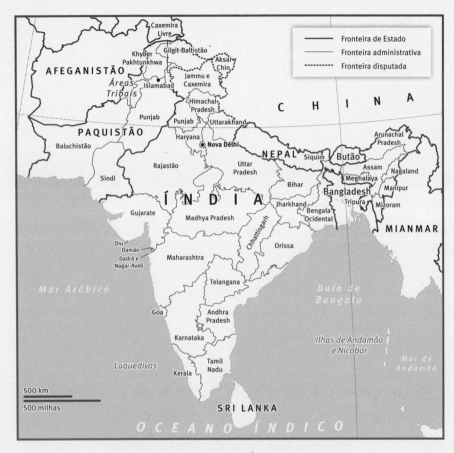

As regiões que compõem a Índia e o Paquistão.
Muitas têm suas identidades e línguas distintas.

muitos sindis se sentem tratados como cidadãos de segunda classe. Os patchos da Fronteira Noroeste nunca aceitaram o governo de forasteiros: partes da região da fronteira são chamadas de Áreas Tribais Federalmente Administradas, mas na realidade nunca foram administradas a partir de Islamabad. A Caxemira continua dividida entre o Paquistão e a Índia, e embora a maioria dos caxemirenses queira a independência, a única coisa sobre a qual a Índia e o Paquistão podem concordar é que eles não a podem ter. O Baluchistão também possui um movimento pela independência que periodicamente se rebela contra o Estado.

O Baluchistão é de importância crucial: embora tenha apenas uma pequena minoria da população paquistanesa, sem ele não há Paquistão. Compreende quase 45% do país e contém grande parte de seu gás natural e riqueza mineral. Há promessa de outra fonte de renda com as rotas terrestres propostas para levar petróleo iraniano e do mar Cáspio através do Paquistão para a China. A joia nessa coroa específica é a cidade litorânea de Gwadar. Muitos analistas acreditam que esse trunfo estratégico era o alvo de longo prazo da União Soviética quando invadiu o Afeganistão em 1979: Gwadar teria realizado o antigo sonho de Moscou com um porto de águas mornas. Os chineses também foram atraídos por essa joia e investiram bilhões de dólares na região. Um porto de águas profundas foi inaugurado em 2007, e os dois países trabalham agora para ligá-lo à China. A longo prazo, a China gostaria de usar o Paquistão como rota terrestre para suprir suas necessidades energéticas. Isso lhe permitiria contornar o estreito de Malaca, que, como vimos no capítulo sobre a China, é um ponto de estrangulamento que poderia sufocar o crescimento econômico chinês.

Na primavera de 2015, os dois países chegaram a um acordo de US$46 bilhões para construir uma supervia de estradas, ferrovias e dutos estendendo-se por quase 2.900 quilômetros de Gwadar até a região chinesa de Xinjiang. O Corredor Econômico China-Paquistão, como foi chamado, dará à China acesso direto ao oceano Índico e mais além. No final de 2015, a China também assinou o arrendamento por quarenta anos de uma área de terra de 9,3 quilômetros quadrados na área do porto para desenvolver uma enorme "zona econômica especial" e um aeroporto internacional, tudo como parte do Corredor Econômico China-Paquistão. Como ambos os lados sabem que é provável que o Baluchistão se torne instável, uma força de segurança de até 25 mil homens está sendo formada para proteger a zona.

O enorme investimento chinês na construção de uma rota terrestre como essa deixaria o Paquistão muito feliz, e essa é uma das razões por que o país sempre buscará esmagar qualquer movimento de secessão que surja na província. Entretanto, até que uma parte maior da riqueza que o Baluchistão gera seja devolvida a ele e usada para seu próprio desenvolvimento, a área está destinada a continuar inquieta e ocasionalmente violenta.

O islã, o críquete, os serviços de informação, as Forças Armadas e o medo da Índia são o que mantém o Paquistão unido. Nenhuma dessas coisas será suficiente para evitar que ele se desagregue se as forças do separatismo crescerem. Na realidade, o Paquistão viveu em estado de guerra civil por mais de uma década, após guerras periódicas e imprudentes com seu gigantesco vizinho, a Índia.

A primeira foi em 1947, pouco depois da divisão, e foi travada por causa da Caxemira, que em 1948 acabou sendo dividida ao longo da Linha de Controle (também conhecida como Muro de Berlim da Ásia); contudo, tanto a Índia quanto o Paquistão continuam a reivindicar soberania na área.

Quase vinte anos depois, o Paquistão avaliou mal o poderio das Forças Armadas indianas por causa de seu mau desempenho na guerra de 1962 entre a Índia e a China. Tensões entre os dois países haviam surgido em decorrência da invasão chinesa do Tibete, que por sua vez tinha levado a Índia a dar refúgio ao Dalai Lama. Durante esse breve conflito, as Forças Armadas chinesas mostraram sua superioridade e avançaram quase até o estado de Assam, perto da área central da Índia. As Forças Armadas do Paquistão observaram a ação com alegria e, em seguida, superestimando sua própria capacidade, entraram em guerra com a Índia em 1965 e perderam.

Em 1984 o Paquistão e a Índia se enfrentaram em escaramuças numa altitude de 6.705 metros, na geleira de Siachen, no que foi considerada a batalha em local mais elevado da história. Mais lutas rebentaram em 1985, 1987 e 1995. O Paquistão continuou a treinar militantes para se infiltrar através da Linha de Controle e mais uma batalha por causa da Caxemira eclodiu em 1999. Nessa altura ambos os países possuíam armas nucleares, e durante várias semanas a ameaça tácita de uma escalada para a guerra atômica pairou sobre o conflito antes que a diplomacia americana entrasse em cena e os dois lados fossem acalmados. Eles estiveram novamente perto de uma guerra em 2001, e tiroteios ainda irrompem esporadicamente ao longo da fronteira.

Em termos militares, Índia e Paquistão se lançam um contra o outro. Os dois lados dizem que sua postura é defensiva, mas nenhum deles acredita, e assim continuam a concentrar tropas na fronteira, presos um ao outro numa potencial dança da morte.

A relação entre Índia e Paquistão jamais será amistosa, mas, não fosse pelo espinho da Caxemira em ambos lados, ela poderia ser cordial. Tal como as coisas estão, a Índia fica satisfeita de ver o Paquistão dividido internamente e trabalhará para manter essa situação, enquanto o Paquistão buscará solapar a Índia, havendo pessoas dentro do Estado que chegam a defender ataques terroristas na Índia, como o massacre de Mumbai em 2008.

A questão da Caxemira em parte representa um orgulho nacional, mas é também estratégica. O pleno controle da Caxemira daria à Índia uma janela para a Ásia Central e uma fronteira com o Afeganistão. Iria também negar ao Paquistão uma fronteira com a China e reduzir a conveniência de uma relação entre chineses e paquistaneses. O governo paquistanês gosta de trombetear que sua amizade com a China é "mais alta que as montanhas e mais profunda que os oceanos". Isso não é verdade, mas é útil para deixar os americanos temerosos de privar o Paquistão da enorme ajuda financeira que ele recebe de Washington.

Se o Paquistão tivesse total controle da Caxemira, isso fortaleceria as opções de política externa de Islamabad e negaria oportunidades à Índia. Ajudaria também a segurança hídrica do Paquistão. O rio Indo nasce no Tibete himalaico, mas passa através da parte da Caxemira controlada pela Índia antes de entrar no Paquistão e depois correr por toda a extensão do país e desaguar no mar Arábico, em Karachi.

O Indo e seus tributários fornecem água para dois terços do país: sem ele a indústria do algodão e muitos outros pilares da precária economia paquistanesa entrariam em colapso. Por um tratado que foi honrado durante todas as suas guerras, a Índia e o Paquistão concordaram em compartilhar as águas; mas as populações dos dois países estão crescendo num ritmo alarmante, e o aquecimento global pode diminuir o fluxo de água. A anexação de toda a Caxemira garantiria o abastecimento do Paquistão. Diante do que está em jogo, nenhum dos lados cederá; e até que eles entrem em acordo com relação à Caxemira será impossível encontrar um meio de fazer cessar a hostilidade entre os dois. A Caxemira parece destinada a ser um lugar onde esporadicamente se desdobra uma guerra por procuração entre combatentes treinados pelo Paquistão e o Exército indiano – conflito que ameaça transbordar numa guerra em grande escala com o perigo inerente do uso de armas nucleares. Ambos os países continuarão a se enfrentar numa outra guerra por procuração – no Afeganistão –, especialmente agora, que a maior parte das forças da Otan se retirou.

O Paquistão é desprovido de "profundidade estratégica" – um lugar para onde recuar no caso de ser invadido pelo leste, a partir da Índia. A fronteira entre o Paquistão e a Índia inclui a área pantanosa no sul, o deserto do Thar e as montanhas do norte; todos são territórios cuja travessia por um exército é extremamente difícil. Isso pode ser feito, e ambos os lados têm planos de batalha para orientar suas lutas no local. O plano do Exército indiano envolve bloquear o porto de Karachi e seus depósitos de combustível por mar e terra, porém uma rota de invasão mais fácil fica entre o sul e o norte – no centro, no mais hospitaleiro Punjab, e no Punjab está a capital do Paquistão, Islamabad.

A distância da fronteira indiana a Islamabad é de menos de quatrocentos quilômetros, a maior parte em solo plano. No caso de um ataque convencional considerável, esmagador, o Exército indiano poderia estar na capital em poucos dias. O fato de eles não professarem nenhum desejo de fazer isso não é o que importa: do ponto de vista paquistanês, eles poderiam, e a possibilidade geográfica é suficiente para que o Paquistão precise de um plano A e um plano B para se opor ao risco.

O plano A é deter um avanço indiano no Punjab, possivelmente contra-atacar através da fronteira e interromper a rodovia indiana 1A, rota vital de suprimento para as Forças Armadas indianas. O Exército da Índia tem mais de 1 milhão de homens, duas vezes o tamanho das forças paquistanesas, mas, se não puder ser suprido, não terá como lutar. O plano B é recuar através da fronteira afegã, se for preciso, e isso requer um governo solidário em Cabul. Portanto, a geografia determinou que o Paquistão se envolvesse nos assuntos do Afeganistão, assim como a Índia.

Para se frustrarem um ao outro, cada lado procura moldar o governo do Afeganistão a seu gosto – ou, para dizer de outra maneira, cada lado quer que Cabul seja um inimigo de seu inimigo.

Quando os soviéticos invadiram o Afeganistão em 1979, a Índia deu apoio diplomático a Moscou, mas o Paquistão se apressou a ajudar os americanos e sauditas a se armar, treinar e pagar para os mujahidin lutarem contra o Exército Vermelho. Depois que os soviéticos foram derrotados, o serviço de informação do Paquistão, o ISI (sigla de Inter-Services Intelligence), ajudou a criar e depois a sustentar o Talibã afegão, que convenientemente controlou o país.

O Paquistão exercia uma influência natural sobre o Talibã afegão. A maior parte de seus membros é pachto, a mesma etnia que a maioria dos paquistaneses da Fronteira Noroeste (agora conhecida como Khyber Pakhtunkhwa). Eles nunca pensaram em si mesmos como dois povos diferentes e consideram a fronteira entre eles uma invenção ocidental, o que de certo modo ela é.

A fronteira afegã-paquistanesa é conhecida como Linha Durand. Sir Mortimer Durand, secretário das Relações Exteriores do governo colonial da Índia, traçou-a em 1893, e depois o governante do Afeganistão concordou com ela. Entretanto, em 1949 o governo afegão "anulou" o acordo, considerando-o uma relíquia artificiosa da era colonial. Desde então o Paquistão tenta convencer o Afeganistão a mudar de ideia, o Afeganistão se recusa, e os pachtos de cada lado das montanhas tentam seguir em frente, como fizeram durante séculos, ignorando a fronteira e mantendo suas antigas conexões.

Central para essa área, por vezes chamada de Pachtunistão, é a cidade paquistanesa de Peshawar, uma espécie de complexo militar-industrial urbano dos talibãs. Fuzis AK-47 piratas, tecnologia de fabricação de bombas e combatentes emanam da cidade, e apoio de seções do Estado para aí fluem.

Ela é também uma escala para agentes do ISI a caminho do Afeganistão, com recursos e instruções para os grupos talibãs do outro lado da fronteira. O Paquistão está militarmente envolvido no Afeganistão há décadas, mas ele se excedeu, e o tigre no qual estava montado o mordeu.

Em 2001 o Talibã, criado no Paquistão, vinha abrigando os combatentes estrangeiros da Al-Qaeda havia vários anos. Então, em 11 de setembro, a organização atacou os Estados Unidos em seu solo pátrio numa operação montada no Afeganistão. Em resposta, o poderio militar dos Estados

Índia e Paquistão

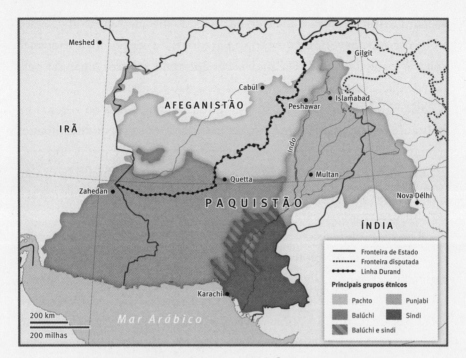

Os principais grupos étnicos na área afegã-paquistanesa não se encaixaram na fronteira que foi imposta em 1893 pela Linha Durand; muitos desses grupos continuam a se identificar mais com suas tribos fora das fronteiras que com o resto da nação.

Unidos expulsou o Talibã e a Al-Quaeda da cidade. Forças anti-Talibã da Aliança do Norte afegã desceram para controlar o país, seguida por uma força de estabilização da Otan.

Do outro lado da fronteira, no dia seguinte ao 11 de Setembro, os americanos começaram a esbravejar diplomaticamente com os paquistaneses exigindo sua participação na "Guerra contra o Terror" e o fim de seu apoio ao terrorismo. O então secretário de Estado Colin Powell havia telefonado para o presidente Pervez Musharraf e exigido que ele saísse de uma reunião para atender ao chamado, em que lhe disse: "Ou você está conosco ou está contra nós."

Isso nunca foi confirmado pelos americanos, mas Musharraf disse que o telefonema foi acompanhado de uma ligação do representante de Powell,

Richard Armitage, para o chefe do ISI, dizendo-lhe que, "se escolhêssemos os terroristas, deveríamos estar preparados para ser bombardeados até voltar à Idade da Pedra". O Paquistão cooperou, e foi isso. A não ser pelo fato de que... não cooperou plenamente, e não foi isso.

Islamabad foi obrigada a agir, e agiu; mas nem todos no sistema paquistanês estavam de acordo. O governo baniu vários grupos de militantes e tentou refrear grupos religiosos que considerava extremistas. Em 2004 ele estava militarmente envolvido contra grupos na Fronteira Noroeste e aceitou em segredo a política americana de ataques com drones em seu território, ao mesmo tempo que os condenava publicamente.

Essas foram decisões políticas. As Forças Armadas paquistanesas e o ISI tiveram de se voltar contra os próprios líderes talibãs que tinham treinado e com os quais haviam feito amizade nos anos 1990. Os grupos talibãs reagiram com fúria, assumindo completo controle de várias regiões nas áreas tribais. Musharraf foi alvo de três tentativas de assassinato fracassadas, Benazir Bhutto, destinada a ser sua sucessora, foi morta, e em meio ao caos de bombardeios e ofensivas militares nada menos de 50 mil paquistaneses civis foram mortos.

A operação dos Estados Unidos/Otan no Afeganistão e as medidas paquistanesas do outro lado da fronteira tinham ajudado a dispersar os árabes, chechenos e outros combatentes estrangeiros da Al-Qaeda para os quatro cantos da Terra, onde sua liderança foi caçada e morta; mas os talibãs não tinham para onde ir – eles eram afegãos e paquistaneses – e, como disseram a esses novos invasores estrangeiros tecnologicamente avançados vindos dos Estados Unidos e da Europa, "Vocês podem ter os relógios... mas nós temos o tempo". Eles iriam esperar que os estrangeiros desaparecessem, não importa o que fosse jogado sobre eles, e nisso seriam auxiliados por elementos no Paquistão.

Em cerca de dois anos ficou claro: os talibãs não tinham sido derrotados, haviam desaparecido no lugar de onde vinham, entre os pachtos, e agora emergiam de novo em momentos e lugares de sua escolha.

Os americanos inventaram uma estratégia de "martelo e bigorna". Eles iriam martelar o Talibã afegão contra a bigorna da operação paquistanesa do outro lado da fronteira. Em vez disso, a "bigorna" nas áreas tribais se revelou uma esponja que absorvia tudo que fosse jogado nela, inclusive qualquer talibã afegão fugindo do martelo americano.

Em 2006 os britânicos decidiram que iriam estabilizar a província de Helmand, no sul, onde a jurisdição do governo afegão não se estendia muito além da capital provincial, Lashkar Gah. Esse era o centro do território pachto afegão. Os britânicos entraram com boas intenções, eles conheciam a história local, mas ao que parece simplesmente a ignoraram – pois o que fizeram continua a ser um mistério. O secretário de Defesa britânico na época, John Reid, é erroneamente citado e criticado por ter dito naquele verão que "esperava que nem um único tiro fosse disparado com raiva". Na realidade ele disse: "Estamos no sul para proteger o povo afegão e ajudá-lo a reconstruir sua economia e sua democracia. Ficaríamos perfeitamente felizes partindo dentro de três anos sem disparar um só tiro."

Essa pode ter sido uma excelente inspiração, mas em algum momento foi viável? Naquele verão, tive o seguinte diálogo com o secretário de Defesa após uma exposição sua no Ministério das Relações Exteriores em Londres:

– Não se preocupe, Tim. Não estamos atrás dos talibãs, estamos lá para proteger as pessoas.

– Não se preocupe, secretário de Estado, os talibãs irão atrás de vocês.

Foi um diálogo amistoso, travado antes que mais de 450 soldados britânicos fossem mortos, mas até hoje não sei se o governo britânico estava aplacando a opinião pública antes da mobilização de tropas, ao mesmo tempo que previa, nos bastidores, ter muitas dificuldades, ou se estava sendo inexplicavelmente ingênuo em relação ao que vinha pela frente.

Assim o Talibã sangrou os britânicos, sangrou os americanos, sangrou a Otan, esperou a Otan se retirar, e depois de treze anos ela foi embora.

Durante todo esse período, membros dos níveis mais elevados do establishment do Paquistão jogavam um jogo duplo. Os Estados Unidos podiam ter sua estratégia, mas o Paquistão sabia o que os talibãs sabiam: que um dia os americanos iriam embora; e que, quando eles partissem, a política externa paquistanesa continuaria a precisar de um governo afegão simpático ao Paquistão. Facções dentro das Forças Armadas e do governo paquistanês tinham continuado a ajudar os talibãs, apostando que depois da retirada da Otan pelo menos a metade sul do Afeganistão voltaria ao domínio dos talibãs, assegurando assim que Cabul precisasse conversar com Islamabad.

A perfídia do Paquistão foi exposta quando os americanos finalmente encontraram o líder da Al-Quaeda, Osama bin Laden, escondido nas barbas do governo em Abbottabad, cidade que abriga uma guarnição militar. Naquela altura, a falta de confiança dos americanos em seus "aliados" paquistaneses era tamanha que eles deixaram de informar Islamabad de antemão sobre a equipe das Forças Especiais que voou até o local para matar Bin Laden. A operação foi uma violação de soberania que humilhou as Forças Armadas e o governo do Paquistão, assim como o argumento usado: "Se vocês não sabiam que ele estava lá, foram incompetentes; se sabiam, foram cúmplices."

O governo paquistanês sempre negara estar jogando o jogo duplo que resultou na morte de grande número de afegãos e paquistaneses, bem como de um número relativamente pequeno de americanos. Depois da missão de Abbottabad, Islamabad continuou negando, mas agora menos gente acreditava. Se elementos do establishment paquistanês estavam dispostos a auxiliar o homem mais procurado pelos Estados Unidos, ainda que àquela altura ele tivesse valor limitado para os americanos, era óbvio que iriam apoiar grupos que promoviam suas ambições de influenciar os acontecimentos no Afeganistão. O problema era que esses grupos agora tinham seus homólogos no Paquistão, e eles queriam influenciar os acontecimentos ali. O feitiço virou conta o feiticeiro.

O Talibã paquistanês é um fruto natural da versão afegã. Ambos são predominantemente pachtos, e nenhum dos dois aceitará o domínio de qualquer poder que não seja dos pachtos, seja ele o Exército britânico do século XIX ou o Exército paquistanês dominado pelos punjabis do século XXI.

Isso sempre foi compreendido e aceito por Islamabad. O governo paquistanês fingia governar todo o país e os pachtos da Fronteira Noroeste fingiam ser leais ao Estado paquistanês. Essa relação funcionou até 11 de setembro de 2001.

A partir de então, os anos foram excepcionalmente difíceis para o Paquistão. O número de mortos civis é enorme e o investimento estrangeiro minguou, tornando a vida comum ainda mais dura. O Exército, obrigado a enfrentar o que era um aliado *de facto*, perdeu até 5 mil homens, e a guerra civil comprometeu a frágil unidade do Estado.

As coisas ficaram tão ruins que as Forças Armadas e o governo paquistanês acabaram tendo de fornecer às Forças Armadas dos Estados Unidos informação e coordenadas que lhes permitiram realizar ataques com drones contra alvos talibãs paquistaneses na Fronteira Noroeste. Ao mesmo tempo, quando os ataques se tornaram evidentes, Islamabad teve de fingir condená-los e descrevê-los como uma violação da soberania paquistanesa, em decorrência das centenas de mortes de civis atribuídas a erros dos Estados Unidos.

Os drones eram acionados de uma base no Afeganistão, mas julga-se que alguns foram lançados de uma base secreta dentro do Paquistão. De onde quer que viessem, eram muitos. Os ataques com drones no Afeganistão e no Paquistão aumentaram enormemente durante o governo de Barak Obama, em relação aos números disparados durante o mandato de George Bush.

Na primavera de 2015 as coisas tinham ficado ainda mais difíceis. A Otan saíra do Afeganistão e os americanos tinham anunciado o fim das missões de combate, deixando apenas uma força residual para trás. Oficialmente esta deve realizar operações das Forças Especiais e missões de treinamento; não oficialmente, deve tentar assegurar que Cabul não seja tomada pelo Talibã. Sem a Otan atormentando o Talibã do lado afegão da fronteira, a tarefa do Paquistão de derrotar o Talibã paquistanês tornou-se ainda mais difícil. Washington continua a pressionar Islamabad, e isso pode dar lugar a várias situações possíveis:

- O peso total das Forças Armadas paquistanesas cai sobre a Fronteira Noroeste e derrota o Talibã.
- A campanha talibã continua a apressar a desintegração do Paquistão até que ele se torne um Estado falido.
- Os americanos perdem o interesse na área, a pressão sobre Islamabad abranda e o governo chega a um acordo com o Talibã. A situação volta ao normal, com a Fronteira Noroeste deixada em paz, mas o Paquistão continua a promover seu plano no Afeganistão.

Dessas situações hipotéticas, a menos provável é a primeira. Nenhuma força estrangeira jamais derrotou as tribos da Fronteira Noroeste, e um Exército paquistanês formado por punjabis, sindis, balúchis e caxemirenses (e alguns pachtos) é considerado força estrangeira uma vez que penetre nas áreas tribais.

A segunda situação é possível, mas, depois que o establishment paquistanês permaneceu surdo a anos de alerta, o massacre de 132 estudantes em Peshawar pelo Talibã, em 2014, parece tê-lo sacudido o suficiente para fazê-lo compreender que o movimento que ajudou a criar pode agora destruí-lo.

Isso torna a terceira situação mais provável. Os americanos têm interesse limitado pelo Afeganistão, contanto que o Talibã, sem muitos tumultos, prometa não abrigar um grupo jihadista internacional de novo. Os paquistaneses manterão vínculos suficientes com os talibãs afegãos para assegurar que o governo em Cabul dará ouvidos a Islamabad e não se aproximará da Índia, e depois que a pressão cessar eles podem fazer um acordo com o Talibã paquistanês.

Nada disso teria sido necessário se o Talibã afegão, em parte criado pelo ISI paquistanês, não tivesse sido estúpido o bastante para acolher os árabes da Al-Qaeda de Bin Laden e, depois do 11 de Setembro, não tivesse recorrido à cultura pachto de honrar os hóspedes, recusando-se assim a entregá-los quando os americanos chegaram. Assim, após uma década e meia de luta, a situação continua tão ruim que o governo dos Estados Unidos teve de revogar seu plano e manter milhares de soldados além do que pretendia no Afeganistão. Apesar de quererem sair do país, os americanos não podem abandoná-lo completamente. O Talibã não só iria dominar uma parte do Afeganistão ainda maior do que aquela que já controla, como agora o Estado Islâmico está ganhando um ponto de apoio ali. No caso de a capital cair, os Estados Unidos não poderiam mais fingir que as vidas e o dinheiro que despenderam foi um preço que valeu a pena pagar. O potencial dessa enorme derrota propagandística é que os mantém envolvidos em sua mais longa guerra, e a razão pela qual o governo Trump se esforçou para criar uma política coerente com isso ao tomar posse.

Quanto à Índia, ela pode fazer várias coisas ao mesmo tempo – de fato, deve fazê-las, uma vez que tem mais em que pensar além do Paquistão, ainda que ele seja a prioridade número um da política externa para Nova Délhi. Ter um Estado hostil com armas nucleares na porta ao lado não pode deixar de preocupar, mas a Índia tem que se concentrar também em administrar 1,3 bilhão de pessoas, ao mesmo tempo em que emerge como um poderio mundial potencial.

A relação da Índia com a China dominaria sua política externa, não fosse por uma coisa: o Himalaia. Sem a cadeia de montanhas mais alta do mundo entre elas, o que é uma relação morna provavelmente se tornaria gélida. Uma olhada no mapa mostra dois imensos países bem juntos, mas um exame mais atento revela que estão isolados um do outro ao longo do que o *World Factbook* da CIA arrola como 2.658 quilômetros de fronteira.

Há questões que causam atrito, entre as quais se destaca o Tibete, a região mais elevada da Terra. Como vimos antes, a China queria o Tibete, tanto para evitar que a Índia o tivesse quanto para – o que é quase igualmente ruim do ponto de vista de Pequim – evitar que um Tibete independente permita à Índia instalar forças militares no local, dando-lhes assim as alturas dominantes.

A resposta da Índia à anexação do Tibete pela China foi dar asilo ao Dalai Lama e ao movimento tibetano pela independência em Dharamshala, no estado de Himachal Pradesh. Essa é uma apólice de seguro a longo prazo, paga pela Índia mas sem a expectativa de que algum dia venha a ser liquidada. Tal como as coisas estão, a independência tibetana parece impossível; mas caso o impossível viesse a ocorrer, mesmo que dentro de muitas décadas, a Índia teria condições de lembrar ao governo tibetano quem foram seus amigos durante os anos de exílio.

Os chineses compreendem que essa situação é extremamente improvável, mas continuam irritados por causa de Dharamshala. Sua resposta pode ser vista no Nepal, onde Pequim assegura sua influência sobre o movimento maoista local.

A Índia não quer ver um Nepal dominado pelo maoismo controlado em última instância pela China, mas sabe que o dinheiro e o comércio de

Pequim estão comprando influência ali. A China pode se importar pouco com o maoismo hoje, mas se importa o suficiente com o Tibete para indicar à Índia que também consegue arcar com pagamentos de uma apólice de seguro a longo prazo. Qualquer "interferência" no Tibete talvez seja respondida com "interferência" no Nepal. Quanto mais a Índia tem de se concentrar nos Estados menores em sua vizinhança, menos ela consegue se concentrar na China.

Em meados de 2017 os dois países se concentravam no Estado menor do Butão, com o qual ambos têm fronteira, levando a uma pequena confrontação no planalto butanês de Doklam. A China reivindica parte da área e começou a construir uma rodovia no lugar, mas logo apareceram soldados indianos para bloqueá-la. Caso a China viesse a controlar a área de três fronteiras, dominaria posições militares indianas, contudo o mais importante é que isso permitiria à China levar blindados pesados para mais perto da Índia, em particular o Corredor de Siliguri: uma estreita faixa de terra que conecta os estados do nordeste da Índia com o resto do país e que poderia ser facilmente cortado.

Outra questão relacionada entre os dois gigantes é o estado indiano de Arunachal Pradesh, no nordeste, que a China reivindica como "Tibete do Sul". À medida que a confiança da China cresce, cresce também o tamanho do território que ela declara chinês. Até recentemente, a China só reivindicava a área de Tawang, no extremo oeste do estado. Entretanto, no início dos anos 2000 Pequim decidiu que todo o Arunachal Pradesh era chinês, o que foi uma novidade para os indianos, que exercem soberania sobre a área desde 1955.

A reivindicação chinesa é em parte geográfica e em parte psicológica. O Arunachal Pradesh faz fronteira com China, Butão e Mianmar, o que o torna estrategicamente útil, mas a questão é também valiosa para a China como lembrete para o Tibete de que a independência é algo impossível.

Essa é uma mensagem que a Índia também tem de enviar periodicamente para várias de suas regiões. Há numerosos movimentos separatistas, alguns mais ativos que outros, alguns latentes, mas nenhum que pareça ter probabilidade de alcançar seus objetivos. Por exemplo, o movimento para a criação de um Estado para os siques a partir do Punjab indiano e paquistanês está tranquilo no momento, mas pode voltar a se inflamar. O estado de Assam tem vários movimentos concorrentes, inclusive o das pessoas que falam bodo, que querem um Estado só para si, e os United Liberation Tigers of Assam, que querem um país separado para os muçulmanos dentro de Assam.

Há até o movimento para criar um Estado cristão em Nagaland, onde 75% da população é batista; contudo, a perspectiva de que o Conselho Nacional de Nagaland alcance seus objetivos é tão remota quanto a terra que ele visa controlar, e isso parece verdade acerca de todos os movimentos separatistas.

Apesar desses e de outros grupos buscando a independência, uma população sique de 21 milhões de habitantes e uma minoria muçulmana de talvez 170 milhões, a Índia conserva um forte sentimento de identidade e unidade dentro da diversidade. Isso ajudará à medida que ela continuar emergindo no palco mundial.

O mundo se maravilhou tanto com a assombrosa ascensão dos chineses ao poder que seu vizinho muitas vezes é subestimado, mas a Índia ainda poderá rivalizar com a China como potência econômica neste século. Ela é o sétimo maior país do mundo, com a segunda maior população. Tem fronteiras com seis países (sete, se incluirmos o Afeganistão). Tem 14.484 quilômetros de vias navegáveis internas, reservas de água confiáveis e enormes áreas de terra arável; é um grande produtor de carvão e tem úteis quantidades de petróleo e gás, ainda que vá sempre importar esses três produtos e a política de subsídios para os custos de combustíveis e aquecimento seja uma sangria em suas finanças.

Apesar das riquezas naturais, a Índia não rivalizou com o crescimento da China. Como ela está saindo agora para o mundo, os dois países podem colidir – não ao longo da fronteira terrestre, mas no mar.

Durante milhares de anos as regiões do que são agora a China e a Índia puderam se ignorar mutuamente por causa de seu terreno. A expansão para o território uma da outra através do Himalaia era impossível, e além disso cada qual tinha terra arável em quantidade mais que suficiente.

Agora, porém, o avanço da tecnologia significa que as duas precisam de vastas quantidades de energia; a geografia não lhes legou essas riquezas, e assim ambos os países foram forçados a expandir seus horizontes e se aventurar nos oceanos, e foi aí que se defrontaram.

Vinte e cinco anos atrás, a Índia lançou-se numa política de "olhar para o leste", parcialmente como uma obstrução ao que podia ver como a iminente ascensão da China. Ela "cuidou dos negócios" aumentando enormemente o comércio com os chineses (sobretudo as importações), ao mesmo tempo que forjava relações estratégicas no que a China considerava o seu quintal.

A Índia fortaleceu seus laços com Mianmar, as Filipinas e a Tailândia, mas, de maneira mais importante, está trabalhando com o Vietnã e o Japão para impedir a crescente dominação do mar da China meridional.

Nisso ela tem um novo aliado, ainda que o mantenha a uma distância segura: os Estados Unidos. Por décadas a Índia desconfiou que os americanos eram os novos britânicos, com um sotaque diferente e mais dinheiro. No século XXI uma Índia mais confiante, num mundo cada vez mais multipolar, encontrou motivo para cooperar com os Estados Unidos. Quando o presidente Obama assistiu à parada militar do Dia da República Indiana em 2015, Nova Délhi se esmerou em exibir seus reluzentes novos aviões de transporte militar Hercules C-130 e C-17 Globemaster fornecidos pelos Estados Unidos, bem como seus tanques fornecidos pela Rússia. As duas gigantescas democracias estão pouco a pouco se aproximando, como foi demonstrado pelo enorme abraço de urso que o primeiro-ministro Narendra Modi e o presidente Donald Trump trocaram em seu primeiro encontro.

A Índia tem uma Marinha moderna, grande e bem equipada que inclui um porta-aviões, mas não será capaz de competir com a enorme Marinha de Águas Azuis que a China está planejando. Em vez disso, a Índia se alinha a outras partes interessadas de modo que, juntas, possam ao menos acompanhar, se não dominar, a Marinha chinesa enquanto ela navega pelos mares da China, através do estreito de Malaca, para além da baía de Bengala e em torno da extremidade da Índia rumo ao mar Arábico, em direção ao porto amigável que os chineses construíram em Gwadar, no Paquistão.

Quando se fala da Índia, sempre se volta ao Paquistão, e do Paquistão, à Índia.

CAPÍTULO 8

COREIA E JAPÃO

"Comecei a compor um pequeno jogo de palavras sobre King Jong-il com 'Ó querido líder', mas ele morreu nos meus lábios."
CHRISTOPHER HITCHENS, *Love, Poverty and War: Journeys and Essays*

| Fronteira de Estado
---|---
| Fronteira disputada

Mar Amarelo

COREIA DO SUL

Jeju

Nagasaki

KYUSHU

SHIKOKU

Hiroshima

Tóquio

Ilhas Ryukyu

OCEANO PACÍFICO

250 km
250 milhas

Como você resolve um problema como a Coreia? Não resolve, apenas o administra – afinal, há muitas outras coisas no mundo exigindo atenção imediata.

Toda a região, da Malásia ao porto russo de Vladivostok, observa o problema Coreia do Norte/Coreia do Sul com ansiedade. Todos os vizinhos sabem que ele tem o potencial de explodir sobre eles, arrastando outros países e prejudicando suas economias. Os chineses não querem lutar em prol da Coreia do Norte, mas tampouco querem uma Coreia unida abrigando bases americanas perto de sua fronteira. Os americanos não desejam realmente lutar pelos sul-coreanos, mas tampouco podem bancar a impressão de estarem abandonando um amigo. Os japoneses, com sua longa história de envolvimento na península coreana, parecem pisar de leve, sabendo que qualquer coisa que aconteça provavelmente irá envolvê-los.

A solução é transigir, mas há pouca disposição para isso na Coreia do Sul, e absolutamente nenhuma é exibida pela liderança do Norte. O caminho a seguir de maneira alguma é claro; a impressão que se tem é de que ele está sempre fora do alcance, logo além do horizonte.

Por vários anos os Estados Unidos e Cuba dançaram silenciosamente um em volta do outro, lançando insinuações de que gostariam de bailar sem brigar, o que levou à guinada no restabelecimento das relações diplomáticas em julho de 2015. Já a Coreia do Norte fulmina com os olhos qualquer potencial pretendente que queira convidá-la para a pista, e vez ou outra faz caretas.

A Coreia do Norte é um país afligido pela pobreza, com uma população estimada de 25 milhões de habitantes, dirigido por um maluco herdeiro de uma monarquia comunista falida, moralmente corrupta, e apoiado pela China, em parte por medo de que milhões de refugiados rumem em grandes contingentes para o norte através do rio Yalu. Os Estados Unidos, temendo que uma retirada militar pudesse enviar o sinal errado e incentivar a temeridade norte-coreana, continuam mantendo quase 30 mil soldados na Coreia do Sul, e esta, ambivalente quanto a pôr em risco sua prosperidade, continua a pouco fazer para promover a reunificação.

Todos os atores nesse drama da Ásia oriental sabem que se eles tentarem forçar uma resposta para a questão no momento errado correm o risco de tornar as coisas piores. Muito piores. Não é absurdo temer que a coisa acabasse com duas capitais em ruínas fumegantes, uma guerra civil, uma catástrofe humanitária, mísseis caindo em Tóquio e à sua volta e outro enfrentamento militar entre chineses e americanos numa península dividida, em que um dos lados tem armas nucleares. Se a Coreia do Norte implodir, ela pode facilmente também explodir, projetando instabilidade através das fronteiras na forma de guerra, terrorismo e/ou uma enorme quantidade de refugiados, e por isso os atores estão empacados. Assim, a solução é deixada para a próxima geração de líderes, e depois para a seguinte.

Se os líderes mundiais nem sequer falarem abertamente sobre se preparar para o dia em que a Coreia do Norte desmoronar, eles correm o risco de apressar esse dia; e como ninguém se preparou para ele, é melhor ficar quieto. Beco sem saída.

A Coreia do Norte continua a fazer o papel do fracote enlouquecido, poderoso – com bons resultados. Sua política externa consiste, essencialmente, em desconfiar de todos, exceto dos chineses, e mesmo Pequim não deve ser objeto de total confiança, apesar de fornecer 84,12% das importações da Coreia do Norte e comprar 84,48% de suas exportações, segundo números de 2014 do Observatory of Economic Complexity. A Coreia do Norte dedica grande esforço a jogar todos os estrangeiros uns contra os outros, inclusive os chineses, para impedir uma frente unida contra ela.

Para sua população cativa, ela se proclama um Estado forte, pródigo, magnificente, que resiste contra todas as probabilidades e contra os estrangeiros malignos, e se autodenomina República Popular Democrática da Coreia (RPDC). Tem uma filosofia política singular de *Juche* ("autossuficiência"), que mistura nacionalismo feroz com comunismo e independência.

Na realidade, é o Estado menos democrático do mundo: não é governado para o povo e não é uma República. É uma dinastia compartilhada por uma família e um partido. Atende também a todos os requisitos exigidos de uma ditadura: prisões arbitrárias, tortura, julgamentos encenados, campos de concentração, domínio do medo, corrupção e uma ladainha de horrores numa escala sem paralelo no século XXI. Imagens de satélite e depoimentos de testemunhas sugerem que pelo menos 150 mil prisioneiros políticos são mantidos em gigantescos campos de trabalho e "reeducação". A Coreia do Norte é uma mancha na consciência do mundo, e apesar disso poucos conhecem a plena escala dos horrores que ali têm lugar.

Novas histórias sobre membros expurgados da elite executados com um fuzil antiaéreo ou dados como alimento para uma matilha de cães famintos nunca foram confirmadas. Entretanto, verdadeiras ou não, há pouca dúvida sobre a batelada de horrores perpetrados pela ditadura contra o povo. O controle total pelo Estado resultou em surras, tortura, campos de concentração e assassinatos extrajudiciais.

O isolamento autoimposto do país é tamanho, assim como o controle quase total do Estado sobre o conhecimento, que não podemos senão conjecturar sobre o que as pessoas sentem em relação a seu país, sistema e líderes, e se apoiam o regime. Analisar o que está acontecendo politicamente, e por quê, é como olhar através de uma janela usando óculos escuros. Um ex-embaixador em Pyongyang disse-me uma vez: "É como se você estivesse de um lado do vidro, e tentando abri-lo à força, mas não há nada em que segurar para olhar lá dentro."

Segundo a história da fundação da Coreia, ela foi criada em 2333 a.C. por desígnio divino. O Senhor do Céu mandou seu filho Hwanung descer à Terra, onde ele baixou à montanha Baekdu e se casou com uma mulher que antes fora um urso, e o filho deles, Dangun, envolveu-se mais tarde num exemplo primitivo de construção da nação.

A mais antiga versão registrada dessa lenda de criação data do século XIII. Sob alguns aspectos, ela pode explicar por que um Estado comunista tem uma liderança transmitida através de uma família à qual se atribui status divino. Por exemplo, Kim Jong-il foi descrito pela máquina de propaganda de Pyongyang como "Querido Líder, uma perfeita encarnação da aparência que um líder deve ter", "Raio de Sol que nos Guia", "Estrela Brilhante da Montanha Baekdu", "Líder Mundial do século XXI" e "Grande Homem que desceu do céu", bem como "Peito Eterno de Amor Caloroso". Seu pai tinha títulos muito parecidos, e também seu filho tem.

Como a população em seu conjunto se sente em relação a essas afirmações? Mesmo os especialistas não podem senão conjecturar. Quando você vê filmagens da histeria coletiva de norte-coreanos pranteando Kim Jong-il, morto em 2011, é interessante notar que após as primeiras filas de pessoas soluçando, gritando, o nível de aflição parece diminuir. Será porque os que estão na frente sabem que a câmera os focaliza e, portanto, para sua segurança, devem fazer o que é exigido? Ou os fiéis ao Partido foram colocados na frente? Ou são eles pessoas comuns genuinamente enlutadas, uma ampliação norte-coreana do tipo de explosão emocional que vimos no Reino Unido após a morte da princesa Diana?

Ainda assim, a RPDC continua fazendo o número do "louco perigoso", do "fraco perigoso". É um truque, e suas raízes se situam, em parte, na localização e na história da Coreia, presa como está entre os gigantes China e Japão.

"O Reino do Ermitão" foi o nome que a Coreia ganhou no século XVIII, depois que tentou se isolar após ser durante anos um alvo para dominação, ocupação e pilhagem, ou às vezes simplesmente uma rota no caminho para algum outro lugar. Quando se vem do norte, depois de transposto o rio Yalu há poucas grandes linhas defensivas naturais em toda a distância até o mar, e para quem chega a partir do mar, vale o inverso. Os mongóis chegaram e partiram, bem como a dinastia Ming chinesa, os manchus e os japoneses, várias vezes. Assim, por algum tempo, o país preferiu não se envolver com o mundo exterior, cortando muitas de suas ligações comerciais na esperança de ser deixado em paz.

Não teve sucesso. No século XX os japoneses estavam de volta, anexando todo o país em 1910, e mais tarde começaram a destruir sua cultura.

A língua coreana foi proibida, e o culto em santuários xintoistas tornou-se obrigatório. As décadas de repressão deixaram um legado que até hoje afeta as relações entre o Japão e ambos os Estados coreanos.

A derrota japonesa em 1945 deixou a Coreia dividida ao longo do paralelo 38. Ao norte havia um regime comunista supervisionado primeiro pelos soviéticos e mais tarde pela China comunista, ao sul estava uma ditadura pró-americana chamada República da Coreia (RDC). Estava-se bem no início da era da Guerra Fria, quando cada palmo de terra era contestado, cada lado procurando estabelecer influência ou controle mundo afora, relutante em deixar o outro manter uma presença única.

A escolha do paralelo 38 como linha divisória foi desastrosa sob muitos aspectos e, segundo o historiador americano Don Oberdofer, arbitrária. Ele diz que Washington estava tão concentrado na rendição japonesa em 10 de agosto de 1945 que não tinha de fato nenhuma estratégia para a Coreia. Com tropas soviéticas em movimento no norte da península, e a Casa Branca convocando uma reunião de emergência que duraria a noite toda, dois oficiais subalternos, munidos apenas de um mapa da *National Geographic*, sugeriram o paralelo 38 como ponto onde os soviéticos deviam parar, sob a alegação de que aquele era o meio do país. Um desses oficiais era Dean Rusk, que em seguida seria secretário de Estado do presidente Harry Truman durante a Guerra da Coreia.

Nenhum coreano estava presente, nem qualquer especialista em Coreia. Se estivessem, poderiam ter dito ao presidente Truman e a seu então secretário de Estado, James Francis Byrnes, que aquela linha era a mesma acerca da qual russos e japoneses tinham debatido meio século antes para delimitar esferas de influência, após a Guerra Russo-Japonesa de 1904-05. Moscou, não sabendo que os americanos estavam fazendo política de maneira improvisada, poderia ser perdoado por pensar que aquele era o reconhecimento *de facto*, pelos Estados Unidos, da sugestão, e portanto a aceitação da partilha e da existência de um norte comunista. O acordo foi feito, a nação foi dividida e os dados foram lançados.

Os soviéticos retiraram suas tropas do norte em 1948 e os americanos fizeram o mesmo no sul em 1949. Em junho de 1950, as Forças Armadas norte-coreanas, encorajadas, subestimaram fatalmente a estratégia geopolítica dos Estados Unidos e cruzaram o paralelo 38, com a intenção de unificar a península sob um único governo comunista. Elas se precipitaram pelo país quase até a extremidade da costa sul, fazendo os alarmes soarem em Washington.

A liderança norte-coreana e os chineses que a apoiavam haviam deduzido corretamente que, num sentido estritamente militar, a Coreia não era vital para os Estados Unidos; mas o que deixaram de compreender foi que os americanos sabiam que, se não tomassem o partido de seu aliado sul-coreano, seus outros aliados no mundo todo perderiam a confiança neles. Se os aliados dos Estados Unidos, no auge da Guerra Fria, começassem a se garantir contra riscos em suas apostas ou a passar para o lado comunista, toda a estratégia global americana estaria em perigo. Há paralelos aqui com a política dos Estados Unidos na Ásia oriental e na Europa oriental modernas. Nações como a Polônia, os países bálticos, o Japão e as Filipinas precisam ter certeza de que os Estados Unidos estão prontos para defendê-las quando se trata de suas relações com a Rússia e a China.

Em setembro de 1950 os Estados Unidos, liderando uma força da ONU, irromperam na Coreia, empurrando as tropas nortistas para trás através do paralelo 38 e depois para cima quase até o rio Yalu e a fronteira com a China.

Agora era a vez de Pequim tomar uma decisão. Uma coisa era ter forças americanas na península, outra muito diferente era tê-las ao norte do paralelo – na realidade, ao norte das montanhas acima de Hamhung – e a impressionante proximidade da própria China. Tropas chinesas atravessaram o Yalu em grande contingente, e seguiram-se 36 meses de luta feroz, com enorme número de baixas de todos os lados antes que eles parassem pouco a pouco ao longo da fronteira atual e concordassem com uma trégua, mas não com um tratado. Ali estavam eles, empacados no paralelo 38, e empacados continuam.

A geografia da península é bastante simples e um lembrete de quanto a divisão entre Norte e Sul é artificial. A cisão real (*grosso modo*) é do oeste para leste. O oeste da península é muito mais plano que o leste, e é ali que a maior parte das pessoas vive. O leste tem a cadeia de montanhas Hamgyong no norte e cadeias mais baixas no sul. A Zona Desmilitarizada, que corta a península pelo meio, segue em partes o curso do rio Imjin, mas essa nunca foi uma barreira natural entre duas entidades, apenas um rio dentro de um espaço geográfico unificado invadido por estrangeiros com demasiada frequência.

As duas Coreias ainda estão tecnicamente em guerra, e, dadas a tensões facilmente exacerbáveis entre elas, um grande conflito nunca está a mais do que alguns disparos de artilharia de distância.

O Japão, os Estados Unidos e a Coreia do Sul se preocupam com as armas nucleares da Coreia do Norte, mas a Coreia do Sul em particular tem outra ameaça pairando sobre ela. A capacidade da Coreia do Norte de miniaturizar com sucesso sua tecnologia nuclear e criar ogivas que poderiam ser lançadas é incerta, mas ela sem dúvida é capaz, como já mostrou em 1950, de um ataque convencional antecipatório, de surpresa.

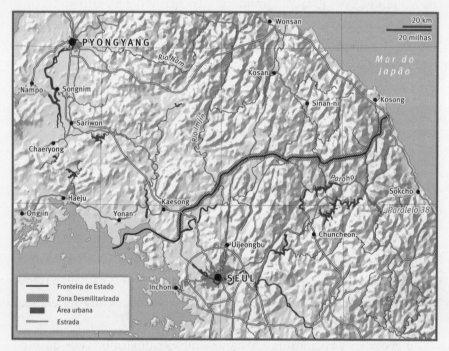

Uma grande preocupação para a Coreia do Sul é a proximidade entre Seul, as áreas urbanas circundantes e a fronteira com a Coreia do Norte. A posição da cidade a torna vulnerável a ataques-surpresa do vizinho, cuja capital fica muito mais afastada e parcialmente protegida pelo terreno montanhoso.

A capital da Coreia do Sul, a megacidade de Seul, situa-se a apenas 56 quilômetros do paralelo 38 e da Zona Desmilitarizada. Quase metade dos 50 milhões de habitantes da Coreia do Sul vive na região da Grande Seul, que abriga a maior parte de sua indústria e os centros financeiros, e está inteiramente ao alcance da artilharia norte-coreana. Nos morros acima da Zona Desmilitarizada de 238 quilômetros de comprimento, as Forças Armadas norte-coreanas têm estimadas 10 mil peças de artilharia. Elas estão bem entrincheiradas, algumas em bunkers e cavernas fortificadas. Nem todas poderiam atingir o centro de Seul, mas algumas, sim, e todas são capazes de alcançar a região da Grande Seul. Há pouca dúvida de que em dois ou três dias o poderio combinado dos sul-coreanos e da Força Aérea dos Estados Unidos conseguisse destruir muitas dessas peças, mas a essa altura Seul estaria em chamas. Imagine o efeito apenas de uma salva de projéteis de 10 mil armas de artilharia caindo em áreas urbanas e semiurbanas, depois multiplique isso por dezenas de vezes.

Dois especialistas em Coreia do Norte, Victor Cha e David Chang, escrevendo para a revista *Foreign Policy*, estimaram que as forças da RPDC poderiam disparar até 500 mil projéteis em direção à cidade na primeira hora de conflito. Esta parece uma estimativa muito elevada, mas mesmo que a dividamos por cinco os resultados ainda seriam devastadores. O governo sul-coreano se veria lutando uma grande guerra e tentando simultaneamente administrar o caos de milhões de pessoas em fuga para o sul, e ao mesmo tempo buscando reforçar a fronteira com tropas estacionadas abaixo da capital.

Os morros acima da Zona Desmilitarizada não são altos e há muito solo plano entre eles e Seul. Num ataque-surpresa, o Exército norte-coreano poderia avançar muito rapidamente, auxiliado por forças especiais entrando por túneis subterrâneos que os sul-coreanos acreditam já terem sido construídos. Julga-se que os planos de batalha da Coreia do Norte incluem submarinos desembarcando tropas de choque ao sul de Seul e a ativação de células adormecidas criadas entre a população do Sul. Estima-se que o Norte possua 100 mil homens que considera forças especiais.

O Norte também já provou que pode atingir Tóquio com mísseis balísticos disparando vários deles sobre o mar do Japão e na direção do Pacífico, rota que os põe diretamente sobre o território japonês. Suas Forças Armadas têm mais de 1 milhão de homens, um dos maiores exércitos do mundo. Mesmo que grande número deles não seja extremamente treinado, eles seriam úteis a Pyongyang como bucha de canhão enquanto ela procurasse ampliar o conflito.

Os americanos estariam lutando ao lado do Sul, as Forças Armadas chinesas estariam em alerta total e aproximando-se do Yalu e os russos e japoneses observariam nervosamente.

Essas situações hipotéticas são – no momento em que escrevo – o que tem impedido sucessivos presidentes americanos de adotar uma ação militar constante para paralisar o programa nuclear do Norte. Os lançamentos experimentais de mísseis balísticos realizados em 2017 pela Coreia do Norte, seu potencial para miniaturizar uma arma nuclear e seu trabalho incessante com submarinos significam que estamos nos aproximando do jogo final, no qual ou ela se torna uma potência nuclear plenamente desenvolvida, ou os americanos intervêm para impedi-la.

Não é do interesse de ninguém que haja outra grande guerra na Coreia, pois ambos os lados seriam devastados, mas isso não evitou guerras no passado. Em 1950, quando a Coreia do Norte cruzou o paralelo 38, ela não previra uma guerra de três anos com até 4 milhões de mortes, terminando num impasse. Um conflito de grande escala agora poderia ser ainda mais catastrófico. A economia da RDC é oitenta vezes mais forte que a da Coreia do Norte, sua população tem o dobro do tamanho, e as Forças Armadas sul-coreanas e dos Estados Unidos combinadas quase certamente acabariam esmagando o Norte, supondo que a China decidisse não participar novamente.

E daí? Houve pouco planejamento sério para semelhante eventualidade. Pensa-se que o Sul fez alguns modelos de computador sobre o que pode ser necessário, mas admite-se em geral que a situação seria caótica. Os problemas que seriam criados pela implosão ou explosão da Coreia se multiplicariam caso isso acontecesse em consequência de uma guerra.

Muitos países seriam afetados e teriam decisões a tomar. Mesmo que não quisesse intervir durante a luta, a China talvez decidisse cruzar a fronteira e defender o Norte para conservar a zona de proteção entre ela e as forças dos Estados Unidos. Poderia concluir que uma Coreia unificada, aliada aos Estados Unidos, que são aliados do Japão, seria uma ameaça potencial grande demais para se admitir.

Os Estados Unidos teriam de decidir até onde avançar além da Zona Desmilitarizada e se deveriam procurar controlar todos os locais da Coreia do Norte que contêm material nuclear e outras armas de destruição em massa. A China teria preocupações semelhantes, em especial porque algumas das instalações nucleares estão a apenas 56 quilômetros de sua fronteira.

Na frente política, o Japão deveria decidir se quer uma Coreia poderosa, unida, do outro lado do mar do Japão. Dadas as relações frágeis entre Tóquio e Seul, o Japão tem razões para se sentir apreensivo em relação a isso, mas como tem preocupações muito maiores com a China, é provável que acabasse do lado favorável à reunificação, ainda que provavelmente lhe pedissem para entrar com auxílio financeiro, dada sua longa ocupação da península no século passado. Além disso, ele sabe o que Seul sabe: a maior parte dos custos da reunificação serão arcados pela Coreia do Sul, e, perto deles, os da reunificação alemã vão parecer pequenos. A Alemanha Oriental podia ser muito mais atrasada que a Alemanha Ocidental, mas tinha uma história de desenvolvimento, uma base industrial e uma população instruída. Desenvolver a Coreia do Norte seria construir a partir do zero, e os custos refreariam a economia de uma península unida no espaço de uma década. Depois disso seria de esperar que os benefícios dos abundantes recursos naturais do norte, como carvão, zinco, cobre, ferro e metais de terras raras, e do programa de modernização começassem a surtir efeito, mas há sentimentos ambivalentes com relação a pôr em risco a prosperidade de uma das nações mais avançadas do mundo nesse ínterim.

Essas decisões são para o futuro. Por enquanto cada lado continua a se preparar para a guerra; como o Paquistão e a Índia, eles estão presos num mútuo abraço de medo e desconfiança.

A Coreia do Sul é agora um membro vibrante e integrado das nações do mundo, com uma política externa correspondente. Com mar aberto a oeste, leste e sul, e com poucos recursos naturais, ela cuidou de construir nas três últimas décadas uma Marinha moderna, capaz de sair para o mar do Japão e o mar da China oriental e salvaguardar os interesses da RDC. Como o Japão, ela depende de fontes estrangeiras para suprir suas necessidades de energia, e por isso se mantém muito atenta às rotas marítimas de toda a região. Despendeu tempo se precavendo contra possíveis danos, investindo capital diplomático em relações mais estreitas com a Rússia e a China, para grande irritação de Pyongyang.

Um erro de cálculo de qualquer dos lados poderia levar a uma guerra que, além de ter efeitos devastadores sobre a população da península, arruinaria as economias da região, com enormes efeitos colaterais sobre a economia americana. O que começou com os Estados Unidos defendendo sua posição na Guerra Fria contra a Rússia desenvolveu-se numa questão de importância estratégica para sua economia e a de vários outros países.

A Coreia do Sul ainda tem questões com Tóquio vinculadas à ocupação japonesa, e mesmo quando está em seus melhores termos, o que é raro, a relação é apenas cordial. No início de 2015, quando americanos, sul-coreanos e japoneses voltaram sua atenção para os detalhes de um acordo a fim de compartilhar informações militares colhidas por cada qual sobre a Coreia do Norte, Seul disse que transmitiria apenas uma quantidade limitada de informações secretas para Tóquio através de Washington. Não trataria diretamente com os japoneses.

Os dois países ainda têm uma disputa territorial relacionada ao que a Coreia do Sul chama de ilhas de Dokdo e os japoneses conhecem como ilhas de Takeshima. Atualmente os sul-coreanos controlam os afloramentos rochosos, que estão em boas zonas de pesca e onde pode haver reservas de gás. Apesar dessa pedra em seus sapatos, e as lembranças ainda frescas da ocupação, ambos têm motivos para cooperar e deixar seu passado conturbado para trás.

O Japão tem uma história muito diferente da coreana, e a razão para isso reside em parte em sua geografia.

Os japoneses são um povo insular, com a maioria de seus 127 milhões de habitantes vivendo nas quatro grandes ilhas que ficam em frente à Coreia e à Rússia, do outro lado do mar do Japão, e uma minoria habitando algumas das 6.848 ilhas menores. A maior das ilhas principais é Honshu, que inclui a maior megacidade do mundo, Tóquio, e seus 39 milhões de habitantes.

Em seu ponto mais próximo, o Japão está a 193 quilômetros da massa de terra eurasiana, uma das razões por que nunca foi invadido com sucesso. Os chineses estão a cerca de oitocentos quilômetros de distância, do outro lado do mar da China oriental; e embora haja território russo muito mais próximo, as forças russas em geral estão muito distantes por causa do clima extremamente inóspito e da população esparsa localizada do outro lado do mar de Okhotsk.

Nos anos 1300 os mongóis tentaram invadir o Japão após se espalhar rapidamente pela China, a Manchúria e descer pela Coreia. Na primeira ocasião eles foram rechaçados, e na segunda uma tempestade destruiu sua frota. Os mares no estreito coreano foram sacudidos pelo que os japoneses disseram ser um "Vento Divino", que chamaram de *kamikaze*.

Assim a ameaça a partir do oeste e do noroeste era limitada, e a sudeste e leste não havia nada senão o Pacífico. Esta última perspectiva é a razão pela qual os japoneses se autodenominaram *Nippon*, "Origem do Sol": olhando para o leste não havia nada entre eles e o horizonte, onde a cada manhã o sol se levanta. Afora invasões esporádicas da Coreia, eles continuaram à distância até que o mundo moderno chegou; e, depois de a princípio o repelirem, eles saíram ao seu encontro.

As opiniões sobre o momento em que as ilhas se tornaram o Japão diferem, mas há uma famosa carta enviada a partir do que conhecemos como Japão para o imperador da China em 617, em que um eminente nobre japonês escreve: "Aqui, eu, o imperador do país onde o sol se levanta, envio uma carta ao imperador do país onde o sol se põe. Goza de boa saúde?" A história registra que o imperador chinês não viu com bons olhos essa manifesta impertinência. Seu império era vasto, ao passo que as principais ilhas japonesas ainda estavam apenas frouxamente unidas, situação que não mudaria até aproximadamente o século XVI.

O território das ilhas japonesas compõe um país maior que as duas Coreias combinadas ou, em termos europeus, maior que a Alemanha. Contudo, três quartos da terra não são propícios à habitação humana, especialmente nas regiões montanhosas, e somente 13% são adequados ao cultivo intenso. Isso deixa os japoneses vivendo em estreita proximidade uns dos outros ao longo das planícies litorâneas e em áreas restritas no interior, onde alguns campos de arroz plantados em terraços nos morros podem vicejar. As montanhas do Japão significam que o país tem abundância de água, mas a falta de solo plano significa também que seus rios são impróprios para a navegação, portanto para o comércio, problema exacerbado pelo fato de que poucos dos rios confluem.

Assim os japoneses tornaram-se um povo marítimo, conectando-se e comerciando ao longo do litoral de sua miríade de ilhas, fazendo investidas rápidas na Coreia e, mais tarde, após séculos de isolamento, expandindo-se para dominar toda a região.

No início do século XX o Japão era uma potência industrial com a terceira maior Marinha do mundo, e em 1905 ele derrotou os russos numa guerra travada em terra e no mar. No entanto, a mesma geografia de nação insular que lhe permitira permanecer isolado agora não lhe dava outra escolha senão envolver-se com o mundo. O problema foi que ele escolheu envolver-se militarmente.

Tanto a Primeira Guerra Sino-Japonesa quanto a Guerra Russo-Japonesa tiveram por objetivo barrar a influência chinesa e russa na Coreia. O Japão considerava a Coreia "uma adaga apontada para o coração do Japão", nas palavras de seu conselheiro militar, major Klemens Meckel, prussiano. O controle da península retirava a ameaça, e o controle da Manchúria assegurava que a mão da China, e numa medida menor a da Rússia, não podia chegar perto do cabo da adaga. O carvão e o minério de ferro da Coreia também viriam a calhar.

O Japão tinha poucos dos recursos naturais necessários para se tornar uma nação industrializada. Possuía reservas de carvão limitadas e de baixa qualidade, muito pouco petróleo, escassas quantidades de gás natural, pequenas reservas de borracha e carecia de muitos metais. Isso é tão verdadeiro agora quanto era há cem anos, embora campos de petróleo offshore estejam sendo explorados juntamente com depósitos submarinos de metais preciosos. Ainda assim, ele continua a ser o maior importador de gás natural do mundo e o terceiro maior importador de petróleo.

Foi a sede desses produtos que levou o Japão a avançar de maneira devastadora pela China nos anos 1930 e depois pelo Sudeste Asiático no início dos anos 1940. Ele já tinha ocupado Taiwan em 1895 e deu seguimento anexando a Coreia em 1910. Ocupou a Manchúria em 1932, depois levou a cabo uma invasão em grande escala da China em 1937. À medida que cada peça do dominó caía, o império em expansão e a crescente população japonesa precisavam de mais carvão, mais metal, mais borracha e mais comida.

Com as potências europeias preocupadas com a guerra na Europa, o Japão invadiu em seguida a Indochina setentrional. Finalmente os americanos, que nessa altura estavam suprindo a maior parte das necessidades de petróleo do Japão, lhes deram um ultimato: retirada ou um embargo de petróleo. Os japoneses responderam com o ataque a Pearl Harbor e em seguida avançaram pelo Sudeste Asiático, tomando Mianmar, Cingapura e as Filipinas, entre outros territórios.

Essa foi uma expansão excessiva, não apenas competindo com os Estados Unidos, mas apoderando-se dos próprios recursos – borracha, por exemplo – de que os americanos precisavam para sua indústria. O gigante do século XX se mobilizou para a guerra total. A geografia do Japão desempenhou então um papel em sua maior catástrofe – Hiroshima e Nagasaki.

Os americanos haviam lutado para abrir seu caminho através do Pacífico, ilha por ilha, a grande custo. Quando tomaram Okinawa, que se situa na cadeia de ilhas Ryukyu, entre Taiwan e o Japão, defrontaram-se com um inimigo fanático, disposto a defender as vias de acesso às quatro ilhas principais da invasão anfíbia. Estavam previstas significativas perdas americanas. Se o terreno fosse mais fácil, a escolha dos Estados Unidos poderia ter sido diferente – eles poderiam ter aberto caminho até Tóquio lutando –, mas escolheram a opção nuclear, soltando sobre o Japão, e sobre a consciência coletiva do mundo, o terror de uma nova era.

Depois que a poeira radioativa baixou sobre uma completa rendição japonesa, os americanos os ajudaram a se reconstruir, em parte como barreira contra a China comunista. O novo Japão mostrou sua antiga inventividade e dentro de três décadas tornou-se uma potência econômica mundial.

Entretanto, sua beligerância e o militarismo anteriores não tinham desaparecido por completo: apenas haviam sido enterrados sob os escombros de Hiroshima e Nagasaki e uma psique nacional despedaçada. A Constituição pós-guerra do Japão não lhe permitia ter Exército, Força Aérea ou Marinha, apenas "Forças de Autodefesa", que por décadas foram uma pálida sombra das Forças Armadas de antes da guerra. O acordo pós-guerra imposto pelos Estados Unidos limitou o gasto do Japão com defesa a 1% do PIB e deixou dezenas de milhares de soldados americanos em território japonês, 32 mil dos quais ainda estão lá.

No início dos anos 1980 foram detectados novamente débeis movimentos de nacionalismo. Havia seções da geração mais velha que nunca tinham admitido a enormidade dos crimes de guerra do Japão, e seções da geração mais jovem que não estavam dispostas a aceitar a culpa pelos pecados dos pais. Muitos dos filhos da Terra do Sol Nascente queriam seu lugar "natural" ao sol do mundo pós-guerra.

Uma visão flexível da Constituição tornou-se a norma, e pouco a pouco as Forças de Autodefesa japonesas foram transformadas numa moderna unidade de combate. Isso aconteceu à medida que a ascensão da China se tornava cada vez mais evidente, e os americanos, compreendendo que iriam precisar de aliados militares na região do Pacífico, se mostraram dispostos a aceitar um Japão remilitarizado.

No século XXI o Japão alterou a política de defesa para permitir que suas forças lutem ao lado de aliados no exterior, e espera-se que se façam alterações na Constituição para pôr isso em base legal mais sólida. O documento de Estratégia de Segurança de 2013 foi o primeiro em que o Japão nomeou um inimigo potencial, dizendo: "A China vem tomando medidas que podem ser vistas como tentativas de mudar o statu quo por coerção."

O orçamento de defesa de 2015 alcançou um valor recorde de US$42 bilhões e voltou a crescer no ano seguinte para US$44 bilhões. A maior parte foi destinada a equipamentos navais e aéreos, inclusive seis novos submarinos e seis caças *stealth* F-35A de fabricação americana. Na primavera de 2015 Tóquio também revelou o que chamou de um "contratorpedeiro porta-helicópteros". Não era preciso ser especialista militar para perceber que o navio era tão grande quanto os porta-aviões japoneses da Segunda Guerra Mundial, proibidos pelos termos de rendição de 1945. O navio pode ser adaptado para aeronaves de asa fixa, mas o ministro da Defesa emitiu uma declaração dizendo que "não estava pensando em usá-lo como porta-aviões". Isso é como comprar uma motocicleta e depois dizer que, como você não vai usá-la como motocicleta, ela é uma bicicleta. Agora os japoneses têm um porta-aviões.

O dinheiro gasto com isso e em outros reluzentes novos equipamentos é uma evidente declaração de intenção, assim como grande parte de seu posicionamento. A infraestrutura militar em Okinawa, que protege o acesso às principais ilhas, será melhorada. Isso concederá também ao Japão maior flexibilidade para patrulhar sua Zona de Defesa Aérea, parte da qual coincide com a zona equivalente da China depois que uma expansão foi anunciada por Pequim em 2013.

Ambas as zonas cobrem as ilhas chamadas Senkaku pelos japoneses ou Diaoyu pelos chineses, que o Japão controla, mas são reivindicadas pela China também. Elas também fazem parte da cadeia de ilhas Ryukyu, que é particularmente sensível, porque qualquer potência hostil deve passar por elas a caminho das zonas centrais japonesas; as zonas dão ao Japão muito espaço de mar territorial e podem conter gás e campos de petróleo submarinos exploráveis. Assim Tóquio pretende se agarrar a elas com todos os meios necessários.

A "Zona de Identificação de Defesa Aérea" expandida da China no mar da China oriental cobre território reivindicado por China, Japão, Taiwan e Coreia do Sul. Quando Pequim disse que qualquer avião que sobrevoar a zona deve se identificar ou "enfrentar medidas defensivas", Japão, Coreia do Sul e Estados Unidos responderam voando pela área sem se identificar. Não houve nenhuma resposta hostil da China, mas essa é uma questão que pode se transformar num ultimato quando Pequim escolher.

O Japão também reivindica soberania sobre as ilhas Curilas, em seu extremo norte, ao largo de Hokkaido, perdidas para a União Soviética na Segunda Guerra Mundial e que ainda estão sob controle russo. A Rússia prefere não discutir o assunto, mas o debate não é da mesma natureza que as disputas do Japão com a China. As ilhas Curilas têm somente cerca de 19 mil habitantes e, embora se situem em férteis zonas de pesca, o território não possui importância estratégica particular. A questão faz com que Rússia e Japão mantenham uma relação gélida, mas dentro desse gelo eles praticamente congelaram a questão das ilhas.

É a China quem deixa os líderes japoneses insones e os joga para perto dos Estados Unidos, do ponto de vista diplomático e militar. Muitos japoneses, em especial em Okinawa, se ressentem da presença militar americana, mas o poder da China, acrescentado ao declínio da população japonesa, provavelmente assegurará que a relação estabelecida pelos Estados Unidos e o Japão no pós-guerra prossiga, ainda que em bases mais equitativas. Os estatísticos japoneses temem que sua população vá se reduzir para menos de 100 milhões de pessoas na metade do século XXI. Se a taxa de natalidade atual se mantiver, é até possível que em 2110 a população tenha se reduzido a menos que os 50 milhões de habitantes que somava em 1910. Os governos japoneses estão tentando diversas medidas para reverter o declínio. Um exemplo recente é usar milhões de dólares do dinheiro dos contribuintes para financiar um serviço de procura de parceiros para formar jovens casais. Festas *konkatsu* subsidiadas são organizadas para que homens e mulheres solteiros se conheçam, comam, bebam e – por fim – tenham bebês. A imigração é outra solução possível, mas o Japão continua sendo uma sociedade relativamente insular, e a imigração não é vista com bons olhos pela população. Como a China, cada vez mais assertiva, tem uma população de 1,4 bilhão de habitantes, o Japão – ele próprio uma potência em processo de remilitarização com discreta atitude militarmente agressiva – vai precisar de amigos nas vizinhanças.

Assim, os americanos continuam tanto na Coreia quanto no Japão. Há agora uma relação triangular entre eles, como é sublinhado pelo mencionado acordo sobre informações. O Japão e a Coreia do Sul têm muito sobre o que discutir, mas concordarão que a ansiedade que compartilham em relação à China e à Coreia do Norte vai superar isso.

Mesmo que eles venham a resolver um problema como a Coreia, a questão da China ainda estará lá, e isso significa que a 7ª Frota americana continuará na baía de Tóquio e os fuzileiros navais americanos continuarão em Okinawa, protegendo os caminhos de entrada e saída do Pacífico e dos mares da China. É de esperar que as águas estejam agitadas.

CAPÍTULO 9

América Latina

"Gostamos de ser chamados de 'continente da esperança'. ... Essa esperança é como uma promessa de paraíso, uma nota promissória cujo pagamento é sempre adiado."

PABLO NERUDA, *poeta chileno, ganhador do Prêmio Nobel*

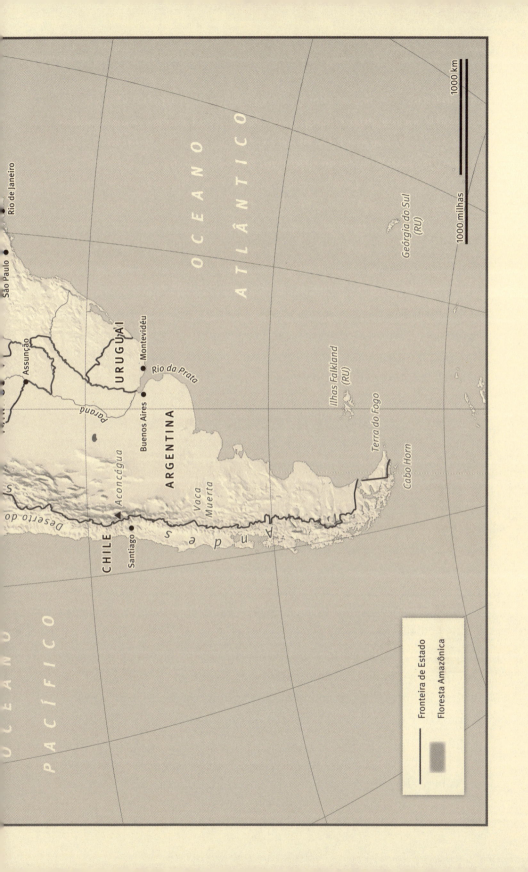

A AMÉRICA LATINA, em particular o sul, é a prova de que podemos levar o conhecimento e a tecnologia do Velho para o Novo Mundo, mas se a geografia estiver contra nós teremos sucesso limitado, especialmente se entendermos a política de maneira errada. Assim como a geografia dos Estados Unidos os ajudou a se tornarem uma grande potência, a dos vinte países ao sul assegura que nenhum deles chegará a desafiar a sério o gigante norte-americano neste século, nem se unir para fazê-lo coletivamente.

As limitações da geografia da América Latina foram agravadas desde o início da formação de seus Estados-nação. Nos Estados Unidos, depois que a terra tinha sido tomada de seus habitantes originais, grande parte dela foi vendida ou dada a pequenos proprietários rurais; já na América Latina foi imposta a cultura do Velho Mundo, de proprietários rurais poderosos e servos, o que levou à desigualdade. Além disso, os colonos europeus introduziram mais um problema geográfico que até hoje impede muitos países de desenvolver seu pleno potencial: eles se estabeleceram perto da costa, especialmente (como vimos na África) em regiões onde o interior era infestado por mosquitos e doenças. As grandes cidades da maioria dos países, com frequência as capitais, estavam portanto próximas do litoral, e todas as estradas a partir do interior foram desenvolvidas para levar às capitais, para não se conectarem umas com as outras.

Em alguns casos, por exemplo no Peru e na Argentina, a área metropolitana da capital tem mais de 30% da população do país. Os colonos se concentraram em extrair a riqueza de cada região, levando-a para a costa e de lá para mercados estrangeiros. Mesmo depois da independência, as elites litorâneas, predominantemente europeias, não investiram no interior, e os centros populacionais interioranos continuam mal conectados entre si.

No início da década de 2010 foi moda entre muitos líderes empresariais, professores e analistas da mídia afirmar apaixonadamente que estávamos na aurora da "década da América Latina". Isso não ocorreu, e, embora a região ainda tenha um potencial não realizado, estará constantemente em luta contra o quinhão que lhe foi reservado pela natureza e a história.

O México está se transformando numa potência regional, mas sempre terá suas terras incultas e desertas ao norte, as montanhas a leste e oeste e as florestas ao sul, todos limitando fisicamente o crescimento econômico. O Brasil deu o ar de sua graça no palco mundial, mas suas regiões interioranas permanecerão isoladas umas das outras; Argentina e Chile, apesar da riqueza em recursos naturais, ainda estarão mais distantes de Nova York e Washington que Paris ou Londres.

Duzentos anos após o início da luta pela independência, os países latino-americanos continuam muito atrás dos norte-americanos e europeus. Sua população total (incluindo o Caribe) é de mais de 600 milhões de habitantes, no entanto seu PIB combinado é equivalente ao da França e do Reino Unido, que juntos compreendem cerca de 125 milhões de pessoas. Eles percorreram um longo caminho desde o colonialismo e a escravidão. Ainda têm um longo caminho a percorrer.

A América Latina começa na fronteira mexicana com os Estados Unidos e se estende por mais de 11 mil quilômetros rumo ao sul, através da América Central e depois da América do Sul, antes de terminar no cabo Horn, na Terra do Fogo, onde os dois grandes oceanos do mundo, o Pacífico e o Atlântico, se encontram. Em seu ponto mais largo, de oeste a leste, do Brasil ao Peru, tem 5.150 quilômetros. No lado oeste está o Pacífico, no outro o golfo do México, o mar do Caribe e o Atlântico. Nenhum dos litorais tem muitos portos profundos naturais, o que limita o comércio.

A América Central é uma região montanhosa com vales profundos e em seu ponto mais estreito tem apenas 193 quilômetros de lado a lado. Depois, correndo em paralelo ao Pacífico por 7.242 quilômetros, encontra-se a mais longa cadeia de montanhas contínua do mundo: os Andes. Eles têm os picos cobertos de neve durante todo o ano e em geral são intransponíveis, isolando assim do leste muitas regiões situadas no oeste do continente. O ponto mais elevado no hemisfério ocidental fica aí – o Aconcágua, com 6.962 metros de altura –, e as águas que rolam da cadeia de montanhas são uma fonte de energia hidrelétrica para as nações andinas de Chile, Peru, Equador, Colômbia e Venezuela. Finalmente a terra baixa, florestas e geleiras aparecem – estamos no arquipélago do extremo sul do Chile e depois... o fim da terra. O lado leste da América Latina é dominado pelo Brasil e o rio Amazonas, o segundo rio mais longo do mundo, depois do Nilo.

Uma das poucas coisas que os países latino-americanos têm em comum é que quase todos falam uma língua derivada do latim. O espanhol é a língua de quase todos eles, no Brasil fala-se português e na Guiana Francesa, francês. Mas essa conexão disfarça as diferenças num continente que tem cinco regiões climáticas diferentes. A terra relativamente plana a leste dos Andes e o clima do terço inferior da América do Sul, conhecida como Cone Sul, contrastam fortemente com as montanhas e a floresta mais ao norte e permitem que os custos agrícolas e da construção sejam reduzidos, tornando essas algumas das regiões mais lucrativas de todo o continente – ao passo que o Brasil, como veremos, tem dificuldade até para deslocar produtos de um lado para outro em seu mercado doméstico.

Estudiosos e jornalistas gostam muito de escrever que o continente está "numa encruzilhada" – como se prestes a se lançar, por fim, num grande futuro. Eu diria que, geograficamente falando, ele está menos numa encruzilhada que no fim do mundo; há muita coisa acontecendo em todo esse vasto espaço, mas o problema é que grande parte acontece muito longe de qualquer outro lugar além dele próprio. Essa pode ser considerada uma percepção do ponto de vista do hemisfério norte, mas é também uma percepção a partir do lugar onde as principais potências econômicas, militares e diplomáticas estão situadas.

Apesar da distância que as separa dos grandes centros populacionais da história, há cerca de 15 mil anos existem pessoas vivendo ao sul do que é agora a fronteira entre o México e os Estados Unidos. Pensa-se que elas são originárias da Rússia e cruzaram o estreito de Bering a pé, numa época em que ele ainda era terra. Os habitantes atuais são uma mistura de europeus, africanos, tribos indígenas e a chamada população *mestiza*, que tem ascendência europeia e ameríndia.

A origem da mistura pode ser encontrada no Tratado de Tordesilhas, assinado entre Espanha e Portugal em 1494, um dos exemplos mais antigos de colonizadores europeus traçando linhas em mapas de lugares remotos sobre os quais pouco sabiam – ou, neste caso, nada sabiam. Quando partiram rumo a oeste para explorar os oceanos, as duas grandes potências marítimas europeias acertaram que qualquer terra descoberta fora da Europa seria dividida entre elas. O papa concordou. O resto é uma história deveras lamentável, em que a vasta maioria dos ocupantes das terras agora chamadas de América do Sul foi exterminada.

Os movimentos de independência começaram no início dos anos 1800, liderados por Simón Bolívar, da Venezuela, e José de San Martín, da Argentina. Bolívar, em particular, está gravado na consciência coletiva da América do Sul: a Bolívia tem esse nome em sua homenagem, e os países esquerdistas do continente estão frouxamente ligados a uma ideologia "bolivariana" contra os Estados Unidos. Esta é um conjunto flutuante de ideias anticolonialistas/pró-socialistas que frequentemente se transvia em nacionalismo, como e quando isso convém aos políticos que as esposam.

No século XIX muitos dos países então recém-independentes se desintegraram por meio de conflito civil ou de guerras transfronteiriças, mas no fim daquele século os vários Estados estavam de um modo geral estabelecidos. As três nações mais ricas – Brasil, Argentina e Chile – iniciaram então uma corrida armamentista naval ruinosamente dispendiosa, que atrasou o progresso das três. Restam disputas de fronteira por todo o continente, mas o desenvolvimento da democracia significa que a maioria dessas disputas está congelada, ou há tentativas de resolvê-las com a diplomacia.

Particularmente acrimoniosa é a relação entre Bolívia e Chile, que remonta à Guerra do Pacífico, de 1879, quando a Bolívia perdeu um grande pedaço de seu território, inclusive 402 quilômetros de litoral, ficando sem acesso ao mar desde então. Ela nunca se recuperou desse golpe, o que explica em parte por que está entre os países latino-americanos mais pobres.

Isso, por sua vez, exacerbou a severa desigualdade entre as populações majoritariamente europeias das planícies e as populações majoritariamente indígenas das regiões montanhosas.

O tempo não curou as feridas entre elas, nem aquelas entre os dois países. Embora a Bolívia tenha a terceira maior reserva de gás natural da América do Sul, recusa-se a vender esse produto para o Chile, que precisa de um fornecedor confiável. Dois presidentes bolivianos que brincaram com a ideia foram derrubados, e o atual presidente, Evo Morales, tem uma política de "gás para o Chile" que consiste num acordo "gás em troca de litoral", rejeitado pelo Chile apesar de sua necessidade de energia. Orgulho nacional e necessidade geográfica de ambos os lados falam mais alto que o mútuo acordo diplomático.

Outra disputa de fronteira que remonta ao século XIX é indicada pelos limites do território britânico de Belize e a vizinha Guatemala. Essa fronteira são linhas retas, como vimos na África e no Oriente Médio, e foram traçadas pelos britânicos. A Guatemala reivindica Belize como parte de seu território soberano, mas, ao contrário da Bolívia, não se dispõe a insistir na questão. Chile e Argentina discutem a propósito da via aquática do estreito de Beagle, a Venezuela reivindica metade da Guiana e o Equador tem reivindicações históricas no Peru. Este último exemplo é uma das disputas territoriais mais sérias no continente e levou a três guerras de fronteira nos últimos 75 anos, a mais recente em 1995; mais uma vez, porém, o desenvolvimento da democracia aliviou as tensões.

A segunda metade do século XX viu a América Central e a América do Sul tornarem-se um campo de batalha da Guerra Fria por procuração, com golpes de Estado, ditaduras militares e enormes violações dos direitos humanos, por exemplo na Nicarágua. O fim da Guerra Fria permitiu a muitas nações avançar para a democracia, e, comparadas ao que foram no século XX, as relações entre elas são agora relativamente estáveis.

Os latino-americanos, ou pelo menos os que vivem ao sul do Panamá, residem em sua maior parte nas costas oeste e leste, ou perto delas, com o interior e o extremo sul gélido muito esparsamente povoados. A América do Sul é na realidade um continente demograficamente oco, e seu litoral é muitas vezes chamado de "orla povoada". Isso é menos verdadeiro em relação à América Central e especialmente ao México, onde as populações estão mais igualmente distribuídas. Mas o México em particular tem solo árduo, o que limita suas ambições e sua política externa.

No extremo norte, o México tem uma fronteira de 3.128 quilômetros com os Estados Unidos, a maior parte dos quais é deserto. A terra ali é tão inóspita que a maior parte é desabitada. Isso funciona como uma zona de proteção entre o país e seu gigantesco vizinho do norte – mas uma proteção mais vantajosa para os americanos que para os mexicanos, em razão da disparidade da tecnologia entre eles. Militarmente, só as forças americanas poderiam empreender uma grande invasão dessa área; qualquer força que viesse no outro sentido seria destruída. Como barreira contra a entrada ilegal nos Estados Unidos ela é útil, mas porosa – problema com que sucessivas administrações americanas terão de lidar. Donald Trump chegou à Presidência em parte tirando proveito dos temores da imigração ilegal, com sua promessa de construir um muro ao longo da fronteira entre os Estados Unidos e o México. Seus planos para o muro são falhos; geralmente há maneiras de passar ao redor, por baixo ou mesmo através de um muro; e ainda há a opção de abrir caminho para o país mediante subornos, ou simplesmente atravessar a fronteira para umas férias e não voltar. Mas o muro não iria somente ajudar a reduzir o fluxo para dentro, ele seria um símbolo agressivo de intenções, com uma mensagem clara: "Não venham."

Todos os mexicanos sabem que antes da guerra de 1846-48 com os Estados Unidos as terras que agora pertencem a Texas, Califórnia, Novo México e Arizona eram parte do México. O conflito fez com que metade do território mexicano fosse cedida aos Estados Unidos. No entanto, não há nenhum movimento político sério para recuperar a região e nenhuma disputa de fronteira premente entre os dois países. Durante a maior parte do século XX eles discutiram por causa de um pequeno pedaço de terra após a mudança de curso do rio Grande, nos anos 1850, mas em 1967 ambos os lados admitiram que a área era legalmente parte do México.

Na metade no século XXI, é provável que os hispânicos sejam o maior grupo étnico nos quatro estados americanos mencionados, e muitos serão de origem mexicana. Haverá finalmente movimentos políticos de expressão espanhola em ambos os lados da fronteira entre os Estados Unidos e o México exigindo reunificação, mas amenizando isso estará o fato de que muitos latinos dos Estados Unidos não terão sangue mexicano, e que é improvável que o México tenha algo que se aproxime dos padrões de vida americanos. O governo mexicano se esforça para controlar seu próprio território – não estará em condições de assumir mais nenhum outro num futuro previsível. O México está destinado a viver à sombra dos Estados Unidos, e como tal irá sempre desempenhar o papel subserviente nas relações bilaterais. Falta-lhe uma Marinha capaz de proteger o golfo do México ou de se expandir para o Atlântico, e por isso depende da Marinha americana para assegurar que as rotas marítimas permaneçam abertas e seguras.

Empresas privadas de ambas as nações instalaram fábricas logo ao sul da fronteira para reduzir os custos de mão de obra e transporte, mas a região é hostil à vida humana e ainda será o território de proteção que muitos dos pobres da América Latina vão continuar a atravessar à procura de entrada, legal ou ilegal, na Terra Prometida ao norte.

As grandes cadeias de montanhas do México, as Sierras Madres, dominam o oeste e o leste do país, e entre elas há um planalto. No sul, no vale do México, situa-se a capital, Cidade do México, uma das megacapitais do mundo, com uma população de cerca de 20 milhões de habitantes.

Nas encostas ocidentais das regiões montanhosas e nos vales o solo é pobre, e os rios são de valia limitada para o transporte de produtos até o mercado. Nas encostas orientais a terra é mais fértil, porém o solo acidentado ainda impede o México de se desenvolver como gostaria. Ao sul situam-se as fronteiras com Belize e Guatemala. O México tem pouco interesse em se expandir rumo ao sul porque a terra se eleva rapidamente para se tornar o tipo de solo montanhoso difícil de conquistar ou controlar. Estender-se por qualquer dos dois países adentro não aumentaria a quantidade limitada de terra lucrativa que o México já possui. Ele não tem ambições territoriais por ideologias, concentrando-se em vez disso na tentativa de desenvolver sua limitada indústria produtora de petróleo e atrair mais investimento para suas fábricas. Além disso, tem inúmeros problemas internos com que lidar, sem se meter em qualquer aventura estrangeira – talvez nenhum problema maior do que seu papel em satisfazer o voraz apetite dos americanos por drogas.

A fronteira mexicana sempre foi um refúgio para contrabandistas, mas nunca tanto quanto nos últimos vinte anos. Isso é resultado direto da política do governo americano para a Colômbia, a 2.414 quilômetros de distância ao sul.

Foi o presidente Richard Nixon, nos anos 1970, quem primeiro declarou uma "Guerra às Drogas", que, como a "Guerra ao Terror", é um conceito um tanto nebuloso, em que a vitória não pode ser alcançada. Entretanto, foi apenas no início dos anos 1990 que Washington levou a guerra diretamente aos cartéis de drogas colombianos, com o auxílio declarado ao governo local. Os americanos também tiveram sucesso em fechar muitas das rotas aéreas e marítimas da Colômbia para os Estados Unidos.

Os cartéis reagiram criando uma rota terrestre – subindo pela América Central e o México e penetrando no Sudoeste americano. A rota segue em parte a rodovia Pan-Americana, que corre do sul para o norte do continente. Originalmente projetada para o transporte de mercadorias em ambas as direções para uma variedade de países, agora ela é também usada para levar drogas aos Estados Unidos. Isso por sua vez fez com que as quadrilhas de traficantes mexicanos entrassem em ação, facilitando as rotas e fabricando seu próprio produto. O negócio de muitos bilhões de dólares provocou disputas territoriais locais, com os vencedores usando seu novo poder e dinheiro para infiltrar e corromper a polícia e as Forças Armadas mexicanas e penetrar até nas elites políticas e empresariais.

Nisso há paralelos com o tráfico de heroína no Afeganistão. Muitos dos agricultores afegãos que cultivam papoula reagiram às tentativas da Otan de destruir sua maneira tradicional de ganhar a vida pegando em armas ou apoiando o Talibã. A política de governo pode ser mover uma "Guerra às Drogas", mas isso não significa que as ordens sejam cumpridas num nível regional, no qual penetraram os senhores das drogas afegãos. Assim também é no México.

Ao longo de toda a história, os sucessivos governos na Cidade do México nunca tiveram um controle firme sobre o país. Agora seus adversários, os cartéis de drogas, têm alas paramilitares tão bem armadas quanto as forças do Estado, com frequência mais bem remuneradas, mais motivadas e em várias regiões vistas como fonte de empregos por parte do público. As vastas somas ganhas pelas quadrilhas irão agora se espalhar pelo país, grande parte delas lavada pelo que à primeira vista parecem ser negócios legítimos.

O México hoje vive num estado quase de guerra civil. Os cartéis tentam controlar território por meio de intimidação, o governo tenta fingir que tem o comando do estado de direito e centenas de civis, apanhados no meio, estão sendo mortos. Entre as mais horríveis manifestações dessa guerra esteve o suposto assassinato de 43 estudantes normalistas por um cartel, em 2014, ato que traumatizou o país e galvanizou as autoridades, porém, em última análise, este parece "apenas" mais um terrível marco no que será uma longa luta.

A rota terrestre de abastecimento está firmemente estabelecida, e a demanda nos Estados Unidos mostra poucos sinais de diminuir. Todos os governos mexicanos tentaram se manter do lado certo de seu poderoso vizinho e reagiram à pressão americana movendo sua própria "Guerra às Drogas". Aqui reside um enigma. O México se sustenta fornecendo bens de consumo aos Estados Unidos, e enquanto os americanos consumirem drogas, os mexicanos irão fornecê-las – afinal, a ideia é fazer algo de produção barata e vender a preços mais altos que os vigentes no comércio legal. Sem drogas o país seria ainda mais pobre do que é, pois uma vasta quantidade de dinheiro estrangeiro iria embora. Com drogas, ele é ainda mais violento do que seria. O mesmo pode ser dito sobre alguns dos países ao sul do México.

A América Central tem pouco que a favoreça em matéria de geografia, exceto por uma coisa: é estreita. Até agora o único país a tirar proveito disso foi o Panamá, mas com a chegada de dinheiro novo da China isso pode estar prestes a mudar.

Tecnologia moderna significa que os chineses conseguem ver num relance, numa fotografia de satélite, as oportunidades de comércio que essa estreita faixa de terra poderia proporcionar. Em 1513 o explorador espanhol Vasco Núñez de Balboa teve de navegar através do Atlântico, desembarcar no que é hoje o Panamá, em seguida caminhar através de selvas e montanhas antes de ver diante de si outro vasto oceano, o Pacífico. As vantagens de ligá-los eram óbvias, contudo mais 401 anos se passaram antes que a tecnologia alcançasse a geografia. Em 1914 foi inaugurado o canal do Panamá, controlado pelos americanos, com oitenta quilômetros de comprimento, poupando assim uma viagem de 12.874 quilômetros do oceano Atlântico ao Pacífico e levando o desenvolvimento econômico para a região do canal.

Desde 1999 o canal é controlado pelo Panamá, mas é considerado uma via navegável internacional salvaguardada pelas Marinhas dos Estados Unidos e do Panamá. E nisso, para os chineses, reside o problema.

É possível que a América Central sofra muitas mudanças nas regiões que estão recebendo investimento chinês em projetos como o desenvolvimento do Grande Canal da Nicarágua.

O Panamá e os Estados Unidos são amigos – de fato, tão bons amigos que em 2014 a Venezuela rompeu brevemente suas relações com o Panamá, chamando-o de "lacaio dos Estados Unidos". A retórica da era revolucionária bolivariana venezuelana, cada vez mais estrangulada, teve seu efeito amenizado pela informação de que os Estados Unidos são o parceiro comercial mais importante da Venezuela, e que esta fornece cerca de 10% das importações americanas de petróleo. Apesar disso, a brutal repressão venezuelana a protestos antigoverno em 2017 levou os Estados Unidos a impor sanções aos substanciais ativos privados do presidente Nicolás Maduro e aos de vários de seus funcionários de primeiro escalão, cuja versão de socialismo bolivariano os levou a redistribuir grandes quantias de dinheiro para si mesmos.

A China, como vimos no Capítulo 2, tem planos de ser uma potência global. A fim de alcançar esse objetivo precisará manter rotas marítimas abertas para seu comércio e sua Marinha. O canal do Panamá sem dúvida pode ser um corredor neutro, mas no fim das contas a passagem por ele depende da boa vontade americana. Assim sendo, por que não construir seu próprio canal mais acima, na Nicarágua? Afinal, o que são US$50 bilhões para uma superpotência em desenvolvimento?

O projeto do Grande Canal da Nicarágua é financiado por um homem de negócios de Hong Kong chamado Wang Jing, que ganhou muito dinheiro em telecomunicações, mas não tem nenhuma experiência em engenharia, muito menos como mentor intelectual de um dos projetos de construção mais ambiciosos do mundo. O sr. Wang se recusa terminantemente a admitir que o governo chinês se envolva no projeto. Dada a natureza da cultura empresarial da China, e a participação de seu governo em todos os aspectos da vida, isso é incomum.

O custo de US$50 bilhões estimado para o projeto, que deve ser concluído no início dos anos 2020, é quatro vezes o tamanho de toda a economia nicaraguense e faz parte do substancial investimento na América Latina por parte da China, que está suplantando de forma lenta, mas constante, os Estados Unidos como principal parceiro comercial da região. Não está bem claro quem apoia financeiramente o sr. Wang, mas o presidente da

Nicarágua, Daniel Ortega, subscreveu animadamente o plano, mal considerando as mais de 30 mil pessoas que serão obrigadas a se mudar de suas terras por causa do projeto.

O ex-revolucionário socialista sandinista incendiário agora se vê acusado de estar do lado dos grandes negócios. Se algum dia for concluído, o canal partirá o país em dois e dividirá seis municipalidades, com apenas uma ponte planejada para cruzar o canal em toda a sua extensão, embora esta não tenha sido construída, porque até agora não há nada para ela ligar.

O projeto não está indo bem. O sr. Wang perdeu estimados 85% de sua fortuna no craque da bolsa de valores chinesa em setembro de 2015. Todos os lados insistiram em que o projeto ainda iria ter sucesso, porém a maior parte do trabalho de construção foi adiado, e no final de 2017 essa pretensão parecia mais desgastada do que nunca. Uma estrada de terra tinha sido ligeiramente alargada, mas não pavimentada, e não se viam escavadeiras em lugar algum.

Na eventualidade agora improvável de o canal nicaraguense vir algum dia a ser inaugurado, ele seria mais longo que o do Panamá e, o que é essencial, significativamente mais largo e profundo, permitindo assim que petroleiros e cargueiros muito maiores o atravessem, sem falar em grandes navios de guerra chineses. Entretanto, o presidente Ortega já não trombeteia mais esse "plano que transformará o mundo", e o telefone do sr. Wang parece estar no modo silencioso.

Como o canal do Panamá, algumas centenas de quilômetros ao sul, está sendo alargado, céticos perguntam por que algum dia se considerou necessária a versão nicaraguense, e se ela seria lucrativa; mas todo o projeto parece ter dito respeito, em medidas no mínimo iguais, tanto aos interesses nacionais da China quanto a lucro comercial.

A ideia de escavar uma ligação entre dois oceanos a partir de um Estado-nação foi um sinal do crescente interesse e do investimento da China na América Latina. Nós nos acostumamos a ver os chineses como grandes atores na África, mas já faz vinte anos que eles estão silenciosamente se instalando ao sul do rio Grande.

Além de investir em projetos de construção, a China está emprestando enormes somas aos governos latino-americanos, especialmente aos da Argentina, da Venezuela e do Equador. Em troca, espera apoio nas Nações Unidas para suas reivindicações regionais em casa, inclusive a questão de Taiwan.

Pequim também está comprando. Os Estados latino-americanos foram alvejados um a um pelos Estados Unidos, que preferem acordos comerciais bilaterais a fazer negócios com a região como um todo, como é obrigatório na União Europeia. Os chineses estão fazendo a mesma coisa, mas pelo menos oferecem uma alternativa, reduzindo assim a dependência da região, como mercado, para com os Estados Unidos. Por exemplo, a China já substituiu os Estados Unidos como maior parceiro comercial do Brasil, e pode fazer o mesmo com vários outros países da América Latina.

Os países latino-americanos não têm afinidade natural com os Estados Unidos. As relações entre eles são marcadas pela posição inicial americana, exposta na Doutrina Monroe, de 1823 (como vimos no Capítulo 3), durante o discurso do presidente James Monroe sobre o Estado da União. A doutrina advertia os colonizadores europeus e dizia, explicitamente, que a América Latina era o quintal e a esfera de influência dos Estados Unidos. Isso vem orquestrando os acontecimentos ali desde então, e muitos latino-americanos acreditam que os resultados finais nem sempre foram positivos.

Oito décadas depois da Doutrina Monroe outro presidente surgiu com "Monroe 2". Num discurso em 1904 Theodore "Teddy" Roosevelt disse: "No hemisfério ocidental a adesão dos Estados Unidos à Doutrina Monroe pode forçar os Estados Unidos, ainda que com relutância, em casos flagrantes de [semelhante] delito ou impotência, ao exercício de um poder de polícia internacional." Em outras palavras, os Estados Unidos podiam intervir militarmente no hemisfério ocidental sempre que assim desejassem. Não incluindo o financiamento de revoluções, o armamento de grupos e o fornecimento de treinadores militares, os americanos usaram força na América Latina quase cinquenta vezes entre 1890 e o fim da Guerra Fria.

Depois disso, a interferência aberta decresceu rapidamente, e em 2001 os Estados Unidos foram signatários da Carta Democrática Interamericana de 34 nações delineada pela Organização dos Estados Americanos, que proclama: "Os povos das Américas têm direito à democracia e seus governos têm obrigação de promovê-la e defendê-la." Desde então eles se concentram em ligar economicamente a si os países latino-americanos, reforçando pactos comerciais existentes, como a Associação Norte-Americana de Livre Comércio, e introduzindo outros, como o Tratado de Livre Comércio Centro-Americano.

A falta de cordialidade assim engendrada nas relações históricas e econômicas sul/norte significou que, quando os chineses bateram, as portas se abriram depressa. Pequim agora vende ou doa armas para Uruguai, Colômbia, Chile, México e Peru, e lhes oferece permutas militares. Está tentando construir uma relação militar com a Venezuela, esperando que ela sobreviva à revolução bolivariana se e quando esta desmoronar. O fornecimento de armas à América Latina é de escala relativamente pequena, mas complementa os esforços da China de exercer o *soft power*. Seu único navio-hospital, o *Peace Ark*, visitou a região em 2011. Trata-se de uma embarcação com apenas trezentos leitos, pequena se comparada às versões americanas de mil leitos que também visitam a região, mas foi um sinal de intenção e um lembrete de que a China "conquista" cada vez mais *soft power*.

No entanto, com ou sem comércio com a China, os países da América Latina estão inescapavelmente presos em uma região geográfica – o que significa que os Estados Unidos terão sempre o protagonismo.

O Brasil, que ocupa toda uma terça parte do território da América do Sul, é o melhor exemplo. Ele é quase tão grande quanto os Estados Unidos, e seus 27 estados federados possuem uma área maior que a dos 28 países da União Europeia juntos; mas, ao contrário deles, falta-lhe a infraestrutura para ser igualmente rico. Um terço do país é floresta, onde é dispendioso, e em algumas áreas ilegal, conseguir um lugar apropriado para a habitação humana moderna. A destruição da Amazônia, uma floresta pluvial, representa um problema ecológico a longo prazo para o mundo todo, mas também é um problema a médio prazo para o Brasil: o governo permite que agricultores derrubem e queimem a mata e depois usem a terra para agricultura. Mas o solo é tão pobre que dentro de poucos anos o cultivo de produtos agrícolas se torna insustentável. Os agricultores se deslocam para derrubar mais floresta, e uma vez que ela é cortada não volta a crescer. O clima e o solo trabalham contra o desenvolvimento da agricultura.

O rio Amazonas pode ser navegável em partes, mas suas margens são barrentas e a terra circundante dificulta as construções. Esse problema também limita seriamente a quantidade de terra lucrativa disponível. Logo abaixo da região amazônica está o cerrado, e, na comparação, ele é uma história de sucesso. Vinte e cinco anos atrás essa área era considerada imprópria para a agricultura, mas a tecnologia brasileira a transformou num dos maiores produtores de soja do mundo, o que – junto com o crescimento no cultivo de outros grãos – significa que o país está se tornando um grande produtor agrícola.

Ao sul do cerrado se situam as terras agrícolas brasileiras tradicionais. Estamos agora no Cone Sul da América do Sul, que o Brasil compartilha com Argentina, Uruguai e Chile. A seção brasileira, relativamente pequena, era onde os primeiros colonizadores viviam, e trezentos anos se passariam antes que a população pudesse se expandir a partir desse núcleo e povoar de maneira significativa o resto do país. Até hoje a maior parte das pessoas vive perto das áreas litorâneas, apesar da drástica decisão tomada no final dos anos 1950 de mudar a capital (anteriormente o Rio de Janeiro) várias centenas de quilômetros rumo ao interior, para a cidade de Brasília, planejada para esse fim, numa tentativa de desenvolver o coração do Brasil.

O núcleo agrícola meridional é aproximadamente do tamanho de Espanha, Portugal e Itália juntos, e é muito mais plano que o resto do país. É relativamente bem irrigado, mas a maior parte dele fica no interior da região e carece de rotas de transporte adequadamente desenvolvidas.

O mesmo pode ser dito da maior parte do Brasil. Quando se olha para muitas das cidades litorâneas brasileiras a partir do mar, em geral há um enorme penhasco se elevando desde a água dos dois lados da área urbana, ou imediatamente atrás dela. As serras dominam grande parte da costa brasileira; são o fim do planalto chamado Escudo Brasileiro, que constitui boa parte do interior do Brasil.

Como falta ao país uma planície litorânea, para conectar suas maiores cidades costeiras é preciso construir estradas serra acima e sobre ela, até a área urbana seguinte, e então descer novamente. A falta de estradas modernas decentes é agravada por deficiência semelhante de linhas férreas. Essa não é uma receita para o comércio lucrativo ou para unificar politicamente um grande espaço.

Fica pior. O Brasil não tem acesso direto aos rios da região do Prata. O próprio rio da Prata deságua no Atlântico em terras argentinas, o que significa que durante séculos negociantes transportaram suas mercadorias pelo Prata até Buenos Aires, em vez de transportá-las pelas serras para chegar aos portos subdesenvolvidos do Brasil. Uma empresa de informações geopolíticas baseada no Texas, Stratfor.com, estima que os sete maiores portos do Brasil combinados podem operar menos mercadorias por ano que o porto americano de Nova Orleans.

Por isso o Brasil não tem o volume de comércio de que gostaria, e, o que é igualmente importante, a maior parte de suas mercadorias é transportada por estradas inadequadas, e não por rios, o que aumenta os custos. No lado positivo, o Brasil está trabalhando em sua infraestrutura de transporte, e as reservas offshore de gás recém-descobertas ajudarão a pagar por isso, reduzirão a dependência das importações de energia da Bolívia e da Venezuela e suavizarão as inevitáveis depressões econômicas que todas as nações sofrem. Apesar disso, o Brasil precisará de um esforço hercúleo para superar suas desvantagens geográficas.

Estima-se que 25% dos brasileiros vivem de forma miserável. Quando um quarto de sua população está em abjeta pobreza, é difícil que o Estado se torne rico. Isso não significa que o país não seja uma potência ascendente; apenas que essa ascensão será limitada.

Um atalho para o crescimento seria o *soft power*, daí os esforços do Brasil para ganhar um assento permanente no Conselho de Segurança da ONU e seu hábito de construir alianças econômicas regionais, como o Mercado Comum do Sul (Mercosul), que une frouxamente Brasil, Argentina, Paraguai e Uruguai. De tantos em tantos anos, com frequência liderados pelo Brasil, os sul-americanos tentam lançar sua própria versão da União Europeia – a última encarnação foi a União de Nações Sul-Americanas (Unasur), da qual doze nações sul-americanas são membros. Sua sede é no Equador, mas o Brasil tem a voz mais forte. Nisso ele se assemelha à União Europeia, que tem um QG na Bélgica e um poder principal na Alemanha. E a comparação acaba aí. A Unasur tem um poder impressionante na internet, mas continua a ser mais um website que uma união econômica. Os países da União Europeia têm sistemas políticos e econômicos similares, e a maior parte dos membros possui uma moeda comum, ao passo que os latino-americanos diferem em política, economia, moeda, nível de educação e leis trabalhistas. Eles precisam também superar as limitações de distância, bem como a altura das montanhas e a densidade das selvas que os separam.

Mas o Brasil continuará trabalhando para ajudar a criar um centro de poder sul-americano, usando sua força diplomática e econômica. O país é por natureza não agressivo, sua política externa é contrária à intervenção em outros países, e guerra com qualquer de seus vizinhos parece algo extremamente improvável. Ele conseguiu manter boas relações com todas as outras onze nações sul-americanas apesar de fazer fronteira com nove delas.

Há uma disputa de fronteira com o Uruguai, mas não parece propensa a se tornar inflamada; e é improvável que a rivalidade entre Brasil e Argentina se manifeste em algum lugar mais politicamente significativo que um campo de futebol. Nos últimos anos o Brasil deslocou unidades do Exército de suas fronteiras com a Argentina e viu seu vizinho de expressão espanhola fazer o mesmo. Um navio de guerra argentino foi recebido num porto brasileiro, ao passo que esse acesso foi negado a um navio da Real Marinha Britânica há alguns anos, o que agradou à Argentina em sua batalha diplomática em curso com o Reino Unido por causa das ilhas Falkland.

O Brasil está incluído nos Brics – grupo de países importantes considerados em ascensão tanto econômica quanto politicamente. Mas, ainda que cada um possa estar se elevando individualmente, o conceito é mais moda do que realidade. Brasil, Rússia, Índia, China e África do Sul não são um agrupamento político ou geográfico com sentido significativo e têm muito pouco em comum uns com os outros. Se as iniciais somadas não soassem como palavra, a teoria dos Brics não teria pegado. Os Brics realizam uma conferência anual, e o Brasil de fato se associa à Índia e à África do Sul em questões internacionais, numa espécie de vago eco do Movimento dos Não Alinhados da Guerra Fria, mas não se une à Rússia e à China quando estas tomam posição algumas vezes hostil em relação aos Estados Unidos.

Os gigantes do Norte e do Sul se desentenderam de fato em 2013 por uma questão que ainda gera ressentimento no Brasil. A notícia de que a Agência de Segurança Nacional dos Estados Unidos tinha espionado a presidente do país, Dilma Rousseff, levou-a a cancelar uma visita de Estado a Washington. O fato de não ter havido um pedido de desculpas da administração Obama foi uma evidência de que os americanos se sentem irritados por terem sido suplantados pela China como principal parceiro comercial do Brasil. Julga-se que a subsequente decisão brasileira de comprar aviões de caça suecos, e não da Boeing, foi determinada pela rixa. Entretanto, a relação de Estado para Estado está agora em grande parte restabelecida. Confrontação não é o estilo do Brasil, ao contrário da Venezuela sob o comando do falecido presidente Hugo Chávez. Os brasileiros sabem que o mundo pensa que eles são uma potência emergente, mas sabem também que seu poder nunca irá se equiparar ao dos americanos.

O da Argentina tampouco o fará; no entanto, sob alguns aspectos, ela está mais bem colocada para se tornar um país de Primeiro Mundo que o Brasil. Faltam-lhe o tamanho e a população para vir a ser *a* principal potência regional na América Latina, o que parece ser o destino do Brasil, mas a Argentina tem qualidade de terra para criar um padrão de vida comparável ao dos países europeus. Isso não significa que realizará esse potencial, mas apenas que, se acertar na economia, sua geografia lhe permitirá tornar-se a potência que nunca foi.

Os fundamentos para esse potencial foram lançados no século XIX com vitórias militares sobre o Brasil e o Paraguai que resultaram no controle das regiões agrícolas planas do rio da Prata, que corre pelo país abaixo, em direção a Buenos Aires e seu porto. Esse é um dos trechos de terra mais valiosos de todo o continente. Ele deu imediatamente à Argentina vantagem econômica e estratégica em relação a Brasil, Paraguai e Uruguai – vantagem que ela mantém até hoje.

Entretanto, a Argentina nem sempre usou plenamente suas vantagens. Cem anos atrás, ela estava entre os dez países mais ricos do mundo – à frente da França e da Itália. Mas o fracasso em se diversificar, a sociedade estratificada e injusta, o sistema educacional deficiente, uma sucessão de golpes de Estado e as políticas econômicas extremamente diversas no período democrático dos últimos trinta anos provocaram um acentuado declínio do status do país. A Argentina precisa acertar, e uma vaca morta pode ajudá-la.

A Vaca Muerta é uma formação de xisto que, combinada com as outras áreas de xisto do país, poderia suprir as necessidades de energia da Argentina pelos próximos 150 anos, com excedentes para exportar. Ela está situada no centro do país, na Patagônia, e tangencia a fronteira ocidental com o Chile. É do tamanho da Bélgica – o que pode ser uma área relativamente pequena para um país, mas é grande para uma formação de xisto. Até aí, tudo bem, a não ser que você seja contra a energia produzida pelo xisto – mas há um problema. A obtenção de gás e petróleo a partir do xisto exigirá enorme investimento estrangeiro, e a Argentina não é considerada um país amistoso ao investimento estrangeiro.

Há mais petróleo e gás ainda ao sul – na realidade, tão ao sul que ele está offshore, em torno e dentro de ilhas que são britânicas e o foram desde 1833. E aí reside um problema – e uma notícia que nunca sai das manchetes.

O que os britânicos chamam de ilhas Falkland é conhecido como Malvinas pela Argentina. É uma ofensa na Argentina mostrar um mapa que descreva as ilhas como qualquer outra coisa senão "Islas Malvinas", e todas as crianças da escola primária aprendem a desenhar o contorno das duas ilhas principais, a oeste e a leste. Recuperar as "Irmãzinhas perdidas" é uma causa nacional para sucessivas gerações de argentinos, que têm o apoio da maioria dos seus vizinhos latinos.

Em abril de 1982 os britânicos baixaram sua guarda e a ditadura militar argentina, sob o comando do general Leopoldo Galtieri, ordenou a invasão das ilhas – que foi considerada um enorme sucesso até que a força-tarefa britânica chegou, oito semanas depois, liquidou depressa com o Exército argentino e recuperou o território. Isso, por sua vez, levou à queda da ditadura.

Se a invasão argentina tivesse acontecido na década atual, a Grã-Bretanha não teria condições de recuperar as ilhas, pois no momento ela não possui nenhum porta-aviões em atividade – situação que será corrigida em 2020, quando a janela de oportunidade da Argentina se fechará. Entretanto, apesar da tentação do petróleo e do gás, uma invasão argentina das Falklands é improvável por duas razões.

Primeiro, a Argentina é agora uma democracia e sabe que a vasta maioria dos ilhéus das Falklands deseja permanecer sob controle britânico; segundo, os britânicos, depois de mordidos, estão duplamente desconfiados. Pode lhes faltar temporariamente um porta-aviões para percorrer os 12.874 quilômetros até o Atlântico Sul, mas eles têm agora várias centenas de tropas de combate nas ilhas, junto com avançados sistemas de radar, mísseis terra-ar, quatro jatos Eurofighter e provavelmente um submarino de ataque nuclear movendo-se furtivamente nas proximidades durante a maior parte do tempo. Os britânicos pretendem impedir os argentinos de sequer pensar que poderiam chegar às praias, que dirá tomar as ilhas.

A Força Aérea argentina usa aviões de décadas anteriores às do Eurofighter, e a diplomacia britânica se assegurou de que a tentativa argentina de comprar modelos atualizados da Espanha fosse cancelada. Comprar dos Estados Unidos é impossível, dada a Relação Especial entre o Reino Unido e os americanos, que às vezes é realmente especial; portanto, as chances que a Argentina tem de organizar outro ataque antes de 2020 são exíguas.

Contudo, isso não acalmará a guerra diplomática, e a Argentina afiou suas armas nessa frente. Buenos Aires advertiu que qualquer firma petrolífera que faça perfurações nas Malvinas/Falklands não pode solicitar licença para explorar petróleo e gás de xisto no campo Vaca Muerta, na Patagônia. Chegou até a aprovar uma lei que ameaça com multas ou prisão indivíduos que explorem a plataforma continental das Malvinas sem sua permissão. Isso desencorajou muitas das grandes companhias petrolíferas, mas não, claro, as britânicas. No entanto, quem quer que explore a riqueza potencial sob as águas do Atlântico Sul estará operando num dos ambientes mais desafiadores do ramo petrolífero. Fica um tanto frio e ventoso por lá, e as águas são agitadas.

Viajamos rumo ao sul tanto quanto possível antes de chegar aos ermos gelados da Antártida. Muitos países gostariam de exercer controle sobre a área, mas uma combinação de ambiente extremamente desafiador, Tratado da Antártida e falta de recursos obteníveis e valiosos impede em boa medida uma competição declarada, pelo menos no presente. O mesmo não pode ser dito de seu homólogo no norte. Subindo diretamente a partir da Antártida para a parte mais setentrional do globo, chegamos a um lugar destinado a ser um campo de batalha diplomático no século XXI enquanto países grandes e pequenos rivalizam para chegar à *pole position*: o Ártico.

CAPÍTULO 10

O ÁRTICO

"Há dois tipos de problemas árticos: os imaginários e os reais. Dos dois, os imaginários são os mais reais."
VILHJALMUR STEFANSSON, *The Arctic in Fact and Fable*

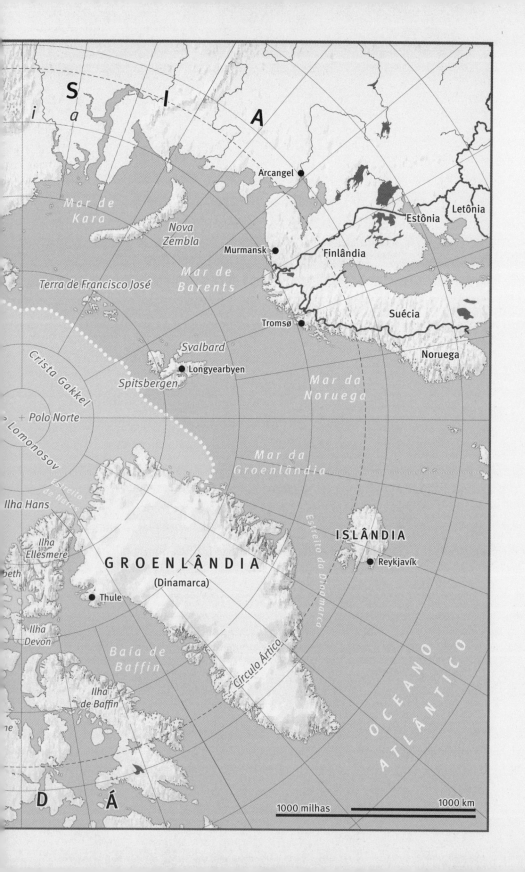

Quando os homens do gelo chegarem, virão em grande número. Quem tem a força? Os russos. Ninguém mais tem presença tão marcante na região nem está tão bem preparado para enfrentar a severidade das condições. Todos os outros países estão ficando para trás e, no caso dos americanos, nem parecem tentar recuperar esse atraso: os Estados Unidos são uma nação ártica desprovida de estratégia ártica numa região que está esquentando.

Os efeitos do aquecimento global se manifestam mais que nunca no Ártico: o gelo está derretendo, permitindo um acesso mais fácil à região, o que coincide com a descoberta de depósitos de fontes de energia e o desenvolvimento de tecnologia para chegar a eles – e tudo isso concentrou a atenção das nações árticas sobre os ganhos e perdas potenciais a alcançar ou sofrer no ambiente mais difícil do mundo. Muitos dos países da região têm reivindicações concorrentes nas quais não se deram ao trabalho de insistir – até agora. Mas há muito a reivindicar e muito sobre o que discutir.

A palavra "ártico" vem do grego *artikos*, que significa "perto da ursa", e é uma referência à constelação da Ursa Maior, cujas duas últimas estrelas apontam para a estrela polar.

O oceano Ártico tem 14 milhões de quilômetros quadrados; isso pode fazer dele o menor oceano do mundo, mas ainda é tão grande quanto a Rússia e tem uma vez e meia o tamanho dos Estados Unidos. As plataformas continentais no seu leito oceânico ocupam mais espaço proporcionalmente que em qualquer outro oceano, uma das razões por que pode ser difícil chegar a um acordo sobre as áreas de soberania.

A região Ártica inclui territórios pertencentes a Canadá, Finlândia, Groenlândia, Islândia, Noruega, Rússia, Suécia e Estados Unidos (Alasca).

É uma terra de extremos: por breves períodos, no verão, a temperatura pode chegar a 26°; em alguns lugares, mas por longos períodos, no inverno, ela cai a −45°. Há extensões de rochas varridas por ventos enregelantes, fiordes espetaculares, desertos polares e até rios. É um lugar de grande hostilidade e grande beleza que cativou as pessoas durante milênios.

A primeira expedição ao Ártico a ser registrada foi feita em 330 a.C. por um marinheiro grego chamado Píteas de Massilia, que descobriu um extraordinário lugar chamado "Thule". De volta à sua terra no Mediterrâneo, poucos acreditaram em suas espantosas histórias sobre paisagens inteiramente brancas, mares congelados e criaturas estranhas, entre as quais grandes ursos brancos; mas Píteas foi apenas a primeira de muitas pessoas que registraram a maravilha do Ártico e sucumbiram às emoções que ele evoca ao longo dos séculos.

Muitos também abateram-se diante das privações, especialmente aqueles que viajaram ao fim do mundo conhecido à procura do que os céticos diziam ser a "mítica" Passagem do Noroeste através do oceano Ártico, ligando o oceano Atlântico ao Pacífico. Um exemplo é Henry Hudson. Ele pode ter tido a segunda maior baía do mundo batizada em sua homenagem, mas em 1607 provavelmente teria preferido viver até a velhice a ser lançado à deriva e quase certamente enviado para a morte por uma tripulação amotinada, farta de suas viagens de descoberta.

Quanto à primeira pessoa a chegar ao "polo Norte", bem, essa é uma questão complicada, uma vez que, embora haja um ponto fixo no globo indicando sua posição, abaixo dele o gelo sobre o qual você está de pé se move, e sem GPS é difícil saber exatamente onde você se encontra. Sir Edward Parry, sem GPS, tentou em 1827, mas o gelo se movia para o sul mais depressa do que ele podia se mover para o norte, e Parry acabou retrocedendo; mas pelo menos sobreviveu.

O capitão sir John Franklin teve menos sorte quando tentou atravessar a última seção não navegada da Passagem do Noroeste em 1845. Seus dois navios ficaram presos no gelo perto da ilha do Rei Guilherme, no arquipélago canadense. Todos os 129 membros da expedição pereceram, alguns a bordo dos navios, outros depois que abandonaram as embarcações e começaram a andar para o sul. Várias expedições foram enviadas para procurar os sobreviventes, mas elas só encontraram um punhado de esqueletos, e ouviram as histórias contadas pelos caçadores inuítes sobre dezenas de homens brancos que tinham morrido caminhando pela paisagem congelada. Os navios haviam desaparecido por completo, mas em 2014 a tecnologia alcançou a geografia, e uma equipe de pesquisa canadense, usando um sonar, localizou um dos navios, o HMS *Erebus*, no fundo da Passagem do Noroeste e trouxe à tona o seu sino.

O destino da expedição de Franklin não dissuadiu muitos outros aventureiros de tentar se orientar através do arquipélago, mas foi só em 1905 que o grande explorador Roald Amundsen cartografou o caminho percorrido por um navio menor, com uma tripulação de apenas cinco pessoas. Ele passou pela ilha do Rei Guilherme, atravessou o estreito de Bering e saiu no Pacífico. Soube o que tinha feito quando avistou um navio-baleeiro de São Francisco vindo na direção contrária. Em seu diário, confessou que a emoção o dominou, acontecimento talvez quase tão raro quanto sua grande façanha: "A Passagem do Noroeste havia sido transposta. Meu sonho de meninice... naquele momento ele foi realizado. Uma estranha sensação me brotou na garganta; senti-me tenso e esgotado – foi uma fraqueza em mim –, mas senti lágrimas nos olhos."

Vinte anos depois ele decidiu que queria ser o primeiro homem a voar sobre o polo Norte, o que, embora mais fácil do que caminhar naquele solo, não é um feito desprezível. Junto com seu piloto italiano Umberto Nobile e uma equipe de quatorze pessoas, Amundsen pôs no ar um dirigível semirrígido sobre o gelo e jogou bandeiras norueguesas, italianas e americanas de uma altura de noventa metros. Deve ter sido um esforço heroico, mas no século XXI não se considerou que ele dava muita base legal a qualquer reivindicação de propriedade da região por esses três países.

O mesmo pode ser dito do impressionante esforço do japonês Shinji Kazama, que em 1987 tornou-se a primeira pessoa a conseguir chegar ao polo Norte em uma motocicleta. O sr. Kazama era intrépido o bastante para não contar com o fato de que a calota polar estava encolhendo, e é o tipo de homem que teria andado de motocicleta sob uma tempestade de neve para entrar nos livros de história, mas não há nenhuma dúvida de que agora há menos gelo para atravessar.

Que o gelo está retrocedendo é inquestionável – imagens de satélite feitas ao longo da década passada mostram claramente que ele encolheu –, somente a causa é objeto de dúvida. A maior parte dos cientistas está

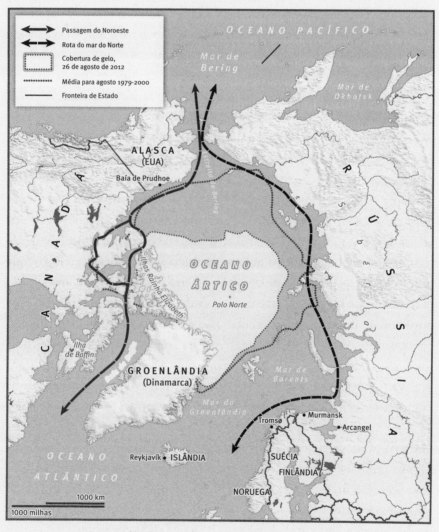

Fica evidente, a partir de imagens de satélite, que o gelo no Ártico está retrocedendo, deixando as rotas marítimas através da região mais acessíveis durante períodos mais longos do ano.

convencida de que o homem é o responsável, e não meramente os ciclos climáticos naturais, e que a iminente exploração do que foi descoberto vai acelerar o ritmo do degelo.

Aldeias ao longo das costas do mar de Bering e do mar de Chukchi já foram realocadas porque o litoral está erodido e os campos de caça, perdidos. Uma reorganização biológica está em curso. Ursos-polares e raposas árticas estão se deslocando, morsas se veem competindo por espaço e peixes, ignorando as fronteiras territoriais, se movem para o norte, esvaziando os estoques de alguns países, mas povoando outros. Cavalas e bacalhaus do Atlântico agora são encontrados nas redes de traineiras no Ártico.

Os efeitos do derretimento do gelo não serão sentidos apenas no Ártico: países tão distantes quanto Maldivas, Bangladesh e Holanda correm maior risco de inundação à medida que o gelo derrete e o nível do mar se eleva. Esses efeitos colaterais mostram por que o Ártico é uma questão global, não apenas regional.

À proporção que o gelo derrete e a tundra fica exposta, é provável que duas coisas aconteçam para acelerar o processo de acinzentamento da calota de gelo. Resíduos do trabalho industrial que ali será desenvolvido irão pousar sobre a neve e o gelo, reduzindo ainda mais o território que reflete o calor. O terreno de cor mais escura e o mar aberto absorverão mais calor que o gelo e a neve que eles substituem, aumentando assim o tamanho do território mais escuro. Isso é conhecido como efeito albedo, e embora ele tenha aspectos negativos, apresenta também aspectos positivos: a tundra em aquecimento permitirá um crescimento vegetal significativamente maior e o florescimento de produtos agrícolas, ajudando as populações locais à medida que elas procuram novas fontes de alimento.

Não há como escapar, no entanto, da possibilidade de que uma das últimas grandes regiões não deterioradas do mundo esteja prestes a mudar. Alguns modelos de previsão climática dizem que o Ártico estará livre de gelo no verão no fim do século XXI; segundo outros, isso pode acontecer muito mais cedo. O certo é que, seja qual for a velocidade com que a redução ocorra e a intensidade que venha a ter, ela já começou.

O derretimento da calota de gelo já permite que navios de carga façam a viagem através da Passagem do Noroeste no arquipélago canadense durante várias semanas de verão a cada ano, reduzindo em ao menos uma semana o tempo de trânsito da Europa à China. O primeiro navio de carga a não ser escoltado por um quebra-gelo atravessou a passagem em 2014. O *Nunavik* transportava 23 mil toneladas de minério de níquel do Canadá para a China. A rota polar foi 40% mais curta e usou águas mais profundas do que se tivesse passado pelo canal do Panamá. Isso permitiu ao navio levar mais carga, poupou dezenas de milhares de dólares em custo de combustível e reduziu as emissões de gases de efeito estufa em 1.300 toneladas métricas. Em 2040 espera-se que a rota esteja aberta até dois meses a cada ano, transformando as relações comerciais através do "Extremo Norte" e causando efeitos colaterais em lugares tão distantes quanto o Egito e o Panamá, em termos das receitas proporcionadas pelos canais de Suez e do Panamá.

A rota norte-leste, ou Rota do Mar do Norte, como os russos a chamam, que abrange o litoral siberiano, também fica aberta agora por vários meses no ano e está se tornando uma rota marítima cada vez mais apreciada.

O derretimento do gelo revela outras riquezas potenciais. Julga-se que vastas quantidades de reservas de gás natural e petróleo ainda não descobertas podem estar situadas na região ártica, em áreas a que agora é possível ter acesso. Em 2008 o United States Geological Survey avaliou que há no Ártico 1.670 trilhões de pés cúbicos de gás natural, 44 bilhões de barris de gás natural líquido e 90 bilhões de barris de petróleo, a vasta maioria offshore. À medida que mais território se torna acessível, podem se descobrir reservas extras de ouro, zinco, níquel e ferro já encontrados em parte do Ártico.

ExxonMobil, Shell e Rosneft são alguns dos gigantes da energia que estão solicitando licença e iniciando perfurações exploratórias. Países e companhias dispostos a fazer esforço para chegar às riquezas terão de enfrentar um clima no qual, durante grande parte do ano, os dias são uma noite interminável, em que durante a maior parte do ano o mar congela até uma profundidade de mais de 1,80 metro e onde, em mar aberto, as ondas podem atingir doze metros de altura.

Vai ser um trabalho sujo, árduo e perigoso, especialmente para alguém que planeje uma operação que se estenda pelo ano todo. Ele vai exigir também enorme investimento. Instalar dutos de gás não será possível em muitos lugares, e construir uma complexa infraestrutura de liquefação no mar, especialmente em condições severas, é muito caro. Entretanto, os ganhos financeiros e estratégicos daí resultantes significam que os grandes atores tentarão reivindicar os territórios e começarão a perfurar, e que é improvável que as possíveis consequências ambientais os detenham.

As reivindicações de soberania não se baseiam nas bandeiras dos primeiros exploradores, mas na Convenção das Nações Unidas sobre o Direito do Mar (CNUDM). Esta afirma que um país signatário da convenção tem direitos econômicos exclusivos sobre seu litoral até um limite de duzentas milhas náuticas (a menos que isso conflite com os limites de outro país), e pode declará-las Zona Econômica Exclusiva (ZEE). O petróleo e o gás na zona são portanto considerados pertencentes ao Estado. Em certas circunstâncias, e dependendo de provas científicas relativas à plataforma continental de um país, esse país pode solicitar a extensão da ZEE para 350 milhas náuticas a partir de sua costa.

O derretimento do gelo ártico está trazendo consigo um endurecimento de atitude dos oito membros do Conselho Ártico, o fórum em que a geopolítica se torna geopolártica.

Os "Cinco do Ártico", aqueles Estados com fronteiras no oceano Ártico, são Canadá, Rússia, Estados Unidos, Noruega e Dinamarca (em razão de sua responsabilidade pela Groenlândia). A eles se juntam Islândia, Finlândia e Suécia, que são também membros plenos. Há doze outras nações com status de Observador Permanente, tendo reconhecido "a soberania, os direitos soberanos e a jurisdição dos Estados árticos" na região, entre outros critérios. Por exemplo, no Conselho do Ártico de 2013, Japão e Índia, que patrocinaram expedições científicas árticas, e a China, que tem uma base de pesquisa numa ilha norueguesa, bem como um moderno quebra-gelo, ganharam o status de observadores.

Entretanto, há países não pertencentes ao Conselho que alegam ter interesses legítimos na região, e um número ainda maior afirmando que, com base na teoria do "patrimônio comum da humanidade", o Ártico deveria estar aberto a todos.

Hoje há pelo menos nove disputas legais e reivindicações de soberania no oceano Ártico, todas legalmente complexas e algumas com potencial de causar séria tensão entre as nações. Uma das mais descaradas vem dos russos: Moscou já fincou um marco – muito profundamente. Em 2007 o governo russo enviou dois submarinos tripulados para o leito do mar no polo Norte, 4.261 metros abaixo das ondas, e plantou ali uma bandeira russa de titânio inoxidável como declaração de ambição. Até onde se sabe, ela "tremula" lá embaixo até hoje. Isso foi seguido pela sugestão, feita por um laboratório de ideias russo, de que o Ártico fosse renomeado. Depois, não precisaram de muita reflexão para propor a alternativa: "oceano Russo".

Em outro lugar a Rússia afirma que a dorsal de Lomonosov, ao largo da costa siberiana, é uma extensão da plataforma continental da Sibéria, e portanto pertence exclusivamente à Rússia. Isso é problemático para outros países, uma vez que a dorsal se estende até o polo Norte.

Rússia e Noruega têm uma dificuldade particular no mar de Barents. A Noruega reivindica a cordilheira de Gakkel, no mar de Barents, como uma extensão de sua ZEE, mas os russos contestam isso, e eles têm uma disputa particular em relação às ilhas Svalbard, o ponto mais setentrional da Terra com população assentada. A maior parte dos países e organizações internacionais reconhece que a Noruega tem soberania (limitada) sobre as ilhas, mas a maior delas, a ilha Spitsbergen, tem uma crescente população de migrantes russos que ali se reuniram em torno da indústria de mineração de carvão. As minas não são lucrativas, mas a comunidade russa serviu como instrumento útil na promoção das demandas de Moscou em relação às ilhas Svalbard em sua totalidade. No momento em que a Rússia decidir a questão, isso pode suscitar tensões e justificar seus atos usando reivindicações geológicas e os "fatos objetivos" da presença da população russa.

A Noruega, um Estado da Otan, sabe o que está por vir e fez do Extremo Norte uma prioridade em sua política externa. A Força Aérea norueguesa intercepta regularmente aviões de caça russos que se aproximam de suas fronteiras; o avivamento das tensões levaram-na a deslocar seu centro de operações militares do sul para o norte do país e está montando um Batalhão do Ártico. O Canadá tem reforçado sua capacidade militar em clima frio, e a Dinamarca também reagiu à exibição de força de Moscou criando uma Força de Resposta Ártica.

A Rússia, nesse meio-tempo, forma um Exército Ártico. Seis novas bases militares estão sendo construídas e várias instalações da Guerra Fria desativadas, como as das ilhas Novosibirsk, são reabertas e as pistas de pouso, renovadas. Uma força de pelo menos 6 mil soldados de combate está sendo preparada para a região de Murmansk e incluirá duas brigadas de infantaria mecanizada equipadas com motoneves e *hovercrafts*.

Não por coincidência Murmansk é chamada agora de "portão energético setentrional da Rússia", e o presidente Putin disse que, em relação ao abastecimento energético, "campos offshore, especialmente no Ártico, são, sem nenhum exagero, nossa reserva estratégica para o século XXI".

As Brigadas de Murmansk serão a força do Ártico mínima permanente, mas a Rússia demonstrou sua plena capacidade de combate em clima frio em 2014, com um exercício que envolveu 155 mil homens e milhares de tanques, jatos e navios. O Ministério da Defesa russo disse que ele foi maior que os exercícios realizados ao longo da Guerra Fria.

Durante os exercícios de guerra, tropas russas foram encarregadas de repelir a invasão por uma potência estrangeira chamada "Missouri", o que claramente significava Estados Unidos. A situação hipotética era que tropas de "Missouri" tinham desembarcado em Chukotka, Kamchatka, nas ilhas Curilas e Sacalina em apoio a uma potência asiática não nomeada que já tinha entrado em conflito com a Rússia. A potência não nomeada era o Japão, e a situação do conflito foi provocada por uma disputa territorial que, segundo os analistas, tinha por objeto o sul das ilhas Curilas. A demonstração militar de intenção foi depois sublinhada politicamente quando o presidente Putin, pela primeira vez, em sua doutrina oficial de política externa, acrescentou a região ártica à esfera de influência russa.

Apesar do poder econômico declinante da Rússia, que resulta em cortes orçamentários em muitos departamentos do governo, seu orçamento de defesa aumentou, e o dinheiro se destina em parte a pagar o aumento da força militar no Ártico, a ter lugar entre hoje e 2020. Moscou tem planos para o futuro, infraestrutura do passado e a vantagem da localização. Como Melissa Bert, capitã da Guarda Costeira dos Estados Unidos, disse ao Centro para Estudos Internacionais e Estratégicos em Washington D.C.: "Eles têm cidades no Ártico, nós temos apenas povoados."

Tudo isso é, sob muitos aspectos, uma continuação, ou pelo menos uma ressurreição, das políticas da Rússia para o Ártico durante a Guerra Fria. Os russos sabem que a Otan pode deter sua Frota Báltica bloqueando o estreito de Escagerraque. Esse bloqueio potencial é complicado pelo fato de que, no Ártico, sua Frota do Norte tem somente 290 quilômetros de mar aberto entre o litoral de Kola e a massa de gelo ártico. A partir desse estreito corredor ela deve também descer pelo mar da Noruega e depois passar pelo virtual corredor polonês da brecha Giuk (Groenlândia, Islândia e Reino Unido) para chegar ao oceano Atlântico. Durante a Guerra Fria, a área era conhecida pela Otan como "Zona da Morte", pois era aí que se esperava que os aviões, navios e submarinos da Organização surpreendessem a frota soviética.

Avancemos para a Nova Guerra Fria, e as estratégias continuam as mesmas, ainda que agora os americanos tenham retirado suas forças da Islândia, sua aliada na Otan. A Islândia não tem Forças Armadas próprias, e a retirada americana foi descrita pelo governo islandês como "míope". Num discurso ao Conselho Atlântico, o ministro da Justiça da Islândia, Björn Bjarnason, disse: "Uma certa presença militar deveria ser mantida na região, enviando um sinal sobre os interesses e a ambição de uma nação numa dada área, já que um vácuo militar poderia ser mal interpretado como falta de interesse e prioridade nacional."

No entanto, há mais de uma década já está claro que o Ártico é uma prioridade para os russos de uma maneira que não é para os americanos. Isso se reflete no grau de atenção dado à região por ambos os países, ou, no caso dos Estados Unidos, sua relativa falta de atenção desde o colapso da União Soviética. São necessários até US$1 bilhão e dez anos para construir um quebra-gelo. A Rússia está claramente liderando o poder ártico com a maior frota de quebra-gelos do mundo, 32 no total, segundo a

US Coast Guard Review de 2013. Seis deles são movidos a energia nuclear, as únicas versões desse tipo no mundo, e a Rússia também planeja lançar o quebra-gelo mais poderoso do mundo em 2018. Ele será capaz de abrir caminho quebrando gelos com mais de três metros de profundidade e de rebocar petroleiros com um deslocamento de até 70 mil toneladas através dos campos de gelo.

Em contrapartida, os Estados Unidos têm um só quebra-gelo em atividade, o USS *Polar Star*, dos oito que possuía nos anos 1960, e não tem planos de construir outro. Em 2012 eles precisaram depender de um navio russo para reabastecer sua base de pesquisa na Antártida, o que foi um triunfo para a cooperação entre grandes potências, mas simultaneamente uma demonstração de quanto os Estados Unidos ficaram para trás. Nenhuma outra nação representa um desafio, tampouco: o Canadá tem seis quebra-gelos e está construindo um novo, a Finlândia tem oito, a Suécia, sete, e a Dinamarca, quatro. China, Alemanha e Noruega têm um quebra-gelo cada.

No outono de 2015, o presidente Barak Obama fez a primeira visita de um presidente em exercício ao Alasca, e de fato falou que era preciso construir mais quebra-gelos nos Estados Unidos. Mas esse foi um comentário quase de passagem numa viagem organizada em torno da questão do clima. Os aspectos de segurança e energia do Ártico mal foram mencionados. Washington continua muito para trás, o que não foi alterado pela eleição do presidente Trump.

Os Estados Unidos têm outro problema. Eles não ratificaram o tratado CNUDM, cedendo efetivamente 200 mil milhas quadradas de território submarino no Ártico, assim como não reivindicaram uma ZEE.

Apesar disso, eles estão em disputa com o Canadá pelo direito ao petróleo offshore em potencial e pelo acesso às águas no arquipélago canadense. O Canadá diz que elas são "vias navegáveis internas", ao passo que os Estados Unidos dizem que são um estreito para a navegação internacional não governado por lei canadense. Em 1985 os americanos enviaram um quebra-gelo através das águas sem informar previamente o Canadá, provocando a irrupção de uma briga furiosa entre os dois vizinhos, cuja relação é simultaneamente amistosa e irritadiça.

Os Estados Unidos estão também em disputa com a Rússia por causa do mar de Bering, do oceano Ártico e do Pacífico setentrional. Um Acordo de Limites Marítimos foi assinado em 1990 com a então União Soviética, pelo qual Moscou cedia uma região de pesca. Entretanto, após a desintegração da União Soviética, o Parlamento russo se recusa a ratificá-lo. A área é tratada por ambos os lados como de soberania americana, mas os russos se reservam o direito de retomar a questão.

Outras disputas incluem aquela entre o Canadá e a Dinamarca por causa da ilha Hans, situada no estreito de Nares, que separa a Groenlândia da ilha Ellesmere. A Groenlândia, com sua população de 56 mil habitantes, tem governo próprio, mas continua sob soberania dinamarquesa. Um acordo de 1953 entre a Dinamarca e o Canadá deixou a ilha ainda em disputa, e desde então os dois países se deram ao trabalho de navegar até ela e lá plantar suas bandeiras nacionais.

Todas as questões de soberania emanam dos mesmos desejos e temores – o desejo de salvaguardar rotas para transporte militar e comercial, o desejo de possuir as riquezas naturais da região e o temor de que outros possam ganhar onde você perde. Até recentemente as riquezas eram teóricas, mas o derretimento do gelo tornou o teórico provável, e em alguns casos seguro.

O derretimento do gelo muda a geografia e as coisas que estão em jogo. Os Estados árticos e as gigantescas empresas de energia têm agora decisões a tomar sobre como lidam com essas mudanças e quanta atenção dedicam ao ambiente e aos povos do Ártico. A fome de energia sugere que a corrida é inevitável no que alguns especialistas no Ártico chamaram de "Novo Grande Jogo". Haverá muito mais navios no Extremo Norte, muito mais torres de perfuração e plataformas de gás – na realidade, muito mais de tudo. Os russos não só têm seus quebra-gelos movidos a energia nuclear, mas estão até pensando em construir uma usina elétrica nuclear flutuante, capaz de resistir ao peso esmagador de três metros de gelo.

No entanto, há diferenças entre essa situação e a "Competição pela África" ocorrida no século XIX, ou as maquinações das grandes potências no Oriente Médio, Índia e Afeganistão, no Grande Jogo original. Essa corrida tem regras, uma fórmula e um fórum para as tomadas de decisão. O Conselho Ártico é composto de países maduros, em sua maioria democráticos, em maior ou menor grau. As leis internacionais que regulam disputas territoriais, poluição ambiental, legislação sobre o mar e tratamento de povos minoritários estão prontas. A maior parte do território em disputa não foi conquistada por meio do imperialismo do século XIX ou por Estados-nação em guerra uns contra os outros.

Os Estados árticos sabem que estão numa vizinhança difícil, não tanto por causa de facções belicosas, mas pelos desafios apresentados por sua geografia. Há 14 milhões de quilômetros quadrados de oceano no Ártico; eles podem ser escuros, perigosos e mortíferos. Não é um bom lugar para estar sem amigos por perto. Os Estados sabem que para alguém ter sucesso na região eles precisam cooperar, especialmente em questões como recursos pesqueiros, contrabando, terrorismo, busca e salvamento e desastres ambientais.

É plausível que uma briga por direitos à pesca se agrave, transformando-se em algo mais sério, dado que o Reino Unido e a Islândia quase saíram no tapa durante as "Guerras do Bacalhau" dos anos 1950 e 1970. Contrabando ocorre onde quer que haja rotas de trânsito, e não há nenhuma razão para acreditar que o Ártico vá ser diferente; mas policiá-lo será difícil em razão das condições ali vigentes. E à medida que mais embarcações comerciais e navios de cruzeiro se dirigem para a área, a capacidade de busca e salvamento e de antiterrorismo das nações árticas precisarão crescer também, assim como sua capacidade de reagir a um desastre ambiental em águas cada vez mais repletas. Em 1965 o quebra-gelo *Lenin* sofreu um acidente em seu reator enquanto estava no mar. Após o retorno à costa, partes do reator foram cortadas e, juntamente com o combustível deteriorado, colocadas num contêiner de concreto com um revestimento de aço que em seguida foi jogado ao mar. Incidentes desse tipo tendem a ocorrer com maior frequência à medida que o Ártico se abre, mas continuará difícil lidar com eles.

Talvez o Ártico venha a ser apenas mais um campo de batalha para os Estados-nação – afinal, guerras são iniciadas por medo do outro, assim como por cobiça; mas o Ártico é diferente, e por isso talvez o modo como se lida com ele tenha de ser diferente. Nossa história mostrou o aspecto voraz do jogo de soma zero. Pode-se alegar que uma crença parcial no determinismo geográfico, associada à natureza humana, fazia com que dificilmente ele fosse diferente. Há exemplos, contudo, de como a tecnologia nos ajudou a escapar da prisão da geografia. Por exemplo, podemos atravessar os desertos e mares em velocidades que gerações anteriores nem sequer teriam imaginado. Quebramos até os grilhões da gravidade da Terra. Em nosso mundo recém-globalizado, podemos usar essa tecnologia para dar a todos nós uma oportunidade no Ártico. Podemos superar o lado ganancioso de nossa natureza e acertar o grande jogo para benefício de todos.

Conclusão

Terminamos no topo do mundo, e assim o único caminho é para cima.

A fronteira final sempre atiçou nossa imaginação, mas nossa era é aquela em que a humanidade viveu o sonho e se projetou no espaço, um milímetro rumo ao infinito, em nosso caminho para o futuro. O espírito inquieto da humanidade assegura que nossos limites não estejam confinados ao que Carl Sagan chamou, numa expressão famosa, de "pálido ponto azul".

Mas devemos voltar à Terra, algumas vezes de maneira súbita e chocante, porque ainda não dominamos nem nossa própria geografia, nem nossa propensão a competir por ela.

A geografia sempre foi uma espécie de prisão – uma prisão que define o que uma nação é ou pode ser, e uma prisão da qual nossos líderes mundiais frequentemente se esforçaram para escapar.

É provável que a Rússia seja o exemplo mais claro, tendo se expandido naturalmente a partir da pequena região plana que controlava até que sua zona central cobriu um enorme espaço orlado sobretudo por montanhas e o mar – com apenas um ponto vulnerável através da planície do norte da Europa. Se os líderes russos queriam criar uma grande nação – o que fizeram –, tiveram pouca escolha quanto ao que fazer em relação a esse ponto fraco. De maneira semelhante, não se tomou nenhuma decisão na Europa para que ela se transformasse numa enorme área de comércio; as longas e planas redes de rios tornaram isso possível e, em certo aspecto, inevitável ao longo de milênios.

À medida que o século XXI avança, os fatores geográficos que ajudaram a determinar nossa história em sua maior parte irão continuar a determinar nosso futuro: daqui a um século, a Rússia ainda estará olhando ansiosamente para o Ocidente através do que continuará a ser um terreno plano. A Índia e a China ainda estarão separadas pelo Himalaia. Elas podem acabar entrando em conflito, mas se isso de fato acontecer a geografia definirá a natureza da luta: ou as duas precisarão desenvolver tecnologias para permitir que uma enorme força militar transponha as montanhas, ou, se isso continuar impossível e nenhum dos lados quiser recorrer à guerra nuclear, se confrontarem no mar. A Flórida continuará a proteger a entrada e a saída do golfo do México. O decisivo é a localização do golfo, não quem o controla. Para considerar uma situação extrema e improvável: imagine que uma Flórida de maioria hispânica tenha se separado dos Estados Unidos e se aliado a Cuba e ao México. Isso alteraria somente a dinâmica de quem controla o golfo, não a importância da sua localização.

Claro que a geografia não determina o curso de todos os acontecimentos. Grandes ideias e grandes líderes são parte do empurra e puxa da história. Mas eles devem todos operar dentro dos limites da geografia. Os líderes de Bangladesh podem sonhar em impedir que as águas da baía de Bengala transbordem, mas eles sabem que 80% do país se situa numa planície aluvial e não pode ser deslocado. Essa foi uma ideia que o rei Canuto, o líder escandinavo e também da Inglaterra, demonstrou para seus cortesãos bajuladores no século XI, ao ordenar às ondas que recuassem: a natureza, ou Deus, era maior que qualquer homem. Em Bangladesh, a única coisa que pode ser feita é reagir às realidades da natureza: construir mais defesas contra inundações e esperar que a simulação via computador para a elevação das águas em decorrência do aquecimento global seja exagerada.

Novas realidades geográficas como a mudança climática oferecem novas oportunidades e desafios. É possível que o aquecimento global resulte no movimento em massa de pessoas. Se as Maldivas, e muitas outras ilhas, estiverem realmente destinadas a serem perdidas para as ondas, o impacto não atingirá apenas aqueles que partirão antes que seja tarde demais, mas também os países para os quais eles fogem. Se a inundação de Bangladesh se agravar, o futuro do país e de seus 160 milhões de habitantes será medonho; se o nível da água se elevar muito, esse país empobrecido pode se afogar. E se a desertificação das terras logo abaixo do Sahel continuar, guerras como aquela ocorrida em Darfur, no Sudão (parcialmente causada pela ampliação do deserto, que invadiu o território dos nômades, empurrando-os para o sul em direção ao povo fur), vão se intensificar e se espalhar.

Guerras por água são outro problema em potencial. Ainda que democracias estáveis emergissem no Oriente Médio nas próximas décadas, se as águas do rio Murat, que nasce na Turquia antes de alimentar o Eufrates, diminuíssem consideravelmente, as represas que a Turquia teria de construir para proteger sua fonte de vida poderiam facilmente ser a causa de uma guerra com a Síria e o Iraque, rio abaixo.

Olhando para mais longe, à medida que continuamos a romper a prisão de nossa geografia em direção ao Universo, as lutas políticas irão persistir no espaço, ao menos num futuro previsível.

Um ser humano atravessou pela primeira vez a camada superior da estratosfera impetuosamente, em 1961, quando o cosmonauta soviético Yuri Gagarin, de 27 anos, avançou em direção ao espaço a bordo da *Vostok 1*. É uma triste constatação sobre a humanidade que o nome de seu compatriota Kalashnikov seja muito mais conhecido.

Gagarin, Buzz Aldrin e muitos outros são os herdeiros de Marco Polo e Cristóvão Colombo, pioneiros que forçaram as fronteiras e mudaram o mundo de uma forma que não poderiam imaginar durante suas próprias existências. Se foi para melhor ou para pior, isso não está em questão; eles descobriram novas oportunidades e novos espaços em que as pessoas competiriam para tirar o máximo proveito do que a natureza pusera ali. Ainda levará gerações, mas também no espaço plantaremos nossas bandeiras, "conquistaremos" território, reivindicaremos terreno e superaremos as barreiras que o Universo põe em nosso caminho.

Existem hoje cerca de 1.100 satélites em funcionamento no espaço, e pelo menos 2 mil que não funcionam. Os russos e os americanos lançaram aproximadamente 2.400 do total, cerca de cem vieram do Japão e outros tantos da China, seguidos por um grande número de países com muito menos que isso. Abaixo deles estão as estações espaciais, em que pela primeira vez pessoas vivem e trabalham de maneira semipermanente fora dos confins da gravidade da Terra. Mais adiante, pensa-se que pelo menos cinco bandeiras americanas continuam plantadas na superfície da Lua. E ainda mais longe, muito mais longe, nossas máquinas conseguiram ultrapassar Marte e Júpiter, e algumas avançam para muito além do que podemos ver e buscamos compreender.

É tentador pensar que nossos esforços no espaço ligam a humanidade a um futuro coletivo e cooperativo. Mas primeiro continuará a haver competição pela supremacia no espaço exterior. Os satélites não estão lá simplesmente para retransmitir nossas imagens de TV ou para prever o tempo: eles também espionam outros países, para ver quem está se movendo para onde e com o quê. Além disso, os Estados Unidos e a China estão empenhados no desenvolvimento de tecnologia do laser, que pode ser usada como arma, e ambos procuram assegurar a posse de um sistema de mísseis capaz de operar no espaço e anular a versão da concorrência. Muitas das nações tecnologicamente avançadas agora se preparam para o caso de precisarem combater no espaço.

Quando estamos tentando alcançar as estrelas, os desafios à nossa frente são tais que precisaremos talvez nos reunir para enfrentá-los: viajar pelo Universo, não como russos, americanos ou chineses, mas como representantes da humanidade. Até agora, porém, embora tenhamos escapado dos grilhões da gravidade, ainda estamos aprisionados em nossas mentes, limitados por nossa desconfiança do "outro" e por nossa competição primordial por recursos. Ainda há um longo caminho a percorrer.

Referências bibliográficas

Referências gerais

Diamond, Jared. *Guns, Germs, and Steel*. Nova York, W.W. Norton, 2005.
Dodds, Klaus. *Geopolitics: A Very Short Introduction*. Oxford, Oxford University Press, 2007.
Ikenberry, G. John. "The illusion of geopolitics". *Foreign Affairs*, mai-jun 2014.
Keegan, John. *Atlas of World War Two*. Londres, Harper Collins, 2006.
Mackinder, Halford John. "The geographical pivot of History". *The Geographical Society*, vol.23, n.4, abr 1904, p.421-37.
Mackinder, Halford John. *Democratic Ideals and Reality*, 1919.
Mead, Walter Russell. "The return of geopolitics". *Foreign Affairs*, mai-jun 2014.
Monmonier, M. *How to Lie with Maps*. Chicago, University of Chicago Press, 1996.
Parry, Chris. *Super Highway: Sea Power in the 21st Century*. Londres, Elliott & Thompson, 2014.
Pickles, John. *A History of Spaces: Cartographic Reason, Mapping and the Geo-Coded World*. Londres, Routledge, 2004.
Roberts, S., A. Secor e M. Sparke. "Neoliberal geopolitics". *Antipode*, vol.35, n.5, nov 2003, p.886-97.
The Times Atlas of World History. Londres, Times Books, 2000.
The Times Comprehensive Atlas of The World, 12ª ed. Londres, Times Books, 2007.
Weigley, Russell F. *The American Way of War*. Bloomington, Indiana University Press, 1973.

Rússia

Eberstadt, Nicholas. "Russia's peacetime demographic crisis: dimensions, causes, implications". National Bureau of Asian Research, 2010.
Kennan, George F. "The sources of Soviet conduct". *Foreign Affairs*, jul 1947.
"Russia's accusations: setting the record straight". Otan, Fact Sheet, abr 2014.

China

Beardson, Timothy. *Stumbling Giant: The Threats to China's Future*. New Haven, Yale University Press, 2013.

Boehm, Dana Carver. "China's failed war on terror: fanning the flames of uighur separatist violence". *Berkley Journal of Middle Eastern and Islamic Law,* vol.2, n.1, 2009, p.3.
De Crespigny, Rafe. *China this Century.* Oxford, Oxford University Press, 1992.
Holmes, James. "When China rules the sea". *Foreign Policy,* set 2015.
Kaplan, Robert D. *The Revenge of Geography.* Londres, Random House, 2012.
Lewis, Martin. "East Asia". Stanford University Global Geopolitics Lectures, East Asia, 15 jan 2008.
Shaughnessy, Edward L. (org.). *China: Empire and Civilization.* Londres, Duncan Baird Publishers, 2005.
Theroux, Paul. *Riding the Iron Rooster.* Londres, Hamish Hamilton, 1988.

Estados Unidos

Commager, S. *Documents of American History,* vol.1: *To 1898,* 10ª ed. Nova Jersey, Prentice Hall, 1988.
Kagan, Robert. *Dangerous Nation: America and the World, 1600-1898.* Londres, Atlantic Books, 2006.
Pei, Minxin. "How America and China see each other". *Foreign Affairs,* mar-abr 2014.
"The geopolitics of the United States, Part 1: the inevitable Empire". Stratfor.com, 4 jul 2014; disponível em: https://www.stratfor.com/analysis/geopolitics-united-states-part-1-inevitable-empire.
US Department of State. "Rise to world power, 1867-1913". In "A short History of the Department of State"; disponível em: history.state.gov/departmenthistory/short-history.

África

Bloom, David E. e D. Jeffrey Sachs. "Geography, demography, and economic growth in Africa". Harvard Institute for International Development, Harvard University, out 1998.
Chaves, Isaías, L. Stanley Engerman e James A. Robinson. "Reinventing the wheel: the economic benefits of wheeled transportation in early colonial British West Africa", fev 2012; disponível em: http://scholar.harvard.edu/files/jrobinson/files/reinventing_the_wheel.pdf.
Kasperson, Roger E. e Julian V. Minghi. *The Structure of Political Geography.* New Brunswick, Transaction Publishers, 2011.

Europa ocidental

Kagan, Robert. *Of Paradise and Power.* Nova York, Random House, 2003.

Ottens, Nick. "'Too big for Europe': the recurring German problem". *Atlantic Sentinel*, 28 abr 2014.

Speck, Ulrich. "Power and purpose: German foreign policy at a crossroads", 3 nov 2014; disponível em: http://carnegieeurope.eu/publications/?fa=57167.

Simon, Luis e James Rogers. "The return of European geopolitics? All roads run through London". *The RUSI Journal*, vol.155, n.3, 2010, p.57-63.

Turchin, Peter. *War and Peace and War*. Londres, Plume Books, 2007.

Oriente Médio

Fisher, Max. "40 maps which explain the Middle East". Vox.com, 5 mai 2014; disponível em: http://www.vox.com/a/maps-explain-the-middle-east.

Malinowski, Jon C. (org.). "Iraq: a geography". United States Military Academy, West Point, Nova York, 2004; disponível em: http://www.usma.edu/gene/SiteAssets/SitePages/Publications/Iraq%20A%20Geography.pdf?Mobile=1.

Índia e Paquistão

French, Patrick. *India: A Portrait*. Londres, Allen Lane, 2011.

"Geography of India". MapsofIndia.com, 12 nov 2014; disponível em: http://www.mapsofindia.com/geography/.

Institute for the Study of War. "Pakistan and Afghanistan", 2009.

Kreft, dr. Heinrich. "The geopolitical importance of Pakistan". Institut für Strategie-Politik-Sicherheits-und Wirtschaftsberatung (ISPSW), 15 fev 2008.

Musharraf, Pervez. *In the Line of Fire: A Memoir*. Nova York, Free Press, 2008.

América Latina

Keen, Benjamin e Keith Haynes. *A History of Latin America*, vol.1. Wadsworth, Cengage Learning, 2012.

World Economic Forum on Latin America, 2011; disponível em: https://www.weforum.org/reports/world-economic-forum-latin-america-2011.

Zovatto, Daniel. "Elections in the Southern Cone: citizens chose continuity". Brookings, 30 out 2014; disponível em: http://www.brookings.edu/research/opinions/2014/10/30-democracy-alternation-latin-america-zovatto.

Coreia e Japão

Chang, Gordon G. *Nuclear Showdown: North Korea Takes on the World*. Londres, Hutchinson, 2006.

Kim, Seung-Young. *American Diplomacy and Strategy Toward Korea and Northeast Asia 1882-1950 and After*. Londres, Palgrave Macmillan, 2009.
Oberdorfer, Don. *The Two Koreas*. Nova York, Basic Books, 2001.

Ártico

Bjarnason, Björn. "Climate change and Iceland's role in North Atlantic security" (discurso). Belfer Center, John F. Kennedy School of Government, Harvard, 26 nov 2007.
Conant, Eve. "Breaking the ice: Russian nuclear-powered ice-breakers". Scientific American blog, 8 set 2012; disponível em: http://blogs.scientificamerican.com/guest-blog/2012/09/08/breaking-the-ice/.
Grydehøj, Anne, Adam Grydehøj e Maria Akrén. "The globalization of the Arctic: negotiating sovereignty and building communities in Svalbard, Norway". *Island Studies Journal*, vol.7, n.1, 2012, p.99-119.
Nações Unidas. "Part V: Exclusive Economic Zone". Unclos Treaty; disponível em http://www.un.org/depts/los/convention_agreements/texts/unclos/part5.htm.
Woods Hole Oceanographic Institution. "The Arctic: exploration timeline, polar discovery", 2009; disponível em: http://polardiscovery.whoi.edu/arctic/330.html.

Agradecimentos

Muito obrigado a todos que me deram seu tempo, conselho e estímulo sem nada esperar em troca.

Agradeço à minha mulher, Joanna, por sua paciência e aptidão natural para corrigir ortografia. A Pippa Crane e Jennie Condell, da Elliott & Thompson, por darem forma e direção a minhas divagações geográficas, e a Ollie Dewis por seu estímulo e ideias.

Sou grato às seguintes pessoas por lançar seus olhos experientes sobre seções do livro e reitero que quaisquer erros nele contidos são de minha autoria e responsabilidade: James Richards (ex-intérprete oficial de chinês do governo do Reino Unido, presidente da China Association), professor James D. Boys (membro pesquisador sênior visitante, Kings College de Londres), David Slinn (ex-embaixador do Reino Unido na Coreia do Norte), Joel Richards (especialista em América do Sul), Kelvin O'Shea (Sky News), Tim Miller (Sky News), Jaksa Scekic (Reuters Belgrado) e Aleksander Vasca (Reuters Belgrado).

Além disso, agradeço aos membros ativos de governos e do serviço civil que gentilmente me cederam sua expertise, mas preferiram que ela fosse usada sem que eu os creditasse.

Índice remissivo

Abdullah, rei, 153
Abe, primeiro-ministro do Japão, 69
Abecásia, 118
Adams, Henry, 80
Adams, John Quincy, 81
Adis Abeba, 133
Afeganistão, 7, 12, 24, 27, 36, 55, 88, 95, 112, 168, 179, 185, 187, 188, 191-2, 190-5, 196-8, 201, 235, 263-4
África:
    agricultura, 124, 136
    austral, 137-8, 139-41
    China e, 70, 130-1, 133-4, 136, 137-40
    clima e solo, 125-6, 139-40
    conflitos internos, 127-9, 130-7, 142
    direitos humanos, 138-9
    doenças, 123-6, 139-40
    do Norte, 8, 41-2, 95, 102, 123, 124-5, 132, 134-5, 136, 141-2
    escravidão, 126-7
    impérios antigos, 125-6
    influência europeia, 125-7
    ligações comerciais, 122-3, 124-5, 126, 127, 132-3, 138-9, 141-2
    recursos energéticos, 131-2, 133-6, 137-8
    recursos minerais, 128, 129, 131-2, 138-9, 141-2
    rios, 122
    tamanho e população, 122-3, 128-9, 131-2, 133-4, 136, 139-40, 142
    ver também países individuais por nome
Aksai Chin, 55
Alasca, 25, 63, 83, 185, 123, 252-3, 262
Al-Assad, Bashar, 155, 173
Alauítas, 149, 154-6, 170
Albânia, 22, 29, 108
Alemanha, 21, 22, 33, 40, 52, 59, 79, 83, 86, 101, 103, 105-6, 107, 109-12, 116, 117-8, 123, 129, 159, 167, 215, 218, 244, 262
Alpes, maciço, 38, 56-7, 100-1
Al-Qaeda, 12, 60, 156-7, 162, 192-4, 196, 198
Al-Qaradawi, Youssef, 177

Amarelo, mar, 54, 64
Amarelo, rio, 49, 51, 56
Amazonas, rio, 230, 242
América do Sul *ver* América Latina; *países individuais por nome*
América Latina, 14, 43, 83, 94-5, 225-48
    agricultura, 229-30
    China e, 237-40, 241-2, 244-5
    clima e terreno, 241-2
    Estados Unidos e, 228, 235, 240; *ver também* México
    recursos energéticos, 231-2, 246-7
    tráfico de drogas, 235-6
    União de Nações Sul-Americanas (Unasur), 244
    ver também países individuais por nome
Amundsen, Roald, 264
Andes, cordilheira dos, 229-30
Angola, 70, 124, 127, 128, 130, 136, 138-41
Antártida, 248, 261-2
Apalaches, montes, 77, 78, 79
aquecimento global, 252-3, 255-7, 268-9
Arábia Saudita, 94, 136, 147-9, 152-3, 155-6, 161-2, 169-71, 177, 192
Arábia, deserto da, 147
Arábica, península, 152
Arábico, mar, 146, 183, 190, 202
Argélia, 147
Argentina, 228, 229, 231-2, 240, 242-8
Armênia, 28, 39, 168
Armitage, Richard, 194
Ártico, 13, 14, 23, 24, 27, 114, 248, 249-65
    aquecimento global, 252-3, 256-7
    Conselho Ártico, 258, 264
    Convenção das Nações Unidas sobre o Direito do Mar, 258, 262
    expedições, 253-6, 258-9
    extensão da região, 252-3
    passagem do Noroeste, 253, 254, 256-7
    quebra-gelo, 262-3, 264-5
    recursos naturais, 252-3, 256-9, 263-4
    reivindicações de soberania, 14, 258-9, 263

Índice remissivo

Rota do Mar do Norte, 257
Rússia e o, 258-9
Arunachal Pradesh, 55, 200
Ásia, 8, 20-2, 25-6, 50-1, 90-1, 173, 174-5, 190, 207, 211-2
    ver também países individuais por nome
Assam, 189, 201
Atatürk, 171-2, 175
Atlântico, oceano, 21-2, 30-1, 41-2, 49, 69, 78, 84-5, 86-8, 101, 103, 109-10, 112-3, 114-5, 122, 124-5, 135, 136, 140-1, 174, 229, 234-5, 238, 239-40, 243, 247-8
Austrália, 13, 84, 86, 90
Áustria, 40, 41, 52
Azerbaijão, 27, 28

Bahrein, 15, 89, 93
Balboa, Vasco Núñez de, 237
Bálcãs, 7, 10, 12, 41, 108
Báltico, mar, 24, 31, 37, 41, 88, 118
Baluchistão, 186, 187, 188, 198
Bangladesh, 69, 161, 183, 184, 185, 256, 268-9
Bélgica, 21, 33, 52, 114, 129, 131, 244
Belize, 232, 234
Bengala, baía de, 69, 183, 202, 268
Bert, Melissa, 261
Bessarábia *ver* Moldávia
Bhutto, Benazir, 194
Bielorrússia, 27, 28, 41
Bild, jornal, 118
Bin Laden, Osama, 196, 198
Bjarnason, Bjorn, 261
Boa Esperança, cabo da, 123, 140
Boko Haram, 134-5
Bolívar, Simon, 231
Bolívia, 231-2, 243
Bósforo, estreito de, 31
Bramaputra, rio, 181
Brasil, 84, 95, 229, 230, 231, 240, 241-6
Brics, 244-5
Brunei, 67
Bulgária, 22, 29, 40, 41, 101, 108
Burkina Faso, 66
Burúndi, 130-2, 141
Butão, 183, 200

Califado Omíada, 184
Camarões, 135
Canadá, 13, 77, 252-4, 257, 258, 260, 262-3

Caribe, mar do, 69, 84, 95, 229
Carlos XII da Suécia, rei, 22
Carta Magna (2015), 114
Cartum, Sudão, 133
Catalunha, 101
Catarina a Grande, 24, 34
Cáucaso, 23, 24, 26-7, 39, 161, 174
Caxemira, 186, 187, 189-91, 198
Cazaquistão, 25, 28, 43, 58, 88
Chade, 123, 128, 135
Chechênia, Cáucaso, 23-4, 26-7, 177, 183, 188, 190, 199-202, 206-7, 208, 211
Chile, 84, 229, 230, 231-2, 241, 242, 246
China, 8, 10, 13, 24-5, 26, 46-71, 84, 87- 95, 123, 125, 130, 133, 136-9, 177, 183, 188, 199-202, 206-7, 208, 211, 214-5, 217, 218-9, 220-3, 236-40, 241-2, 245, 257, 258, 262, 268, 269-70
    África e, 70, 130, 133-4, 136, 137-40
    América Central/Latina e, 236-40, 241-2, 244-5
    Ártico e, 63- 4, 258-9, 263-4
    chineses han, 49-52, 54, 56-8, 59-60
    Coreia e, 206-7, 209-10, 211-2, 214-5
    Estados Unidos e, 48, 63, 65, 66, 67-9, 86-7, 89-91, 92, 206-7, 211-2, 221-2
    forças militares, 214
    história antiga, 49 52
    Índia e, 55-6, 189, 190, 198-202
    invasões mongóis, 51-2
    Marinha, 48, 49, 62, 66-7, 68, 69
    Norte da China, planície do/"planície Central", 49
    Oriente Médio e, 177-8
    Partido Comunista, 52-3, 55-7, 60-1
    perspectiva de direitos humanos, 56-7, 161
    recursos energéticos, 92-3, 137, 138-9
    Rússia e, 58
    Taiwan e, 52-3, 63-4, 65-7, 92-3, 240
    Tibete e, 50, 52-3, 55-9, 189, 199-200
    Vietnã e, 54-5, 67
    Xinjian, 52, 53, 57, 58-60
    Zona de Identificação de Defesa Aérea, 65, 66, 92, 221
China meridional, mar da, 50-1, 63-5, 67-9, 92, 201-2
China oriental, mar da, 48, 54, 65, 216, 217, 221-2
Chipre, 174
Chu En-Lai, 61

Churchill, Winston, 20-1
Cingapura, 67, 89-90, 219
Cirenaica, 128
Cisjordânia, 153, 164-6
Colômbia, 230, 235, 241
colonialismo, 14, 15, 127, 129, 131, 132, 134-5, 139-40, 149-50, 156-7, 175, 183, 181-2, 228-9, 230-1, 242-3
Comunidade da África Oriental, 138
Comunidade para o Desenvolvimento da África Austral (SADC), 141
comunismo, 22, 24-5, 51-2, 95, 136, 175, 206-7, 208-11
    China, 52-4, 55-7, 60-1, 92-3, 219-20
    Coreia, 208, 209-11
    ver também Rússia/União Soviética (URSS)
concreto, 86, 89, 93-4, 135
Congo, 124, 126-7
    ver também República Democrática do Congo
Congo, rio, 125
Congresso Nacional Africano (CNA), 140
Contratorpedeiros em Troca de Bases, Acordo dos, 85-6, 89
Coreia, 14, 64-5, 203-23
    armas nucleares, 207, 212-3, 215
    China e, 296-7, 209-10, 211-2, 214-5
    Coreia do Norte, 25, 90-1, 206-8, 210-1, 212-5
    Coreia do Sul, 89, 90, 206-7, 210-1, 212-5, 216, 221-2, 223
    EUA e, 206, 212, 215
    Guerra da Coreia (1950-53), 86-7, 210-1
    Rússia e, 210-1, 214-5, 216
Corrida do Ouro na Califórnia, 83
Costa Oriental, Planície da, 77
Crimeia, 30-5, 38, 44, 113, 117
crise dos mísseis de Cuba, 83
Croácia, 101, 108
Cuba, 69, 83-4, 91, 95, 136, 206, 268
Curdistão/curdos, 95-6, 147, 150-2, 160, 168-9, 171-2
Curilas, ilhas, 65, 222, 260

Daguestão, Cáucaso, 26-7
Dalai Lama, 56, 59, 189, 199
Danúbio, rio, 38, 100-2, 125
Deng Xiaoping, 53
Diamond, Jared, 122, 124

Dinamarca, 31, 109, 111, 115-6, 258, 260, 262, 263
Diomedes Menor, ilha, 25
Dniepre, rio, 23, 34, 37
Dokdo/Takeshima, ilhas de, 216-7
dos Santos, José Eduardo, 139
drogas, tráfico de, 235-6
drones, 135, 159-60, 193-4, 196-7
Durand, Mortimer, 192

Egeu, mar, 31, 105, 174
Egito, 49, 84, 128, 132-4, 147, 163-4, 165-7, 169, 170, 173-4, 177, 257
Elbruz, cordilheira, 167-8
Equador, 230, 232, 240, 244
Erdogan, Recep Tayyb, 173, 175
Eritreia, 123, 130, 132
Escagerraque, estreito de, 31, 261
Escandinávia, 83, 108-9
escravidão, 50-1, 126-7, 229
escudo canadense, 77
Eslováquia, 22, 29, 40, 101
Eslovênia, 108
Espanha, 51, 79, 80-4, 101, 104, 123, 129, 172, 231, 242
Estado Islâmico, 116, 143, 146, 156-9, 161, 162
Estados Unidos da América, 8, 13, 15, 24, 25, 32, 36, 40, 41, 42-3, 50, 56, 63-4, 66-9, 70-96, 101, 107, 110-1, 123, 124-5, 129, 132-3, 136, 159, 171, 174-5, 177, 185-6, 192, 194, 197, 198-9, 202, 206, 210-1, 215, 216, 219-21, 222-3, 227, 228, 230-1, 240-1, 244-5, 247, 252, 258-9, 260, 268
    Acordo dos Contratorpedeiros em Troca de Bases, 85-6, 89
    América Latina e, 235-6, 239-40; *ver também* México
    americanos nativos, 230-1
    Ártico e, 260, 262
    Caribe e, 84
    China e, 48, 63, 65, 66, 67-9, 87, 89-91, 92, 206, 211-2, 221-3
    Coreia e, 210-2, 215
    Corrida do Ouro na Califórnia, 82
    Cuba e, 83-4, 95
    Declaração de Independência (1776), 78
    Doutrina Monroe, 82, 240
    forças militares, 77-8, 81, 85-6, 91-2, 110-1, 135, 158-9, 223; *ver também* Otan; Marinha e bases navais
    Guerra ao Terror/Afeganistão, 193-4, 235

Índice remissivo

Guerra às Drogas, 235, 236
Guerra da Independência, 78-9
Grã-Bretanha e, 78-9, 85-7
Irã e, 168
Israel e, 94
Japão e, 85, 91-2, 219
Lei da Propriedade Rural, 83
Marinha e bases navais, 62, 83, 84, 89, 90, 91-2, 93-4, 158-9, 218
primeiros colonos e exploradores, 81-3
programa espacial, 269-70
recursos energéticos, 93-4, 238
Revolução Americana, 78
Rússia/União Soviética (URSS) e, 86-8, 91, 263
território francês, 80-1
ver também Otan; *estados individuais por nome*
Estatutos de Oxford (1258), 114
Europa, 8, 13-4, 21, 22, 24-7, 33, 36, 40, 41, 42-3, 51-2, 57, 76, 78, 85-8, 90-1, 95-6, 101-5, 106-7, 109, 111-8, 123, 124-71, 128-9, 130-1, 132-3, 146-7, 149-50, 161, 162-3, 171-3, 174-5, 176, 194-5, 211-2, 228-9, 230-1, 245-6, 256-7, 267
ver também União Europeia; Europa ocidental; *países individuais por nome*
Europa ocidental, 31, 41, 97 118, 122, 172 3
ver também União Europeia; *países individuais por nome*

Falkland, ilhas, 244-5, 246-8, 256
Fezã, 128
Filipinas, 67, 84, 92, 202, 211, 219
Finlândia, 40, 109, 253-3, 258
Flórida, 77, 80, 83, 95, 268
Flórida, estreito da, 83
Força Nacional de Defesa da África do Sul, 141
França, 21, 52, 79, 101, 103, 107, 109-11, 114, 117, 123, 129, 147, 167, 172, 229, 246
Franco, Francisco, 104
Franklin, John, 253-4

Gagarin, Yuri, 269
Gakkel, crista, 259
Ganges, rio, 184, 185
Gaza, 163-5
Georges-Picot, François, 148
Geórgia, 27, 29, 35, 39-40, 88

Geórgia (EUA), 78
Gibraltar, estreito de, 31
Giuk, brecha, 31, 114-5, 261
Gobi, deserto de, 49, 53-4
Golã, colinas de, 163, 167
Golfo, corrente do, 100
Gorbachev, Mikhail, 22
Grã-Bretanha, 40, 86, 107, 110, 113-5, 158-9, 162-4, 246-7
Afeganistão e, 194-5
Belize e, 232
EUA e, 78-9, 85-7
Falkland, ilhas, 244, 246-8, 256
forças militares, 85-6, 110, 114-5
Israel/Palestina e, 162-4
Oriente Médio e, 147-8, 152-3, 194-5
Grande Canal, China, 51
Grande Muralha da China, 50-1, 55
Grande Zimbábue, 125
Grécia, 40, 43-4, 104-7, 111, 174
Groenlândia, 31, 43, 114, 123, 252-3, 258, 261, 263
Guam, 84, 86
Guatemala, 232-3, 234-5
Guerra Árabe-Israelense, 153-4
Guerra da Crimeia, 22, 38, 41
Guerra de Independência dos EUA, 78
Guerra do Pacífico (1879), 231
Guerra dos Seis Dias (1967), 164-5
Guerra entre Geórgia e Rússia (2008), 39-40
Guerra entre Índia e China (1962), 189
Guerra Franco-Prussiana, 110-1
Guerra Irã-Iraque (1980), 168-9
Guerra Mexicana (1846-48), 82-3
Guerra Russo-Japonesa (1904-5), 210-1, 218-9
Guerra Sino-Japonesa, Primeira, 218
Guiana, 232-3
Gujarate, 184
Gwadar, 59, 69, 188, 202

hachemitas, 152-3, 162
Hanbal, Ahmad ibn, 149
hanbali, islã, 149
Hans, ilha, 263
Havaí, 84
Helmand, província de, 195
Heródoto, 132
Hezbollah, 154-5, 156, 167, 170
Himalaia, 10, 49, 55, 183, 184, 190, 199, 201-2, 268
hindus, 184, 185, 186-8

Hitler, Adolf, 106, 118
Hokkaido, 65, 222
Holanda, 21, 52, 114, 256
Hong Kong, 53, 66, 238
Honshu, 217
Hu Jintao, 57
Hudson, Henry, 253
Hungria, 11, 22, 29, 40, 41, 101
Hussein, Saddam, 150-1, 170-3
hutu, povo, 130, 131

Ibérica, península, 101
Iêmen, 147, 162
Imjin, rio, 212
Império Austro-Húngaro, 102
Império Otomano, 11, 24, 34, 38, 102, 126, 147, 148, 150, 152, 173, 185
Império Persa, 170
Império Romano, 101-2
Índia, 8, 10, 14, 24-5, 28, 55, 56, 58, 90, 123, 170, 177, 179-202, 215-6, 245, 258, 263-4, 268
    Afeganistão e, 191-2
    Caxemira, 186-7, 189-90
    China e, 55-66, 189, 190, 199-201, 202
Indian Defense Review, 182
Índico, oceano, 27, 30-1, 49, 54, 62, 67, 69, 123, 125, 140-7, 183, 188
Indo, rio, 184, 185, 190
Indochina, 51-2
Indocuche, 10, 27, 183
Indonésia, 13, 62, 67, 89-90, 92, 161
Interahamwe, 130
Irã, 94, 146, 147, 152, 154, 156, 161, 167-73, 177, 186-8
Iraque, 15, 87-8, 95-6, 116, 146-8, 149-53, 155, 156-62, 167, 169-72, 177, 269
Irmandade Muçulmana, 173, 177
islã:
    militantes/jihadistas, 93-4, 95, 126-7, 132-3, 134-5, 148-9, 156-8, 160-2, 177, 183-4
    ver também Índia; Estado Islâmico; Oriente Médio; Paquistão; sunitas, tribos; xiitas, tribos
Islândia, 31, 66-7, 114, 252-3, 258, 261, 264
Israel, 94, 116-7, 133, 147, 148, 150-1, 153-4, 161-4, 165-7, 169, 170, 174-5
Itália, 41, 79, 83, 84, 86, 103-4, 242, 246

Ivan o Grande, 23
Ivan o Terrível, 23, 44

Japão, 8, 14, 25-6, 49, 54, 64-5, 70-1, 84-5, 86, 89, 92, 95-6, 202, 203-23, 258, 260, 269-70
    Ártico e, 256, 258, 260-1
    China e, 65-6
    Coreia e, 209-10
    Estados Unidos e, 84-5, 86, 90-1, 92, 219-21, 222-3
    forças militares, 220-9
    mar do, 27, 54, 64-5, 214-7
    Rússia, 27, 210-1, 212, 214-5, 216-7, 222
    Segunda Guerra Mundial, 209-11, 221-2
Jefferson, Thomas, 79, 95
Jerusalém, 161, 163, 164-5
Jinnah, Muhammad Ali, 185
Jordânia, 147, 148, 152-3, 161, 162, 163-4, 166-7, 169
judeus *ver* Israel

Kagan, Robert, 118
Kaliningrado, 118
Kaplan, Robert, 69, 111
Karakorum, cordilheira, 55, 183
Kazama, Shinji, 254
Kemal, Mustafa *ver* Atatürk
Kruschev, Nikita, 32
Kiev, Ucrânia, 23, 29-30, 33, 34
Kim Jong-il, 203, 209
Kissinger, Henry, 108
Klitschko, Vitaly, 30
Kohl, Helmut, 116
Kosovo, 11, 14, 108, 112
Kublai Khan, 51
Kunlun, cordilheira, 57
Kuwait, 94, 147, 148, 151, 158

Laos, 55
Lhasa, Tibete, 57, 58
Leopoldo da Bélgica, rei, 129
Letônia, 22, 24, 27, 29, 36, 40
Líbano, 132-3, 148, 153-4, 161, 166-7, 170
Libéria, 137
Líbia, 112, 128, 147, 158, 176-7
Lituânia, 22, 24, 29, 36, 40, 42
Luanda, 136-7, 138-9
Louisiana, compra da (1803), 79-81

Índice remissivo

Macau, 53
Malaca, estreito de, 67, 69, 92, 114, 188, 202
Malásia, 67, 89-90, 92, 206
Maldivas, 268-9
Mali, Império do, 125
Malvinas, ilhas ver Falkland, ilhas
Manchúria, 43, 49, 52-3, 54, 57-8, 217, 219
Mao Tsé-Tung, 53
Margvelashvili, Giorgi, 40
Massachusetts, 78
Meckel, Klemens, 218
Mediterrâneo, mar, 30-1, 43-4, 86-7, 88, 103-4, 123-4, 126, 132, 146, 148, 152, 162, 167, 170, 174, 253
Mekong, rio, 56
Mercator, mapas de, 123-4
Merkel, Angela, 106
Meseta Central, 104
México, 77, 81-2, 84-5, 229, 231, 233-6, 241-2, 268
    golfo do, 77, 79, 83, 229, 233-4, 268
Mianmar, 51-2, 55, 69-70, 89, 183, 200, 202, 219
migrantes, 115-7, 222-3
Mineápolis, 80
Mischief, ilha/recife de, 67
Ming, dinastia chinesa, 51, 209
Mississippi, bacia do/rio, 77, 79-81, 82-3
Moçambique, 125
Moldávia (Bessarábia), 29, 35, 37-9
Mongólia, 25, 26, 50-1, 52-4, 57-9
Mongólia Interior, 49, 52-3, 54, 57-8
Monroe, doutrina, 82, 240
Montreux, Convenção de (1936), 31
Morales, Evo, 232
Mubarak, Hosni, 177
muçulmanos ver Índia; islã; Oriente Médio; Paquistão; sunitas, tribos; xiitas, tribos
Murmansk, Brigadas de, 260
Muro de Berlim, 22
Musharraf, Pervez, 193

Nações Unidas, 131, 141-2, 163-4, 211-2, 239-40
    Conselho de Segurança, 34, 138-9, 243-4
    Convenção sobre o Direito do Mar, 257-8, 261-2
    Índice de Desenvolvimento Humano (IDH), 130
Nagaland, 201
Namíbia, 124, 130
Napoleão Bonaparte, 21, 22, 80, 103, 118

National Geographic, 122
Negro, mar, 24, 29-32, 35, 38, 39, 41, 88, 101, 146, 173, 174
Nepal, 183, 199-200
Nicarágua, Grande Canal, 79-81, 83, 238-40
Níger, rio, 125, 134
Nigéria, 25, 126, 127, 134-5, 139-40, 142
Nilo, rio, 49, 125, 132-4, 230
Nixon, Richard, 61, 235
Norte da China, planície do, 49
Norte, mar do, 31, 88, 110, 114-5, 118
Noruega, 31, 86, 252-3, 258, 259, 262
Nova Orleans, 79-81, 82, 243
Nova Zelândia, 84, 86
Núbia, deserto da, 133

Obama, Barack, 56, 69-70, 88, 95, 131-2, 197, 202, 262
Oberdofer, Don, 210
Ohio, rio, 79
Okinawa, 65, 86, 92, 219-21, 222, 223
Omã, 137-8, 146-7
Omar al-Bashir, 139
Organização do Tratado de Segurança Coletiva (OTSC), 28-9
Oriente Médio, 8, 14, 42, 43, 86, 93-5, 115, 116, 124, 126, 143-78, 232-3, 263-4, 269
    ver também países individuais por nome
Ormuz, estreito de, 114, 167, 169
Ortega, Daniel, 239
Ossétia do Sul, 118
Otan (Organização do Tratado do Atlântico Norte), 11-2, 22, 23, 28-32, 33-7, 38-40, 44, 86, 88, 96, 107-8, 109, 110-1, 113, 117, 174, 191, 193-6, 197, 235, 259-60, 261
Ozal, Turgut, 173

pachtos, 186, 187, 192, 195, 196-9
Pacífico, oceano, 20, 24, 27, 49, 54, 63-5, 67-9, 77, 79, 80-1, 84, 86, 87, 90, 217, 219-20, 223, 229, 237, 238-9, 254, 263
Pacto de Varsóvia, 22, 23, 28, 107
países bálticos, 23, 24, 35-7, 118, 211
Palestina, 116, 147, 148, 153, 154, 162-5, 166-7
Palin, Sarah, 25
Panamá, 232-3, 237, 238, 256-7
    canal do, 84, 95, 236-40, 256-7
Papoulias, Karolos, 105

Paquistão, 14, 25, 55, 58-9, 69, 169, 179-202, 215-6
    Caxemira e, 186-8, 189-90
    China e, 186-8, 190
    conflito interno, 186-8, 189, 196-7
    ver também Bangladesh
Paraguai, 244, 246
Parry, Edward, 253
passagem do Noroeste, 253, 254, 256-7
Pearl Harbor, 219
Pedro o Grande, 24, 26, 44
Peru, 228, 230, 232, 241
Peshawar, 192, 198
Pireneus, cordilheira, 101, 102, 104
Píteas de Massilia, 253
planície do norte da Europa, 9, 21, 22, 28, 29-30, 38, 41, 43-4, 86, 103-4, 106-7, 109, 110, 118
Plano Marshall, 86
Polo Norte, 253-5, 258-60
Polônia, 21, 22, 29, 30, 35, 38, 41, 42, 106-7, 211
Porto Rico, 83-4
Portugal, 51, 101, 102, 231, 242
Powell, Colin, 193
Primavera Árabe, 52, 175-6
Primeira Guerra Mundial, 7, 22, 85, 146, 148, 151-3, 162, 172
programas espaciais, 268-70
Punjab, 184, 186, 191, 198, 200-1
Putin, Vladimir, 8, 21, 22, 30-4, 36, 41-2, 43-4, 88, 108, 260
Pyongyang, 208, 209, 214, 216

Qin, dinastia chinesa, 51
Quênia, 62, 73, 132, 137, 138, 141
Quirguistão, 28, 58

refugiados, 115-6, 153, 162-3, 184-5, 206-7
    ver também migrantes
Reid, John, 195
Reno, rio, 101, 111, 125
República Centro-Africana, 124, 130
República Democrática do Congo (RDC), 127-32, 136, 138, 141-2
República Dominicana, 83
República Tcheca, 22, 29, 40, 42
Rio Grande, 82, 239-40
Rochosas, montanhas, 77, 78, 79
Ródano, rio, 103

Romênia, 22, 29, 31, 101, 108
Roosevelt, Theodore, 84, 91, 240
Rousseff, Dilma, 245
Ruanda, 139, 132, 137, 141
Rússia/União Soviética (URSS), 9, 13, 14-5, 17-44, 51-2, 54-5, 58-9, 65-6, 77, 83-4, 86-8, 104-5, 106-8, 109, 110, 112-3, 117, 118, 124-5, 129, 136, 155-6, 158, 173-5, 187, 192-3, 210, 211-2, 214-5, 216, 217, 218-9, 222, 230-1, 245, 252, 258-61, 267, 268
    Afeganistão e, 27-8, 35-6
    Ártico e, 261-2
    China e, 54-5, 58-9
    Coreia e, 210-1, 214, 216
    Estados Unidos e, 262-3
    forças militares, 42-4, 202-3, 259-60
    forças navais, 30-2, 114-5, 174-5, 260-1
    Geórgia e, 27, 29, 39-40
    Império estabelecido, 24-5
    invasões da, 22-3
    Ivan o Terrível, 23, 44
    Japão e, 27, 210-1, 214, 218-9, 222
    Moldávia e, 29, 35, 37-9
    Otan e União Europeia, 22-3, 28-30, 33-4, 35-6
    países bálticos e, 23, 24, 35-7; *ver também países individuais por nome*
    Polônia e, 21-3, 29, 35
    portos e comércio, 27, 29-32, 54, 206
    recursos energéticos, 37, 40-2, 112-3
    Ucrânia e, 29-34, 37, 38-9, 54
Ryukyu, ilhas, 65, 219, 221

Saakashvili, Mikhail, 40
Saara, deserto do, 122, 123, 124-7, 135
Sacro Império Romano, 109
Sahel, região do, África, 116, 135
Salafi Islam, 149, 161
San Martín, José de, 231
Sargaços, mar dos, 87
satélites, 208, 254-6, 269-70
Schauble, Wolfgang, 195
Sebastopol, 29-31
Segunda Guerra Mundial, 22, 24, 52, 85, 103-4, 105-6, 110, 112, 118, 131, 164, 221, 222
seminole, nação indígena, 80
Sena, rio, 103
Serra Nevada, montanhas, 77
Sérvia, 11, 41, 101, 108

Índice remissivo

Seward, William, 83
Shang, dinastia chinesa, 50
Siachen, geleira de, 189
Sibéria, 20, 24, 25, 26, 257, 259
Sierras Madres, montanhas, 234
sindis, 186, 187, 198
Singh, Amarjit, 182
siques, 184, 185, 200-1
Síria, 7, 13, 14, 15, 31, 60, 89, 146-8, 150, 152-5, 157, 158-60, 162-4, 167, 171-2, 173, 175, 177, 269
Spratly, ilhas, 67-8, 98
Sri Lanka, 69
Stálin, Josef, 28, 38, 44
Sudão, 127, 132, 133, 137, 139, 142, 269
Suécia, 109, 115-6, 252-3, 258, 262
Suez, canal de, 31, 123, 133, 257
  crise do (1956), 85-6
Sui, dinastia chinesa, 51
sunitas, tribos, 95-6, 148-51, 154, 155, 156-7, 158, 159, 160, 161, 171, 173-4, 186-8
Svalbard, ilhas, 259
Sykes, Mark, 148
Sykes-Picot, 148

Tadjiquistão, 12, 28, 29, 55, 58-60
Tailândia, 62, 89, 202
Taiwan (República da China), 48, 52-3, 65-7, 93, 219, 221-2, 240
Talibã, 12, 182, 193-8, 235
Tanzânia, 124, 126, 130-2, 137-8, 140, 141
Texas, 52, 79, 82, 233, 243
Theroux, Paul, 57
Tibete, 15, 50, 53, 55-8, 189, 190, 199-201
  planalto do, 49, 56
Tibete Livre, movimento, 56, 57-9
Transnístria, Moldávia, 38, 118
Tratado de Tordesilhas, 231
Tratado Transcontinental, 80-1
Tríplice Entente (1907), 110, 148
Tripolitânia, 128
Trump, Donald, 36, 37, 69, 88, 89, 90, 94, 198, 202, 233, 262
Turcomenistão, 28, 168, 173-4
Turquestão, 58

Turquestão Oriental *ver* Xinjiang
Turquia, 28, 30-1, 32, 38, 41, 59-60, 91, 104-5, 152, 167-8, 169, 171-5
tútsi, povo, 130, 131

Ucrânia, 8, 9, 13, 23, 24, 27, 29, 32-4, 37, 38-41, 62, 88, 107, 113, 118
Uganda, 124, 130, 132, 137, 141
uigur, povo, 57-60
União Europeia, 13-4, 23, 26-32, 33-4, 38-9, 76, 86-7, 103-4, 106-8, 109, 239-40, 241-2, 243-4
União Soviética (URSS) *ver* Rússia/União Soviética (URSS)
Urais, montes, 20-2, 23-6, 37, 103
URSS *ver* Rússia/União Soviética (URSS)
Uruguai, 241, 242, 244, 246
USS *Kitty Hawk*, 48
Uzbequistão, 28

Vaca Muerta, 246, 248
Venezuela, 43, 230, 231, 232, 238, 240, 241, 243, 244, 245
Vietnã, 27, 55, 67, 87, 89, 92, 202
Von Bismarck, Otto, 96, 108

Wang Jing, 238
Washington, George, 85

Xangai, 51, 57, 65
xiitas, tribos, 95-6, 148-50, 154, 159-61, 168-9, 170, 171, 186-7
Xinjiang, 52, 53, 57-60, 188

Yangtzé, rio, 49, 51, 56
Yuan, dinastia mongol, 51
Yunukóvych, Víktor, 29-30, 113

Zagros, montes, 167-8
Zambezi, rio, 124-5
Zâmbia, 130, 136-8, 140
Zheng He, 62
Zhirinovsky, Vladimir, 27
Zimbábue, 127, 130, 140
zona do euro, 104-5, 111-2

1ª EDIÇÃO [2018] 12 reimpressões

ESTA OBRA FOI COMPOSTA POR MARI TABOADA EM DANTE PRO E IMPRESSA
EM OFSETE PELA GRÁFICA SANTA MARTA SOBRE PAPEL PÓLEN NATURAL
DA SUZANO S.A. PARA A EDITORA SCHWARCZ EM MARÇO DE 2025

A marca FSC® é a garantia de que a madeira utilizada na fabricação do papel deste livro provém de florestas que foram gerenciadas de maneira ambientalmente correta, socialmente justa e economicamente viável, além de outras fontes de origem controlada.